U0811224

本书受教育部人文社会科学规划基金项目“收入分配调整与金融法制变革——以金融资源的公平配置为中心”（项目编号：11YJA820017）资助，及教育部重大攻关项目“我国债券市场建立市场化法制化风险防范体系研究”（项目批准号：14JZD008）资助，特此致谢！

收入分配改革的金融法进路

以金融资源的公平配置为中心

冯 果 李安安／著

法律出版社
LAW PRESS·CHINA

《金融创新与法治发展丛书》总序

当下,“大众创业、万众创新”的浪潮正在华夏大地席卷而来,“创新是一个民族进步的灵魂,是国家兴旺发达的不竭动力”。这一20年前的政治话语再度受到前所未有的关注。对于金融法而言,创新从来就是其立足的根基与制度变迁的主线,金融创新作为经济与社会发展动力之源的认知早已成为无可置喙的经验常识。作为一种“创造性破坏”的力量,金融创新是一把典型的“双刃剑”,既能够创造经济效益和社会福利,也会带来经济灾难和社会病痛,其对经济与社会发展毁誉参半的复杂影响和功罪交集的矛盾冲突当属这种双重角色的典型映射。尤其是在2008年全球金融海啸发生之后,批判与反思金融创新的言论甚嚣尘上,甚至将金融创新当做金融危机的罪魁祸首。但回到我国的现实语境,我们面临的现状不是创新过度而是创新不足,我们需要的是在加强金融监管的前提下鼓励、培育和引导金融创新而不是因噎废食地抑制、阻却甚至扼杀金融创新。在全面推进依法治国的时代背景下,如何通过金融法治助推金融创新,扬起长避其短,趋其利避其害,成为亟待思考和研究的重大现实问题。

近年来,我国金融市场的法律制度供给日益丰富,反映出金融市场转轨过程中的“立法饥渴”,暗含着通过金融法治为金融改革保驾护航的美好期待。这是因为,改革是一个不断试错的过程,而法治的作用就在于能够区分“改革试错”与“权力滥用”的界限,确保改革的目的正当、规则合理与程序正义。然而,“徒法不足以自行”,有法律不代表有法治,金融法律制度的不断供给并不意味着金融法治秩序的持续增长。金融法治可以从金融法的运行状态、运行方式、运行程度和运行过程四个方面进行衡量。就其运行状态而言，金融法治指涉的是金融法本身的合法性问题，其合法性评判的形式标准应看金融法的制定是否符合民主立法程序，实质标准应看法律条款的内容是否符合公平正义的自然法原则且符合人权保障精神。就其运行方式而言，金融法治主张金融市场主体和金融监管机构都要守法，但更强调金融监管机构首先守法，即重点不是“治民”而是“治官”。就其运行程度而言，金融法治强调“法的统治”，突出金融法的目的性价值，以法律至上为价值圭臬。就其运行过程而言，金融法治表达了从金融法的形成、遵守、实施到产生预期的、最佳的法律秩序状态。显然，我国金融市场的现实状态与金融法治的理想状态还有相当大的距离，金融创新所依赖的法制权威性、法制整合力、法制公信力、法制执行力、法制创新力等因素尚未齐备，金融创新与法制变革的良性互动关系尚未形成。因此，我国必须继续推进金融体制改革，进一步放松管制，改进监管，寻求金融创新与金融监管的竞争性平衡，为经济和社会发展提供源源不断的创新动力。

武汉大学法学院是全国较早开展金融法教学与科研的单位之一。2004年，经济法专业开始招收“金融法”方向的博士研究生。2014 年，武汉大学资本市场法治研究中心成立，成为全国重要的从事资本市场法律问题研究的学术机构。10 余年来，武汉大学法学院金融法学科承担了国家社科基金、教育部重大攻关课题等多项国家级和省部级科研项目，出版与发表了大量的学术专著与专业论文，在公司资本制度、公司融资法、互联网金融法制、金融法基础理论等方面取得了较大的学术和社会影响，为社会培养了一大批高层次专门人才。为进一步推动武汉大学资本市场法治研究中心的发展，提升人才培养和学术研究水平，强化学科建设与社会服务力度，我们决定出版“金融创新与法治发展丛书”，集中展示金融法领域具有思想性、前沿性和创新性的学术精品。本丛书的入选标准坚持学术性，要求立足学术前沿，追求学术创新，注重学术规范，恪守学术伦理。热忱欢迎有更多的金融法著作入选“金融创新与法治发展丛书”，也希望“金融创新与法治发展丛书”的连续出版能为促进学术研究繁荣和推动金融法治进程贡献绵薄之力。

是为序。

冯　果

2015 年岁末

目　录

前　言

当前,中国正处于全面深化改革和全面推进依法治国的关键历史时期,充满机遇和挑战。就挑战而言,在经济社会转型期,随着经济结构、社会结构和利益格局的调整,大量结构性矛盾集中爆发,收入分配就是其中一个涉及制度变革、利益调整与结构变化的重大问题。关于收入分配,经济学、政治学、社会学等领域的研究成果可谓汗牛充栋、不胜枚举。相比较而言,法学对收入分配的研究则相对薄弱。其实,收入分配不仅涉及经济层面的诸多问题,还涉及法律层面的分配权利、分配能力、分配公平、分配规范、分配秩序、分配正义等,从法律规制的角度来防范和化解分配危机非常必要。因此,各国在解决分配问题的法律实践中,都愈发注重加强法律规制,特别是经济法规制,并注意提升经济法治的水平,这已成为各国的普遍共识和共通做法。近年来,经济法学界开始注重对收入分配的研究,产生了一批颇有价值的学术成果,但这些成果主要集中在财税法领域,金融法视域下的研究成果较为少见,有深度的力作可谓凤毛麟角。鉴于此,我们于2011年申报了教育部人文社会科学规划基金项目“收入分配调整与金融法制变革——以金融资源的公平配置为中心”并获得立项(项目批准号:11YJA820017),本书即为该课题的阶段性研究成果。

收入分配改革被称为“关键时期的关键改革”,其重要性与难度可想而知。本书置于金融法的立场来检讨与审思收入分配改革,试图在文献与话语缺失的境遇下填补学术研究的一块空白,彰显金融法制变革对收入分配的重大意义。具体而言,本书的研究价值主要体现在两个方面:第一,深化和推动金融法基础理论的研究。当前的金融法基础理论研究呈现出空洞化与碎片化的特点,亟待进行系统化的整体主义研究。本书对金融法的价值追求、功能定位与学科性质进行了辩证审视和理性反思,对压制型立法与金融抑制、选择性执法与金融排斥、依附式司法与金融分割三组收入分配差距扩大的金融法制度诱因进行了理论抽象和提炼,从"权力—权利—能力—利益"的法理范式为收入分配改革提供了一个新的分析框架,推进了对金融公平、金融民主、金融包容的理论研究,构建了"民生金融法"的知识论范畴体系,这些学术研究将有助于推动金融法基础理论研究的深化。第二,推动金融法制的现代转型。本书直面经济与社会发展中的重大现实问题,选择被法学界忽略的"金融资源公平配置"这一重要切入点来求解收入分配不公、贫富差距过大的时代难题,从金融资金的公平分享、金融机构的合理布局、金融工具的组合配置、金融市场的结构优化四个维度论证了收入分配改革的金融法进路,对政府投融资、农村金融、民间金融、互联网金融、金融调控与金融监管等法律制度的变革进行了深入研究,为中国金融法制的变革与完善指明了方向。

除去导论外,本书分九章进行论述。第一章从观念与制度两个层面厘定收入分配差距扩大的金融法诱因,其中观念层面的诱因包括功能认识的偏差、价值追求的片面和性质定位的谬误,制度层面的诱因包括压制型立法与金融抑制、选择性执法与金融排斥、依附式司法与金融分割。第二章从权力、权利、能力与利益等关键词出发阐释收入分配改革困局的金融法根源,指出金融权力的异化与滥用、金融权利的贫困与金融能力的孱弱、金融利益表达与博弈机制的扭曲是收入分配改革难以取得进展的关键原因。第三章提出"金融资源公平配置"这一概念,对其进行了规范解释,指出现行金融资源配置模式的结构性缺陷并揭示由此给收入分配格局造成的消极影响。第四章从金融公平、金融民主、金融包容三个层面论证金融法面向收入分配改革的理念转型,试图以此作为金融法制度变革的思想指引。第五章至第八章分别从金融资金、金融机构、金融工具、金融市场的角度论证金融法面向收入分配改革的制度变革,对民间资本进入金融领域、培育社区银行、利率与汇率的市场化改革、多层次资本市场以及区域金融中心建设等问题进行了制度梳理和展开。第九章是在总结全书的基础上进行的理论升华,提炼出"民生金融法"的理论范式,以此作为金融法回应收入分配改革的归宿。在论证逻辑上,本书遵循从法理到制度、从理念到规则的思维分析范式，突出问题意识导向，关注金融市场运行背后的“潜规则”，综合运用法律金融学、金融社会学、金融地理学、规范分析法学、法律解释学等交叉知识体系解构收入分配改革中的金融法问题。在求解收入分配改革的金融法进路上，本书将金融资源类型化为金融资金、金融机构、金融工具和金融制度，将金融制度资源有机穿插在其他三种金融资源的分析框架中，并将落脚点放在金融市场的功能优化上。面向收入分配改革的金融法，涉及根本性的理念调整与制度变革，理想的金融法是一部以金融公平为价值基础、以民生诉求为制度导向、以普惠金融为目标定位的良法，本书所力图建构的“民生金融法”范式正是构建理想金融法的学术尝试。

本书是武汉大学资本市场法治研究中心集体智慧的结晶，凝结着不少人的心血与汗水。研究中心的博士研究生袁康、张东昌、杨为程、段丙华等均为本书作出了贡献，研究中心的硕士研究生张阳、闫维博、杨博闻、黄伟娜参与了本书的校对工作，他们的严谨与认真值得赞许。本书的部分内容已经发表在《现代法学》、《法商研究》、《法学》、《政治与法律》、《江淮论坛》、《经济法研究》、《中国社会科学报》等刊物，在此向这些刊物及其编辑致以深深的敬意，同时对教育部人文社会科学规划基金项目的资助表示由衷感谢。我们期待本书的出版能够引起金融法学界对收入分配问题的关注，同时期待读者对于本书的错谬进行批评指正。

导　论

在中国步入经济转轨、社会转型的关键时期之后，收入分配成为社会最为关注的民生问题之一。公平合理的收入分配是社会成员体面劳动和尊严生活的基础，也是社会进步和稳定的前提，正如克拉克教授所言："对于实事求是的人和从事研究工作的人来说，在各个要求获得应得权利的人中间分配财富的问题，是一个极其重要的经济问题。"[①]分配问题通常包括分配不均、分配不公、分配失序、分配失衡等，这些问题对政治、经济、社会、法律等各个方面都存在直接而深刻的影响，关涉国家的政治安定、经济增长、社会发展和法治昌明。因此，要实现国泰民安，避免"治乱循环"，就必须解决好分配问题。[②] 法律作为利益的分配书，尤其是经济法作为再分配之法，如何化解收入分配这一"戈尔迪死结"，已成为学术研究和制度实践亟待解决的重大命题。

一、收入分配差距的现实镜像："断裂"与"失衡"

改革开放30多年来，中国的经济发展取得了举世瞩目的成就，经济总量跃居世界第二，社会财富急剧增多，人民生活水平普遍提高，具有经济活力和国际竞争力的市场经济体制初步形成。然而，这种用30年时间走完西方国家100年经济发展历程的"压缩饼干式发展"也同时聚集了发达国家上百年来所遇到的各种社会矛盾和问题，环境恶化、资源短缺，权力腐败、贫富悬殊等皆为其例。其中，贫富悬殊问题日益凸显，社会分化与利益冲突不断加剧，经济社会发展遭遇了前所未有的"瓶颈"。世界银行的一份最新报告指出，

① ［美］克拉克著：《财富的分配》，陈福生、陈振骅译，商务印书馆1997年版，第9页。

② 张守文著：《分配危机与经济法规制》，北京大学出版社2015年版，第3页。

美国是5%的人口掌握了60%的财富,而中国则是1%的家庭掌握了全国41.4%的财富,中国的财富集中度远远超过了美国,成为全球两极分化很严重的国家之一。[①] 根据中国科学院《2012中国可持续发展战略报告》,按新的贫困标准计算,中国目前有1.28亿人的贫困人口。按照国家统计局的数据,中国的基尼系数已经超过了国际上0.40的警戒线。[②] 收入分配问题已成为影响社会和谐稳定的主要因素。过大的收入差距还可能成为分割群体和个体的壁垒,由此产生了一个在经济和社会层面上都处于分割状态的中国。[③] 财富过于集中在少数人之手,形成了极少数的高收入人群、庞大的低收入人群和较少的中收入人群的"金字塔"社会结构。由此,中国的经济增长似乎正在陷入一个耐人寻味的悖论之中:即使经济有一个较为快速的增长,社会中的大部分人也难以从中受益;而如果没有一个较为快速的经济增长,社会中的大部分人却会从经济停滞中受害。[④]

无论从绝对水平还是分布结构上,收入分配差距过大都是一个毋庸置疑的经验事实,这种差距可以从三个方面加以度量:第一,城乡收入差距过大。新中国成立以来,为保证工业的优先发展,城乡二元分治的政治体制得以确立。二元分治既是一种政治体制,也是一种经济体制,还是一种分配体制。在城乡二元结构下,收入分配以身份为标准,资源向城市严重倾斜,并通过户籍管制形成了城乡居民基本权利、财富分配、生存条件、发展空间的巨大差异,农民与城市人相比,在权利拥有上属于低人一等的群体。[⑤] 实证研究表明,改革开放以来的城乡居民收入差距呈现出明显扩大趋势:从绝对指标来看,城乡居民名义收入之差从1978年的209.9元扩大到2012年的16,648.0元,城乡居民实际收入之差也扩大到2511.5元;从相对指标来看,1978~2012年,城乡居民名义收入之比从2.57上升到3.10,城乡居民实际收入之比扩大到2.67,城乡基尼系数从0.180上升到0.239。[⑥] 按照国家发改委的

---

① "世行:中国贫富差距近1:131% 家庭掌握41.4% 财富",载《法制晚报》2010年8月25日版。

② 潘允康主编:《中国民生问题中的结构性矛盾研究》,北京大学出版社2015年版,第6页。

③ 王丰著:《分割与分层——改革时期中国城市的不平等》,浙江人民出版社2013年版,第5页。

④ 孙立平著:《断裂——20世纪90年代以来的中国社会》,社会科学文献出版社2003年版,第24页。

⑤ 刘翠霄著:《天大的事:中国农民社会保障制度研究》,法律出版社2006年版,第1页。

⑥ 胡晶晶著:《改革开放以来中国城乡居民收入差距研究》,人民出版社2013年版,第58页。

统计，中国居民总收入差距中，大约 64.45% 是由城乡间居民收入差距造成的。[①] 根据国际劳工组织的资料，中国是城乡之间人均收入差距最大的两个国家之一，如果把医疗、教育、失业保障等非货币因素考虑进去，中国的城乡收入差距无疑是世界上最高的。[②] 第二，地区收入差距过大。由于各地区在经济条件、资源占有等方面存在明显差别，再加上国家倾斜式发展战略的实施，东部沿海地区充分利用区位优势和政策优势，大量吸引外资、技术和人才，经济发展突飞猛进，东部地区居民收入显著高于中西部地区，地区收入差距持续扩大。尽管我国近年来反贫困事业取得了重大进步，但依然面临着严峻考验。西部地区农村是绝对贫困人口继续存在并且高度集中的区域，是贫困强度指数最高的区域和贫困发生率最高的区域，也是返贫率最高的区域。以贫困强度指数为例，沿海地区指标为 0.18，北京为 0.10，相当于智利、新加坡等极低人类贫困指标的国家，西部的少数民族地区人类贫困指标高达 0.44，其中贵州约为 0.55，相当于索马里等极高人类贫困指标的国家，在 78 个国家中排倒数第五位。[③] 也有实证研究表明，1997 ~ 2011 年，中国城镇居民人均可支配收入最高省区市与最低省区市的收入比在 2.2 ~ 2.25 之间，农村居民人均纯收入最高省区市与最低省区市的收入比在 4.1 ~ 4.6 之间，表明各省区居民收入分配差距明显。[④] 第三，行业收入差距过大。由于市场竞争机制的不健全，金融、电力、电信、石油、石化、烟草等垄断性经营行业凭借其垄断地位可以获得高额垄断利润，这些利润又会转化为企业员工的高额收入和福利，由此造成垄断行业与非垄断行业之间收入差距的不断扩大。据统计，石油、电力、烟草等行业人员职工数占全国职工数不到 8%，而其工资却占全国职工工资总额的 60% 左右，若再加上工资外收入和职工福利待遇上的差异，不同行业之间的收入差距可能相差 5 ~ 10 倍。近年来，土地、资源和资本要素发挥了巨大的财富调整力量，房地产、矿产、证券等成为“最赚钱”的暴利行业，少部分人借此一夜间站到了社会财富的顶端，进一步拉大了行

---

① 国家发改委宏观经济研究院：“促进形成合理的居民收入分配机制”，载《宏观经济研究》2009 年第 5 期。

② 杨灿明主编：《规范收入分配秩序研究》，经济科学出版社 2014 年版，第 12 页。

③ 黄颂文著：《普惠金融与贫困减缓》，中国经济出版社 2014 年版，第 34 ~ 35 页。

④ 杨灿明主编：《规范收入分配秩序研究》，经济科学出版社 2014 年版，第 83 ~ 84 页。

业收入差距的鸿沟。某些垄断企业利用全体所有者的资本,开采所有者的共同资源,再以不菲的价格卖给所有者,利润却没有分给广大股东即作为所有者的国民全体,从而出现了企业剥削所有者的现象。①

在上述几个方面的共同作用下,当下的中国社会已陷入"断裂"与"失衡"的泥淖中。这里的"断裂"指涉的是贫富悬殊开始固化为社会结构,以占有大量资源为特征的强势群体和拥有大量人口为特征的弱势群体的"两级社会"得以形成。孙立平教授将这种断裂的社会结构称为"断裂社会",并认为中国社会所面临的种种分歧和对立,有相当一部分是沿着贫富差距这条主要断裂带展开的。② 其原因在于,公平的收入分配制度是社会公平的基础,收入分配不公是社会不稳定的经常性诱导因素。收入分配不公的演化容易导致贫富分化,富贵阶层随着经济地位的提高可能产生新的政治诉求,形成新的政治集团,低收入人群则越来越被边缘化成为社会弱势阶层,这促使社会阶层矛盾激化和社会秩序恶化,甚至出现社会动荡和政治危机。③ 这里的"失衡"指涉的则是不同社会群体在社会权利上的高度不均衡,即不同群体在表达和追求自己利益的能力上存在巨大差异。权利失衡的现象在股东与劳动者之间、大股东与中小股东之间、经理人与股东之间、国家与企业及公民之间、拥有垄断优势及特权者与相对人或公众之间均有体现,尤以股东和劳动者之间的权利失衡为常见。资强劳弱带有普遍性,它们之间利益和权利的失衡一方面表现为劳动者被资本雇佣的从属地位;另一方面表现为劳动者的利益表达弱势。④ 控制资本的强势一方不仅能够对公共政策的制定和执行过程施加影响,而且能够影响社会公共舆论的话语形成,作为弱势群体的劳动者尽管人数众多,但掌握的资源极为有限,远离社会权力中心,在追求自己的利益上处于无力状态,其诉求难以得到通畅的表达,只能依附于强势群体。"失衡"是理解"断裂社会"的关键所在,"社会权利的失衡"构成了"社会断裂"的基本机制或基础。⑤ 作为描述中国社会结构在短短十几年内发生如此戏剧

---

① 贾可卿著:《分配正义论纲》,人民出版社 2010 年版,第 77 页。

② 孙立平著:《重建社会——转型社会的秩序再造》,社会科学文献出版社 2009 年版,第 255 ~ 256 页。

③ 薛江武著:《收入分配之经济法调节》,江西人民出版社 2011 年版,第 49 页。

④ 李永成著:《社会分配法研究》,法律出版社 2014 年版,第 78 页。

⑤ 孙立平著:《失衡——断裂社会的运作逻辑》,社会科学文献出版社 2004 年版,序言第 6 页。

性变化的两个关键词汇,“断裂”与“失衡”对于理解收入分配差距背后的制度蕴意具有重要的启示价值,事实上也为收入分配改革提供了方向性进路:优化社会结构,建立市场经济条件下的利益均衡机制与合作主义的宪政体制,实现权利的高水平均衡。[①] 无论是利益还是权利,都需要法律的确认和促进,所以修补断裂的社会结构和矫正失衡的利益格局均需要回归到法律的原点。

二、收入分配关系的法律调整:基于经济法的视角

收入分配的概念本身具有复杂性,这源于“收入”和“分配”两个语词内涵及外延的不确定性。收入可以分为正常收入与非正常收入、合法收入与非法收入以及准合法收入、显性收入与隐性收入等类型,而分配则存在初次分配、再分配和第三次分配之别。通过市场实现的收入分配为初次分配,通过政府调节而进行的收入分配为再分配,个人和企业在习惯、道德的影响下把可支配收入自愿性地捐献出去则被称为第三次分配。现有收入分配格局所呈现出来的“断裂”与“失衡”镜像与三次分配的功能失调紧密关联,其中,初次分配中,分配要素在不平等的环境下竞争从而造成了初次分配中的不公平、不合理;再分配中,调节机制的不健全不仅没有有效地减少初次分配中的的不公平、不合理,反而在某些方面扩大了不公平、不合理;[②]第三次分配规模小,对分配的调节功能有限。三个结构层次自身的矛盾导致了整个分配制度功能未能有效发挥,从而使我国的收入分配格局出现了种种失衡。[③] 收入的多层次性、分配过程的多阶段性和分配关系的属性多样性,决定了收入分配所涉法律的复杂性,既有确认基本分配体制、分配制度和分配秩序的宪法根

---

① 孙立平著:《失衡——断裂社会的运作逻辑》,社会科学文献出版社 2004 年版,序言第 9 页。

② 鉴于中国的改革是典型的政府主导型的制度变迁模式,政府调节失灵应该说是造成收入分配悬殊的最主要原因。具体体现在几个方面:政府采用行政主导,统一控制土地,实行专营,形成了政府高度集中独家经营土地资源的垄断格局;政府在市场分割时将金融、电力、电信、石油、石化、铁路、民航、烟草等行业留给自己垄断经营,形成垄断格局,市场机制对这些行业无法通过竞争去优化资源配置;国家信贷政策和资金投入明显向国有企业和大企业倾斜,民营企业、中小企业、居民个人贷款困难,资金短缺,竞争实力有限,直接约束了这些弱势主体的发展及收入的提高;财政税收政策没有较好地解决初次分配差距扩大问题。参见薛江武著:《收入分配之经济法调节》,江西人民出版社 2011 年版,第 42 页。

③ 潘允康主编:《中国民生问题中的结构性矛盾研究》,北京大学出版社 2015 年版,第 125 页。

本法,也有作为具体分配关系得以产生前提的民商法、经济法等。[①] 其中,收入分配关系的宪法调整,主要是通过规定分配的基本形式和实现方法对生产资料所有制进行确认,对私有财产权进行保护,对基本生存权进行保障。[②] 宪法对分配关系的调整,关涉经济领域中民主政治规则建构,其核心在于设定政府经济行为的正当程序,防止政府利用公共权力侵犯市场机制与私人权利。[③] 中国当下的改革已经由增量利益调整阶段深化到增量利益与存量利益调整并存的阶段,已经由资源配置层面深化到权利配置层面,一方面通过推动市场转型,促进收入分配秩序的形成;另一方面厘清政府干预分配关系的边界。[④] 这里的"收入分配秩序",在静态上表现为收入分配格局,即分配主体之间的收入分配关系、收入分配结构和收入差距状况,在动态上表现为收入的形成机理,即收入分配规则和分配过程是否规范、合理和有序。有学者认为,我国当前的收入分配问题,直观上表现为居民收入差距过大,其实质则是由于收入分配秩序出了问题,即由于收入分配无规则、收入分配秩序紊乱,导致收入分配问题日趋严重。[⑤] 民商法作为市场经济的基础性法律,在初次分配中发挥着主导性作用,构成了以市场作为基础性分配机制的主要法律保障形式。在自由市场经济阶段,民商法的收入分配功能整体上是有效的。但随着自由市场经济向社会市场经济的演进,民商法无力引导市场主体对关乎社会整体经济利益的领域进行投资,无力引导市场主体关心解决就业、通胀、经济增长和国际收支平衡问题,也无力引导市场主体关心解决产业、区域的平衡发展和缩小贫富悬殊的问题。[⑥] 这是因为,民商法立足于个体主义,以抽象的人格平等为出发点,预设在市场中人人享有均等的机会,从而对"经济巨人"和"经济侏儒"不加区分、一视同仁的弊端,使其无法对事实上不平等的分配关系进行矫正,从而实现分配的实质公平。[⑦] 在此背景下,解决收入分配差距过大的重任自然降临到经济法这一以维护社会整体利益为基本原则、以

---

① 孟庆瑜著:《分配关系的法律调整——基于经济法的研究视野》,法律出版社2005年版,第27页。

② 李永成著:《社会分配法研究》,法律出版社2014年版,第32页。

③ 李昌麒主编:《经济法理念研究》,法律出版社2009年版,第226页。

④ 李永成著:《社会分配法研究》,法律出版社2014年版,第150~152页。

⑤ 杨灿明主编:《规范收入分配秩序研究》,经济科学出版社2014年版,第50页。

⑥ 薛江武著:《收入分配之经济法调节》,江西人民出版社2011年版,第79页。

⑦ 李永成著:《社会分配法研究》,法律出版社2014年版,第33页。

社会本位为学科立场、以实质公平为价值定位且具有再分配功能的法律之上。

收入再分配的过程涉及市场主体之间或居民个人之间的分配结构，以及国家与国民之间分配结构的有效调整，需要经济法动用各种手段进行调节。在经济法的语境下，无论是市场规制法还是宏观调控法，都具有一定的收入分配调整功能。如市场规制法中的竞争规制有助于消除收入分配的负外部效应，消费规制有助于矫正收入分配中的信息偏在，宏观调控中的计划调控涉及投资在多个领域的分配，产业政策调控涉及财富在众多产业中的重新配置，因此经济法就是一种利益资源和权利的再分配之法。① 具体而言，经济法是基于民商法等法律部门在社会利益初次分配中存在的不公平和不合理现象，在初次分配的基础上进行的再分配，是从经济领域的安全、秩序、公平的再分配而影响到经济领域之外的利益分配，其目的旨在维护和促进社会总体效率和社会公平。② 经济法具有与民商法分配不同的特点，经济法的功能突出体现在它对既存法律秩序（特别是民商法秩序）的调整，也就是对于原有法律秩序下的社会资源和权利的一种再分配。③ 旨在解决分配失衡等市场失灵问题的现代经济法，对各类主体利益有直接而重要的影响，因而可以成为调整分配结构，实现再分配目标，保障分配公平、适当，防止分配失当、失衡的重要工具。④ 尽管经济法的利益再分配功能已得到普遍认同，但并不意味着经济法的二级部门法的收入分配调整功能可以等量齐观，它们实际上是迥然有别的，其中财税法被认为在破解收入分配难题方面发挥着关键和主导作用，“财富分割的利器”这一说法形象地说明了财税法的“分配法”色彩。财税法综合运用投融资、转移支付、税收等财税政策工具对分配结构进行优化和调整，在维护分配秩序、实现分配正义方面发挥着关键作用，财税政策工具的收入分配功能也得到了官方和社会公众的充分肯认，受到理论界与实务界

---

① 漆多俊、冯果主编：《经济法学》，武汉大学出版社 2011 年版，第 73 页。

② 薛江武著：《收入分配之经济法调节》，江西人民出版社 2011 年版，第 80 页。

③ 漆多俊：“时代潮流与模块互动——‘国家调节说’对经济法理论问题的破译”，载漆多俊主编：《经济法论丛》（第 13 卷），中国方正出版社 2006 年版，第 1 ~ 56 页。

④ 张守文著：《分配危机与经济法规制》，北京大学出版社 2015 年版，第 102 页。

的高度关注，相关研究成果不胜枚举。[①] 在这些理论指导下，国家习惯于运用税收作为调节收入分配的主要手段。然而，由于中国目前的收入与财富分配在很大程度上处于一种非规范化状态，通过个人所得税等常规性手段进行收入与财富分配的调控已显得力不从心或者捉襟见肘。众所周知，个人所得税的征收必须建立在收入分配规范化的基础上，也就是说税务部门需要知道谁的收入是多少，收入的项目是什么。但现实情况是，除了工薪阶层的工资性收入之外，税务部门对上述数据很难掌握，由此导致的一个结果是富人群体因为收入高度非规范化而脱避调控，中产阶级却成为税收调节的主要对象。[②] 由于庞大的中产阶级的存在是防止走向两极分化的前提，所以现有的税收调控事实上加剧了收入分配不公的程度。鉴于财税法的功能局限，收入分配关系的经济法调整有必要转换视角，从金融法中获取求解收入分配难题的新思路。

三、收入分配难题求解的金融法路径：命题与挑战

如果说财税法主要涉及国家与国民之间的财富分配，那么金融法则主要涉及国民与国民之间的财富分配，无论是货币发行、利率调整、资产定价，还是证券交易、信贷投放、汇率变动，均或多或少地涉及国民财富的流转和分配。以货币发行为例，各国的中央银行都控制了货币发行权，以对国民经济和收入分配实行总量控制，通过控制货币的发行和流通量，进而影响以货币形式表现出来的国民收入的实际价值。再以信贷投放为例，银行信贷在不改变资金所有权的条件下，把社会闲散的资金和货币集中起来，然后向单位、企业或个人发放贷款，这就改变了资金使用的主体、方向和时间，从而对国民收入进行了再分配。同时，通过差别利率，信贷机构获得了利润，可用于充实信贷资金、提留信贷企业基金或支付职工工资，存款者和贷款者的收入由于差别利率得到调整，使一部分国民收入在工商企业、职工、居民之间进行了再分

---

① 代表性研究成果如张守文："分配结构的财税法调整"，载《中国法学》2011 年第 5 期；刘剑文："收入分配改革与财税法制创新"，载《中国法学》2011 年第 5 期。

② 孙立平著：《重建社会——转型社会的秩序再造》，社会科学文献出版社 2009 年版，第 244 ~ 246 页。

配。[①] 然而,在学界颇为吊诡的一个现象是,金融法与收入分配的关系长期以来显得扑朔迷离,有深度的研究成果极为匮乏和单薄。与此相对应,国务院2013年批转的《关于深化收入分配制度改革的若干意见》将再分配调节机制的"主要手段"定位于税收、社会保障和转移支付,对通过财税手段进行收入再分配进行了不厌其烦的制度设计性规定,却对通过金融手段进行收入再分配只字未提。这难免让人追问:金融法难道在收入分配改革中可有可无?政策制定者是有意而为还是无心之过?如何发掘金融法被遗忘的知识传统?如何回归金融法的常识进而"从常识走向共识"?在收入分配改革的恢弘社会背景下,对金融法的利益再分配功能不能充耳不闻,这就需要拨开遮蔽真实的迷雾,寻找金融法收入分配功能遭到忽视的法律诱因。[②]

在训诂意义上,金融就是资金融通,即由资金融通的工具、机构、市场和制度等构成要素相互作用而构成的有机系统,[③]其实质是以货币为对象进行的信用交易活动。资金融通必须以安全为前提,以效率为保障,这是金融法基本的逻辑前提。以央行的货币政策工具为例,无论是货币政策工具的多重目标论(认为货币政策目标包括物价稳定、经济增长、充分就业和国际收支平衡等)还是单一目标论(认为货币政策目标是稳定货币币值)莫不是对安全和效率的强调。作为对金融政策工具进行确认的法律规范,金融法在价值取向上同样是以效率和安全为中心加以制度展开的,它强调的是货币供应的有效性、信贷流向的畅通性和国民经济运行的稳健性。如《商业银行法》明确将商业银行的业务经营原则限定为安全性原则、流动性原则和营利性原则,其对公平性价值的关注严重不足,直接弱化了利率和信贷两种金融政策工具的收入分配功能。事实上,整个金融法在价值范式上都是以安全与效率为中心进行建构的,因为通过考察金融法治乱循环的发展史,不难发现立法者总是在金融效率与金融安全之间进行徘徊,不是强化安全就是放松管制,不是加强监管就是推行金融自由化。由此可以看出,金融法价值目标体系的演变过程就是一个在钢丝上行走并寻求平衡的过程:钢丝的一边是金融效率;另一边则是金融安全。然而,达致"钢丝上的平衡"绝非易事,因为这种平衡既

① 薛江武著:《收入分配之经济法调节》,江西人民出版社2011年版,第130~131页。
② 李安安:"收入分配改革中的金融政策工具及其法律配置",载《现代法学》2015年第1期。
③ 韩龙主编:《国际金融法》,法律出版社2007年版,第2页。

要确保金融效率与金融安全形成有序的“范式竞争”，促进它们之间的适时替代与良性互动，又能提升金融法制的规范弹性与应有活力。正是由于这种平衡不易达成，金融法的价值目标时常陷入“安全至上”或“效率优先”的观念误区，金融法的制度设计也难免偏离金融公平的价值轨道，陷入“行政主导、营利至上、管制中心”的制度窠臼。[①] 置于金融效率与金融安全的价值立场下，金融法的经济性功能凸显而社会性功能式微，金融政策工具相应地只关注金融效率的提升和金融秩序的维护，而不关注社会财富分配的调节与金融资源配置的优化。在社会转型的时代背景下，金融法对安全或效率的过度吹捧和对公平的严重漠视，成为贫富悬殊、两极分化等分配问题潜滋暗长的一个重要诱因，进而导致社会陷入断裂与失衡的“现代化陷阱”之中难以自拔。

另一个可能的法律诱因在于，金融法的传统知识谱系故步自封，画地为牢，未能通过“知识迁移”的方式进行知识更新和制度重构，进而压缩了金融法收入分配功能的制度空间。一般认为，金融法是调整金融调控关系、金融监管关系和金融交易关系的法律规范的总和，而无论是金融调控、金融监管还是金融交易，都是金融学的基本概念范畴，这决定了金融法与金融学之间存在难以割舍的关系，二者在知识谱系上具有互通性。然而长期以来，传统的金融法研究偏重于概念法学、注释法学和解释法学，传统的金融学研究偏重于金融资产定价和金融市场均衡分析，两者长期处于割裂状态，未能通过合作来解决金融改革与发展中的结构性难题。[②] 事实上，金融学对收入分配问题的关注由来已久，并取得了突破性进展。如 Greenwood 和 Jovanovic 研究了经济增长、金融发展和收入分配三者之间的关系，得出的结论是金融发展在一国经济发展的初期会扩大收入差距，但从长期来看会缩小收入差距，即金融发展和收入分配的关系服从“库兹涅茨倒 U 形曲线”的轨迹。[③] Galor 和 Zeira 等学者的研究表明，不完善的信贷市场会加剧收入分配鸿沟，完善的

---

① 冯果、袁康：“从法律赋能到金融公平——收入分配调整与市场深化下金融法的新进路”，载《法学评论》2012 年第 4 期。

② 李安安、冯果：“公司治理的金融解释——以金融法和金融学的科际整合为视角”，载《法制与社会发展》2015 年第 4 期。

③ Greenwood, Jeremy, Boyan Javanovic, “Financial Development, Growth and the Distribution of Income”, *Journal of Political Economy*, 1990, Vol. 98, pp. 1076 – 1107.

信贷市场则会使穷人得到融资服务，减弱门槛效应，进而降低贫富差距。[①] Aghion 和 Bolton 从利率的角度探讨了收入分配问题，在资本边际生产率递减的假定条件下，富人成为贷款人，穷人成为借款人，但利率会随着富人财富的积累而下降，收入分配将逐渐收敛于稳定的平等状态。[②] 进入 21 世纪后，由于贫困及公平问题日益成为世界各国普遍关心的话题，有关金融发展改善收入分配及减缓贫困的研究变得越来越重要，该研究领域已成为国外金融发展理论的一个前沿。[③] 令人遗憾的是，面对金融学针对收入分配的研究热潮，金融法未能进行及时的回应与跟进，以至于在化解收入分配的时代难题面前，金融学学者异常活跃，金融法学者则显得曲高和寡，话语权极为孱弱，参与性严重不足，难以对公共政策的制定施加影响。这固然与“经济学家敏感、法学家稳重”的精神气质有关，但也反映出金融法传统思维模式的诸多弊病，如偏好文义而忽视语境，偏好学科建制而忽视学科互涉，偏好知识固化而忽视创造性转化，偏好“对策法学”而忽视“思想试验”，偏好规范主义进路而忽视功能主义进路等。思维模式的局限性钳制了金融法知识的生产与进化，[④] 导致金融法在解决包括收入分配在内的社会难题时显得制度资源和知识储备的明显不足，进而减损了其时代适应性品格。

在上述两个方面的作用下，金融法在收入分配改革的视野中渐行渐远。改变这种状况，需要打破“安全至上”或“效率优先”的观念误区，在金融法的价值追求中导入金融公平的价值理念，扭转失衡的金融利益分配结构，弥合断裂的金融资源配置模式，重振金融法的社会性功能。正如有学者所言，社会经济发展所要求的最佳状态既不是福利上的完全平等，也不是贫富两极分化，而是经由公民共识在两者之间寻求一种中庸状态，实现权利、机会和利益

---

① Galor, Oded, Joseph Zeira, "Income Distribution and Macroeconomics", *Review of Economic Studies*, 1993, Vol. 60, pp. 35 – 52.

② Aghion, Philippe, Patrick Bolton, "A Theory of Trickle-Down Growth and Development", *The Review of Economic Studies*, 1997, Vol. 64, pp. 151 – 172.

③ 江春著：《金融改革和金融发展：理论及实践的回顾及反思》，人民出版社 2012 年版，第 478 页。

④ 自从邓正来先生在《中国法学向何处去》一文中直陈中国法学因缺乏“中国法律理想图景”而不具有构造中国当下制度和由当下制度所型构的当下秩序的正当性功能后，作为知识社会学重要概念范畴的“知识生产”一词受到了法学界的广泛关注。参见李琦：“审思中国法学：从知识生产到知识生产者”，载《北方法学》2010 年第 5 期。

的合理的从而也是正义的分配。[1] 在“金融社会化”与“社会金融化”的时代背景下，[2]金融公平是作为规则的正义，意味着权利平等和机会平等，构成了金融效率合法与持久的基础，也是实现金融效率和金融安全的根本方式，金融法对此应给予充分的关注。值得期待的是，随着法律与金融学（law and finance）的兴起，[3]法学与金融学正在从割裂走向联姻，金融法有望借助于金融学的知识范式在收入分配中发挥更大作用，金融法的再分配功能也有望得到进一步拓展。对于深陷收入分配改革泥淖中的我国而言，一个相当紧迫的课题是厘清金融法收入分配功能的具体面向，审视其功能异化的现实图景，进而采取有针对性的因应之策。

---

① 贾可卿著：《分配正义论纲》，人民出版社2010年版，第263页。

② 社会金融化是社会行为遵循金融方式和规则的过程，金融社会化则是金融机构和社会成员共同形成有助于经济社会发展的金融环境和金融行为的过程。参见邹立行：“金融社会化和社会金融化”，载《科学决策》2011年第3期。

③ 法律与金融学主要研究法律与金融的关系、金融法的经济结构、证券权利产生与运作机理、金融秩序的演进以及金融市场和金融组织的治理结构等前沿问题，可把它看作法律经济学理论研究在金融领域的应用和延伸。参见LLSV，“Law and Finance”，*Journal of Political Economy*，1998，Vol. 106，pp. 1113－1155。

第一章　收入分配差距扩大的金融法诱因

处于社会转型时期的中国,贫富悬殊、两极分化、社会断裂、权利失衡等社会问题似乎一夜间全部汹涌而至,我们已经别无选择地走进了一个问题丛生和风险重重的开放社会。这些问题如果得不到有效解决,极易引发社会危机。从金融法的视角寻求化解之道,前提是厘清收入分配差距扩大与金融法之间的逻辑关联,进而寻求有针对性的规制措施。收入分配差距扩大的金融法诱因,既包括观念诱因,也包括制度诱因,前者指向的是根深蒂固的观念桎梏,后者指向的是盘根错节的制度藩篱。

一、观念诱因

观念是行动的先导,思想是实践的指南。探求收入分配差距扩大的金融法观念诱因,并不是一种纯粹的主观思辨,更不是一种自寻烦恼的"为赋新词强说愁",它事实上深刻影响着人们的行为选择和制度的变迁轨迹。长期以来,人们对金融法的功能、价值追求和性质定位存在诸多错误认识,导致金融法在面对诸如收入分配等时代难题时难以发挥应有的作用。

(一)金融法功能认识的偏差

金融法作为规范和促进金融市场的制度要素,对于金融市场乃至整个社会的平稳健康发展都具有重要作用,完善的金融法制可以为金融市场的健康发展提供强大的制度助力,促进和优化金融市场功能的发挥。[1] 金融法功能的识别与提炼无疑需要立足于对金融功能的认知这一逻辑起点。所谓金融功能,就是金融工具、金融机构以及整个金融体系对经济社会发展所具有的

---

① 熊进光著:《现代金融服务法制研究》,法律出版社2012年版,第8~9页。

推动作用。[1] 通过梳理金融学界对金融功能的界定,不难发现对金融功能的认识是随着研究的逐步推进而日益深入的。Levine 认为金融体系的功能有促进风险改善、信息获取和资源配置、完善公司治理、动员储蓄、促进交易等。[2] Allen 和 Gale 认为金融体系的功能主要是风险分散、信息提供和公司治理。白钦先等学者则进一步细化了金融功能的外延,认为金融体系的功能包括四个递进层次,第一层次是基础功能,即服务功能和中介功能;第二层次为核心功能即资源配置;第三层次为扩展功能,即经济调节与风险规避;第四层次则为衍生功能,包括风险管理、信息传递、公司治理、财富再分配、引导消费和区域协调等。[3] 林毅夫教授则将金融体系的功能概括为动员资金、配置资金和分散风险三个层面。[4] 还有学者认为,金融市场的功能包括汇集小额资金的聚敛功能,分配资源、财富和风险的配置功能,调节宏观经济的调节功能,反映国民经济信息和变动的反映功能。[5]

经济学界关于金融功能形形色色的归纳,反映在金融法中其实就是经济功能与社会功能。前者应当定位于优化金融资源配置;后者则应定位于调节社会财富分配。在二元经济结构流弊日益凸显和贫富差距逐渐扩大的背景下,我国金融资源配置失衡的问题不容忽视。由于片面追求经济效益,金融市场主体基于逐利动机热衷于获取高额回报,从而加剧了其对于地域和交易对象的逆向选择,金融机构纷纷撤离农村等欠发达地区,农村存贷款余额比例失调造成农村资金大量外流,农村“失血”严重。此外,民间金融始终处于灰色地带,地方中小金融机构地位不高且缺乏良好的政策法律环境,市场机构区域单一,少数具有国资背景的金融机构掌握了大量的金融资源,其交易对象鲜有平等地位和谈判能力。金融资源的配置体现出了严重的失衡和扭曲的状态,在区域上向市场发育成熟和产业化水平高的经济发达地区集中而遗弃了中西部欠发达地区,在产业上向城市第二、三产业集中而遗忘了农村和农业,在所有权上向国有金融机构倾斜而歧视民间金融和民营金融机构。

---

① 白钦先、白炜:“金融功能研究的回顾与总结”,载《财经理论与实践》2009 年第 5 期。

② R. Levine, “Financial Development and Economic Growth: Views and Agenda”, *Journal of Economic Literature*, Vol. 35, 1997, pp. 688 – 726.

③ 白钦先、谭庆华:“论金融功能演进与金融发展”,载《金融研究》2006 年第 7 期。

④ 林毅夫著:《解读中国经济》(增订版),北京大学出版社 2014 年版,第 197 页。

⑤ 张亦春、郑振龙主编:《金融市场学》,高等教育出版社 2003 年版,第 2 ~ 5 页。

"城与乡"、"官与民"、"大与小"等矛盾的博弈造成了金融资源在配置过程中逐渐向城市等发达地区、国有大型金融机构集中,金融资源配置的"马太效应"日益突出导致了获取金融资源机会的不平等,金融市场公平性的缺失令人堪忧。尽管金融资源的配置应该遵循市场规律,但是适当的国家干预是必要的,且国家干预应该依法进行。在我国金融资源配置的过程中,国家干预的行政色彩浓厚且政策的随意性问题严重,金融资源配置权限不清,金融资源配置的实际效果不尽如人意。在当前形势下,必须强化金融资源配置的法治化建设,明确政府在金融资源配置中的角色和权限,优化金融资源配置的调控,推进金融资源的公平合理配置,弱化金融资源配置中对于具有极强的不确定性和随意性的政策的路径依赖,通过法律的理性价值来对金融资源的配置进行规范。

除了优化金融资源配置这一经济功能之外,金融法更重要的使命在于调节财富分配和实现社会公平。对于金融发展、社会公平与收入分配的理论研究早已有之,如 Clarke 等用全球数据对金融发展和收入分配之间的关系进行了分析,认为金融发展会显著降低一国的收入分配差距。① 还有学者更是运用 99 个国家从 1960 年到 1999 年的数据来分析金融发展与减轻贫困之间关系,其实证研究结论显示金融发展会促进经济的增长并有利于缩小贫富差距。② 通过微型金融、政策性金融等方式为低收入人群提供充足的金融服务供给,可以为这类人群提供赖以发展的资金流和其他金融资源,有利于促进经济的增长和收入水平的提高。尽管学者间对于金融发展与缩小贫富差距间的互动路径的认识存在差异,但对于金融发展可以缩小贫富差距的作用上保持着高度的一致,并且,完善的金融市场是金融发展缩小贫富差距的前提性条件。而金融市场的完善有赖于金融法的完善。随着公平问题日益成为社会关注的焦点,如何推动财富分配制度的改革与完善,使人民可以公平分享改革发展的成果,实现"包容性增长",成为法学界开始关注的课题。对于社会公平问题,金融法制应该有所作为。

---

① Clarke, George, Lixin Colin Xu, Hengfu Zou, "Finance and Income Inequality: Test of Alternative Theories", *World Bank Policy Research Working Paper*, No. 2984, March, 2003.

② K. Beck, R. Levine, "Finance, Inequality and Poverty: Cross-country Evidence", *World Bank Policy Research Working Paper*, No. 3338, February, 2004.

长期以来,人们只关注了金融法的经济功能而忽视了金融法的社会功能,这是导致金融法难以在规制收入分配差距扩大过程中发挥作用的一个重要原因。作为一种稀缺资源,金融既是资源配置的对象,又是配置其他资源的方式或者手段,它不仅影响财富的分配,还会影响人的社会机会,从而影响人的生存和发展。[①] 随着社会金融化与金融社会化的日渐深入,金融法的社会功能愈发重要,金融与社会开始深度交错与融合:一方面,金融成为社会发展过程中资源配置的重要方式,各种社会资源和生产要素通过金融手段实现了分配与调整,金融已渗透社会生活的各个环节并成为社会发展的重要依托和助力;另一方面,金融活动不再是少数富人的游戏而成为社会生活的基本需求,金融活动的意义和目标不再仅仅局限于交易活动而是拓展为社会的全面协调持续发展。易言之,金融能够发挥的作用以及人们对金融体系的期待已然超越了纯粹的经济增长,金融的存在是为了构建一个更好的社会。重振金融法的社会功能,需要纠正人们对金融法功能认识的偏差,通过有针对性的制度设计保障财富分配的均衡与合理,实现金融法制与金融市场的良性互动。

(二)金融法价值追求的片面

在价值目标的选择上,安全与效率无疑是金融法的核心诉求,这不仅为学界普遍认同,而且为法律文本所遵循。例如,我国《商业银行法》第4条第1款规定:“商业银行以安全性、流动性、效益性为经营原则,实行自主经营,自担风险,自负盈亏,自我约束。”安全是一切法律的价值取向,金融法制既要强调金融交易的安全,又要关注金融系统的安全。加强金融监管,防范金融风险,维护金融业的安全和稳定,是金融业健康发展的重要标志,是金融监管当局的重要目标,是各国或地区金融法一致的价值追求。[②] 同时,效率是金融市场发展的灵魂,法律制度要维护和促进金融效率以实现金融增长。规范金融市场交易活动,促进金融创新,积极发挥法律制度对于金融发展的促进作用,实现金融市场资源配置的帕累托最优和金融效益的最大化,也是金融法制的应有之义。但是,金融安全与金融效率存在先天的矛盾。强调金融安

---

① 丁瑞莲著:《现代金融的伦理维度》,人民出版社2009年版,第91页。

② 张忠军:“论金融法的安全观”,载《中国法学》2003年第4期。

全,必然要求对金融市场进行管制,这就导致了金融市场主体的积极性和创造性受到束缚,同时增加了交易成本,进而导致金融效率的降低。强调金融效率,必然会弱化对于市场的监管和控制,这就容易产生市场失灵的情况,导致金融市场主体滥用金融创新,还可能出现风险累积而造成引发市场的波动甚至崩溃,危及金融市场的安全与稳定。如何协调两者之间的关系,化解或者缓和这组矛盾成了金融法制变革需要重点研究的课题。但是过去金融市场发展的实践证明了金融法制并未很好地解决这组矛盾。金融市场一直呈现出治乱循环的固定模式,总是在危机出现之后过分重视金融安全,导致金融市场效率受到抑制;或为了促进经济发展,监管当局又过分强调金融效率,于是酝酿了新一轮的金融危机。究其原因,正是金融法制未能找到调和金融安全与金融效率两者的参考指标。① 金融危机都与分配失衡有关,本质上都是分配危机,正如张守文教授所言,分配不公、分配失范或分配失序,会影响到主体的分配权利与分配能力,带来法律和社会层面的不平等、不公平、不正义等问题,从而影响分配的合法性和可持续性,进而导致法律或社会层面的分配危机。②

金融效率与金融安全的关系之所以难以处理,主要原因在于二者之间的平衡点不容易把握。这种平衡点既要确保金融效率与金融安全形成有序的"范式竞争",促进它们之间的适时替代与良性互动,又能提升金融法制的规范弹性与应有活力。我们认为,在新的时空背景下,唯有金融公平可肩负起平衡金融效率与金融安全之关系的重任,金融法必须进行理念更新,将金融公平作为自身的基本原则与价值目标。原因如下:

首先,通过金融公平的指引和参照,可以实现金融安全与金融效率之间的平衡。在金融制度发展过程中,安全与效率的选择与取舍往往交替进行,如何平衡二者的关系颇费思量。1929 年至 1933 年华尔街金融危机过后,金融安全受到前所未有的重视,存款保险制度、资本充足率管制、金融机构的预警制度和及时矫正措施等合规性监管与风险性监管措施的构建,都是围绕金

---

① 邢会强:"金融危机治乱循环与金融法的改进路径——金融法中'三足定理'的提出",载《法学评论》2010 年第 5 期。

② 张守文著:《分配危机与经济法规制》,北京大学出版社 2015 年版,第 4 页。

融安全而展开。[①] 20 世纪 70 年代以来,金融自由化与放松监管的呼声日益高涨,在追逐效率的过程中,安全价值遭到忽视,但 2008 年次贷危机的发生,使重回安全价值成为各国金融法律制度改革的新导向,[②]金融效率目标退居次要位置。金融安全实际上是强调规范金融秩序和强化金融监管,而金融效率则是强调鼓励金融创新和促进金融交易,两者之间的矛盾之处就在于盲目的金融交易和泛滥的金融创新极易出现由于人性的贪婪而产生的道德风险,因此,平衡金融安全与金融效率的关键在于防范道德风险。而通过强调金融公平,以公平价值为指引制定金融交易规范,引导金融市场主体公平参与金融活动,公平进行金融交易,公平分享金融福利,使金融消费者的权利得到保护,市场主体行为失范的现象得到规制,从而可以实现金融安全和金融效率的平衡。

其次,强调金融公平可以弥补片面强调金融安全与金融效率的局限,发挥金融发展对于破解收入分配难题和推进社会公平方面的作用。片面强调金融安全与金融效率的金融法制,可谓"一叶障目,不见泰山",因为其只关注了金融的经济属性,而忽略了金融的社会属性。一个完善的金融法制,不但要关注金融安全与金融效率的平衡,更应关注社会财富分配的调节与金融资源配置的优化。强调金融公平,可以推动各类主体公平地享受金融服务进而获得发展的机会和途径,进一步消除贫富差距和地区差异,从而使得金融法制对于金融市场的规范和调节更加全面和完善,并且能够促进金融市场对于社会发展功能的发挥。

最后,实现金融安全、金融效率和金融公平耦合的金融法制可以最大限度地推动金融市场的健康发展。金融法律制度的构建有赖于金融安全、金融效率和金融公平这三个金融法价值目标耦合下的制度优化。金融安全与金融效率是固有矛盾,效率与安全在金融市场的发展中呈现出一种此消彼长的关系,但又统一于金融市场健康发展的客观要求。就金融效率与金融公平来看,在追求

---

① 对金融安全的过度强调,衍生出金融机构"太大不能倒"(Too Big To Fail,TBTF)的问题。目前,人们对这一根深蒂固的观念的认识,正在发生深刻变化。参见黎四奇:"后危机时代'太大而不能倒'金融机构监管法律问题研究",载《中国法学》2012 年第 5 期。

② 岳彩申、张晓东:"风险与安全的重新平衡:银行法律制度的新走向",载王卫国主编:《金融法学家》(第 1 辑),法律出版社 2010 年版,第 218 页。

效率的市场机制下,必然会由于禀赋差异而产生不公,这就需要金融公平来将这种差异和不公限制在最小的范围内。同时,金融公平的实现并非是以损害金融效率为前提,而是对盲目追求效率的金融行为进行矫正。至于金融安全与金融公平,两者统一于对金融效率的制衡,但金融安全更加强调金融系统的稳定,而金融公平更加强调市场中的个体的利益衡平。金融法的三个价值目标并非彼此孤立,亦非简单组合,而是以一种耦合的方式实现良性互动。①

(三)金融法性质定位的谬误

长期以来,在"法律父爱主义"的观念束缚下,政府对金融业管制有余而服务不足,以至于金融法缺乏应有的精神气质和人文情怀,逐渐蜕变成为工具主义色彩极为浓厚的管制之法,并被深刻打上了"国家—控制"法范式的烙印。② 金融法的管制性主要体现在三个方面:其一是法规范的国家性,强调"硬法之治",忽视"软法之治"。"硬法"是指那些具有"命令—服从"行为模式、能够运用国家强制力保证实施的法律规范;"软法"则是不能运用国家强制力保证实施的法规范。实践中的金融软法是大量存在的,尽管学界呼吁重视金融软法治理的声音不绝于耳,但立法者总是充耳不闻。例如,针对互联网金融监管,有学者不主张一开始就全部由国家立法机构来立法,而是需要内生的自生秩序的形成,首先需要市场主体的自律,企业的业务流程要规范,操作要点要细化,严格风险管理规则,其次应当通过行业自身的努力,企业之间的沟通,制定一定的行业标准,并形成行业自律准则和行业公约,这就是软法。软法是一种社会自治过程,是监管领域的基础性工作,先从企业标准规范上升到行业标准规范,在这个基础上,行政监管层对软法进行广泛调研,最终将其转化成法律,这是自下而上的自觉提炼、发现规则,与自上而下沟通协商、修改完善规则的良性互动过程,而不是简单地将监管机构的意志变成监管规则。③ 其二是法逻辑的对抗性,即在法制化的设计逻辑上遵循消极对抗

---

① 冯果、袁康著:《社会变迁视野下的金融法理论与实践》,北京大学出版社 2013 年版,第 25~26 页。

② "国家—控制"法范式的构造包括四个要素:假定公域之治的难题能够依靠自上而下的国家管理来一并解决;存在一个确信依靠国家能够实现公域之治的法律共同体;形成一套得到普遍服从和认可的国家法律制度;一些典型的国家管理的法制范例。参见罗豪才、宋功德主编:《软法亦法——公共治理呼唤软法之治》,法律出版社 2009 年版,第 13~15 页。

③ 黄震:"金融监管的思维变革与制度创新——如何构建有效的互联网金融法律框架",载《人民论坛》2014 年第 12 期。

性思维,主张一种零和博弈的社会利益关系,建构一种单向度、对抗性的法律关系,奉行封闭的法律过程。[①] 无论是对民间金融的高度管制,还是对中小企业进入资本市场融资的严苛限制,抑或基本银行服务对社会弱势群体的排斥,均可以感知到金融法逻辑的对抗性是多么突出。其三是法秩序的强制性,即强调公众对国家意志的消极服从,对协商民主的思想潮流视而不见。检视现行的金融立法,强制性规范繁多而缺省性规范稀缺,留给市场主体意思自治的空间被极度压缩。

鉴于"国家—控制"法范式对金融市场活力的压制以及对金融市场主体利益的侵害,推动金融法从管制法到服务法的转型已经势在必行。事实上,自 20 世纪 80 年代在英国发端以来,金融服务法在日本、韩国、澳大利亚、美国等国得到了飞速发展,当今世界的金融法已进入了金融服务法的时代。与传统金融法相比,金融服务法更加注重服务职能,更加强调金融业的服务性,因而更加符合社会的发展趋势。[②] 具体来说,金融服务法将金融法的本质定位为一种服务法,将金融机构定位为金融服务的提供者,将金融机构的业务相对人区分为专业客户和业余客户,并将业余客户定位为金融消费者,将金融监管机关定位于"金融消费者"的保护者,将金融消费者权利的保护定位为金融改革、金融立法和金融监管的目标之一,将消费者保护法上的成熟理念引入金融法中来,给金融消费者提供更高层次的、全面的保护。[③] 随着金融法横向规制趋势的日益明显,金融服务法的体系要素已经初露端倪:在调整对象上,金融服务法的主要内容是金融投资产品的构成、金融服务公司的市场准入与组织架构、金融服务公司与投资者之间的交易行为;在价值取向上,金融服务法的使命是防范金融风险、鼓励金融创新和保护投资者;在制度构成上,金融服务法的制度谱系主要包括金融统合监管制度、信息披露制度、投资者保护制度。[④] 金融管制法到金融服务法的转型,对金融法而言意味着一场结构性变革,金融法无疑将在理念与制度的重构下强化面向实践的回应性

---

① 罗豪才、宋功德著:《软法亦法——公共治理呼唤软法之治》,法律出版社 2009 年版,第 15 页。

② 马俊:"金融服务法的兴起及对我国传统金融法的影响",载《海南金融》2011 年第 8 期。

③ 邢会强:"金融法理论的变革与'金融服务法'理论的初步构建",载《金融服务法评论》(第 1 卷),法律出版社 2010 年版,第 175 页。

④ 杜晶:"论金融统合规制改革与金融服务法体系的建立",载《金融服务法评论》(第 1 卷),法律出版社 2010 年版,第 168 页。

与解释力。展望未来的金融,一方面,因金融服务融入生活场所,金融功能日益模糊,金融机构退到了后台,而使金融服务走往"消失"的方向;另一方面,金融服务提供者与生活者相互理解、共同创造适合个人需求的服务,而使金融服务走往"创造"的方向。①

二、制度诱因

功能认识的偏差、价值追求的片面和性质定位的谬误对金融法的制度规则产生了重要影响,使金融法难以发挥调节财富分配的社会功能,难以实现金融公平的价值追求,难以为市场主体提供普惠性的金融服务。检视现行的金融法律制度供给,不难发现收入分配差距扩大的背后,金融法发挥着推波助澜的作用。

(一)压制型立法与金融抑制

改革开放以来,在摆脱了法律工具主义与法律虚无主义的观念桎梏后,我国金融市场迎来了一个前所未有的立法高潮,《中国人民银行法》、《商业银行法》、《证券法》、《信托法》、《银行业监督管理法》、《保险法》、《证券投资基金法》等金融法律的渐次出台反映出金融市场转轨过程中的"立法饥渴",金融法律规则的供不应求暗含着通过金融法治为金融改革保驾护航的美好期待。这是因为,改革是一个不断试错的过程,而法治的作用就在于能够区分"改革试错"与"权力滥用"的界限,确保改革的目的正当、规则合理与程序正义。然而,"徒法不足以自行",有法律不代表有法治,金融法律的不断供给并不意味着金融法治秩序的持续增长。一个颇为吊诡的悖论在于,在以金融抑制为特征的经济中,加强法治可能阻碍金融发展,正如有学者经过实证研究所指出的那样:加强法治有助于提高私人部门获得的银行信贷份额,推动银行业的竞争,但抑制私人投资,并对金融深化没有显著影响。② 金融抑制理论最早由麦金农和肖两位学者于20世纪70年代提出,用以指涉发展中国家存在的一种货币体系被抑制的情形,这种抑制导致国内资本市场受到割

---

① 熊进光著:《现代金融服务法制研究》,法律出版社2012年版,第6页。关于"消失的金融"与"创造的金融"更深入的分析,可参见野村综合研究所咨询事业本部/NRI美国著:《服务,决胜金融大未来:野村金融产业大趋势》,乐伊珍译,日月文化出版社股份有限公司2009年版。

② 卢峰、姚洋:"金融压抑下的法治、金融发展与经济增长",载《中国社会科学》2004年第1期。

裂,对于现实资本积聚的质量和数量造成严重的负面效果。① 发展中国家之所以普遍存在金融抑制,源于政府主动地、有意识地对金融市场进行全方位的介入,特别是通过人为地干预金融市场的交易,扭曲利率、汇率等金融市场的交易价格,来实现国家的“经济赶超战略”。对我国而言,政府主导型的制度变迁模式决定了无孔不入的政府干预,金融抑制的广度与深度较之其他转型国家均更为突出,如金融机构超高的国有股权比重、金融机构高管的“国家干部”身份、股票发行的严格控制、金融监管部门掌握金融创新的主导权、地方政府将金融市场稳定与风险控制作为维稳工作的一部分等。② 可以说,金融抑制是贯穿我国金融市场发展始终的一个基本脉络,构成了金融体系变迁的结构性特征。

不断增长的法律制度供给与积重难返的金融抑制构成了鲜明对比,说明法律制度只是促进金融发展的必要条件而非充分条件,通过金融法治实现金融发展进而促进经济增长的经验法则同样需要借助于相关的配套条件才能获得本土性证成。这里的“配套条件”,最为重要的莫过于对金融立法本身的要求,即金融立法必须具有社会回应性与时代适应性,既能够积极回应社会成员的权利诉求,又能够适应从金融抑制走向金融深化的制度变革需要。美国学者诺内特和塞尔兹尼克将法律分为三类,即作为压制性权力的工具的法律——压制型法,作为能够控制压制并维护自身完整性的一种特别制度的法律——自治型法,作为回应各种社会需要和愿望的一种便利工具的法律——回应型法。③ 从应然意义上,金融立法惟有立足于回应型法才能获得正当性,进而成为金融发展与经济增长的助推剂。但在实然意义上,受制于信息能力不足、认知能力有限、知识资源贫乏等因素,立法总是难以充分回应社会成员和制度变革的诉求,时常沦为压制性权力的工具。压制型立法是适应建立基本政治秩序的需要而产生的,其终极目的是保障公共秩序。压制型立法往往赋予官员广泛的自由裁量权,依靠官员的权威和强制力来实施。反

---

① Ronald I. McKinnon, *The Order of Economic Liberalization: Financial Control in the Transaction to a Market Economy*, The John Hopkins University Press, 1993, p. 11.

② 黄韬:“‘金融抑制’的法律镜像及其变革——中国金融市场现实问题的制度思考”,载《财经科学》2013 年第 8 期。

③ [美]P. 诺内特、P. 塞尔兹尼克著:《转变中的法律与社会:迈向回应型法》,张志铭译,中国政法大学出版社 2004 年版,第 16 页。

映在金融领域，国家全方位干预金融市场并由此采取的压制型立法，在我国成为极为突出而普遍的现象(见表1)。具体而言，压制型金融立法表现为国

表1　金融市场中典型的“压制型立法”

立法名称	颁行时间	压制型立法内容	条文出处	消极影响
中国人民银行法	1995年3月18日通过，2003年12月27日修订	1. 年度货币供应量、利率、汇率和国务院规定的其他重要事项作出的决定，报国务院批准后执行	第5条	央行独立性缺失，为政府不当干预留下了隐患
		2. 确定中央银行基准利率	第23条	利率管制，国有企业廉价获取信贷资源，民营中小企业融资难
商业银行法	1995年5月10日通过，2015年8月29日修订	1. 商业银行开展信贷业务，应当严格审查借款人的资信(借款用途、偿还能力、还款方式)，实行担保	第7、35、36条	中小企业贷款难，“惜贷”
		2. 设立商业银行严苛的注册资本条件	第13条	民营银行市场准入困难重重
		3. 存款利率的确定	第31条	银行暴利
		4. 商业银行不得从事信托投资和证券经营业务，不得向非自用不动产投资或者向非银行金融机构和企业投资	第43条	监管套利、监管竞次、监管真空
		5. 商业银行不得违反规定提高或者降低利率以及采用其他不正当手段，吸收存款，发放贷款	第47条	银行间竞争淡化
证券法	1998年12月29日通过，2014年8月31日修订	1. 证券范围的狭窄	第2条	不能满足市场正常的投融资需求，限制了资本市场的发展空间
		2. 金融分业经营、分业管理	第6条	金融市场分割，金融深化与金融宽化不够
		3. 股票发行审核	第22条	权力寻租，滋生腐败

家通过制定管制性的金融法律，使价格扭曲、结构单一、市场分割等金融顽疾披上合法性外衣，并将金融抑制对于经济增长的收入效应、储蓄效应、投资效应和就业效应锁定在特定的均衡之中。压制型金融立法属于典型的"国家—控制"法范式，其特质主要体现在法规范的国家性、法逻辑的对抗性与法秩序的强制性。由于这种立法范式注重威慑力，具有受制于统治精英意志和不受制度约束地动用强制力的偏向，它难以秉持一种审慎的整体主义制度观，也不可能对社会成员的权利义务作出公平合理和富有效率的制度安排。

压制型金融立法与金融抑制遥相呼应，共同昭示出资本与权力相纠结的金融混沌状态。是压制型金融立法固化了金融抑制，还是金融抑制诱致了压制型金融立法？厘清二者之间的因果关系，有助于正本清源，进而能够从制度源头采取行之有效的治理策略。学界在论及法律与金融发展的关系时，往往失之简单地认为二者是单向性的决定关系，即金融发展主导和引领着金融法律制度的变迁。如有学者认为："有什么样的金融市场，就会有什么样的金融法律制度，中国金融市场的发展路径决定了中国金融法律制度的特点。"①其实，法律与金融发展的关系远非如此简单，它们之间呈现出交织进化与双向作用的趋向，法律制度在特定情况下甚至形塑着金融发展的基本格局。LLSV* 所提出的"法律起源决定金融发展"的著名论断，尽管其宿命论和"太空望远镜"式的研究方法难以解释"中国奇迹"或"中国之谜"，也难以因应转型经济的法律改革诉求，但至少说明了在"法律与金融发展"的关系架构中法律的极端重要性。从这个意义上讲，在探究金融抑制的制度发生学机理时，应当将压制型金融立法作为逻辑起点。我国之所以在制度变迁的源头走上了压制型金融立法的路径，源于金融的特殊地位以及政府干预的路径依赖背景。众所周知，近30年来，随着市场化改革的深入推进，计划经济体制的隐性税收机制逐渐解体，国民收入结构从"集财于国"向"藏富于民"转变。为了获取日益分散的金融资源与金融剩余以弥补随改革而出现的国家财政能力的迅速下降，可供国家选择的制度安排主要包括两种：一是(显性)税收

---

① 黄韬著：《"金融抑制"与中国金融法治的逻辑》，法律出版社2012年版，第6页。

* LLSA 是拉波塔(La Porta)、洛配兹·西拉内斯(Lopez - de - Silanes)、安德烈·施莱弗(Andrei Shleifer)、罗伯特·维什尼(Robert W. Vishny)四位学者组合的名称。——编者注

制度;二是金融制度。相对于税收工具,金融工具更容易得到执行。国家为了降低金融动员成本,通过政府对金融组织、金融市场、金融开放及国有金融机构等进行金融控制,依托国有银行的信用垄断地位对居民部门金融剩余进行动员,再利用利率管制、信贷倾斜、资金供给及证券市场准入等手段为公有经济部门提供了强大的资金支持与租金补贴。[①] 中央政府通过金融组织体系的控制和对金融市场、金融对外开放的控制及对金融参数——利率的干预管理,实现国有金融体系的信用垄断,确保居民部门的金融剩余大多进入国有银行和国家控制下的资本市场而为国家所掌握,弥补财政收入不足,这是中国渐进改革中的金融控制的核心与实质。[②] 国家对金融的控制过程,实质上主要就是通过立法对金融进行政府干预的过程。政府干预一方面是基于克服金融市场失灵的需要;另一方面也是基于"政治人"自利性算计的结果,即政府对金融市场的立法干预,未必完全遵循金融市场的经济逻辑,它既有可能是利益集团之间讨价还价谋求均衡的结果,也有可能是政府组织及其人员为寻求有关政治目的人为设计的产物。在规则生成的政治维度下,政府培育市场与发展市场的双重任务演化为市场与政府的双重失灵,金融抑制可以说是市场失灵与政府失灵交织进化的结果,也是压制型金融立法必然催生的产物。

(二)选择性执法与金融排斥

法律的生命在于实施,难以实施或实施效果不佳的法律无异于"没有牙齿的老虎"。执法作为最广泛而普遍的法律实施活动,在分配社会资源、维护社会秩序、保障公民权利、推动社会进步方面发挥着重要作用。以信用和契约为核心的金融法治规则是金融市场赖以维系的根基,低成本和富有效率的执法活动则是金融发展的关键,这一共识已经被反复证实。如哈特认为一国的合同法、公司法、证券法以及对这些法律的执行情况从根本上决定了证券持有人以及整个金融体系的运行状况。[③] 皮斯托等学者研究发现,执法效率是解释一国证券市场发展规模的一个重要变量,制约转型经济国家金融市场

---

① 武志著:《中国经济转轨中的金融发展》,科学出版社 2014 年版,第 3 页。

② 杨旭著:《中国渐进改革中的金融控制——基于金融史视角》,经济科学出版社 2012 年版,第 31 页。

③ 皮天雷、汪燕:"转型经济中法律与金融的发展",载《财经科学》2007 年第 7 期。

发展的一个重要因素是执法效率的低下,执法效率比法律条文的质量对金融市场的发展水平有更强的解释力。[①] 这是因为在这些转型经济国家,法律体系往往很不发达,执法机构经验又十分欠缺,导致正式的法律治理机制难以因应复杂的社会需求,执法失灵的问题多发常见。具体到我国,纸面上的法与金融市场中实际运行的法往往存在巨大反差,大量起实际作用的金融法律制度以“隐性规则”的形式存在,正式的金融法律制度供给面临被虚置或“空心化”的危险。这种不讲信用和背弃契约精神的“金融潜规则”不断诱发运动式执法、“钓鱼式执法”、选择性执法等乱象,极大地恶化了本已脆弱的金融法治生态。[②] 其中,选择性执法对金融发展与企业家精神的影响最为显著和复杂,值得深入探究。

作为滥觞于美国的一个法律概念,选择性执法的本意是指警察根据执法经验确定执法的重点,依据裁量权选择性地进行执法,以便调和立法权与警察行政权之间的冲突。在对待警察的选择性执法问题上,尽管学者的普遍立场认为它属于违反依法行政基本原则的无效行为,但鉴于“警察是整个社会中最重要的政策决策者之一,其在个案中作出的裁量性决定无人能望其项背”,[③]再加上法律本身的模糊性、警察执法资源的有限性等因素,“一刀切”式地否定警察裁量权及其选择性执法有失公允和法律理性。国内学术界关于选择性执法的探讨,并没有限定在警察行政的视阈内,而是扩展至整个行政执法领域。一般认为,国家根据情势需要什么时候严格执行哪部法律、采取什么执法手段、什么时候放松哪部法律的执行、什么时候严格执行哪个具体的案件、采取什么执法手段、什么时候对哪个案件执行特别对待的视具体情况而定的执法方式,均可以称为选择性执法。[④] 社会转型与法制转轨时期的当下,法律的不完备性、执法者信息能力的局限性以及执法资源的稀缺性

---

① Katharina Pistor,“The Standardization of Law and Its Effect on Developing Economies”, *G-24 Discussion Paper Series*, 2000, No. 4, June.

② 吴思先生是发现和系统研究中国历史“潜规则”的第一人。他在《潜规则:中国历史中的真实游戏》一书中认为,“潜规则”就是隐藏在正式规则之下,实际上支配着社会运行的不成文的规矩,且潜规则产生于现实的利害计算与趋利避害。这种“只许州官放火,不许百姓点灯”的特权与人治潜规则,在金融领域普遍存在。参见刘兴诚:“金融法治难忍潜规则”,载《法人》2014 年第 10 期。

③ K. C., Davis, “Discretionary Justice: A Preliminary Inquiry”, *Louisiana State University Press*, 1971, p. 4.

④ 戴治勇:“选择性执法”,载《法学研究》2008 年第 4 期。

交织在一起,使得选择性执法成为一个普遍现象。① 事实上,改革开放以来的很多"制度创新"都是从"违法"开始的,但创新者的命运却迥然有别:有的人成为了戴着无数光环的改革先锋,有的人则被定罪判刑而锒铛入狱,有的沿海省市在"普遍性违法"中抢占了发展先机,有的内陆省份则因恪守中央政策而贻误了战略机遇。由此,法律制度的公信力荡然无存,选择性执法甚至成为投机取巧者可资利用的排他性工具。在金融领域,分业监管的权力配置格局决定了金融法律规则制定和实施的"部门化"倾向,作为执法者的"一行三会"充当着各自行业的"主管部门"角色,它们有很大的运作空间将自身的利益诉求写进法律文本,以至于《商业银行法》、《证券法》、《保险法》等金融基础法律的修改很大程度上是银监会、证监会、保监会等金融监管机构扩充其权力空间的过程。按照布迪厄的"场域"理论,行动者的策略取决于它们在"权力场"、"经济场"、"法律场"等场域中的位置。② 金融执法涉及行政权力运作、经济资源调整和法律规范配置,在执法动机、执法任务以及执法考核方面容易被打上政治化的烙印,造成非理性的政治与本应理性的行政权之间的冲突。事实上,我国金融执法领域由于行政权的非规范性引发的选择性执法现象司空见惯,监管竞次、监管真空、监管套利、监管俘获等"选择性监管"无非是选择性执法在金融领域的投射而已。下面以证券监管执法为例,透视金融发展中选择性执法的制度逻辑。

证券市场是市场经济条件下资源合理配置的重要机制,发挥着投融资、资产定价、资源配置以及宏观调控等特殊功能。同时,证券市场也是一个高风险和脆弱性的市场,充斥着投机与不法行为,时常陷入混乱或危机。证券市场的战略重要性及其公共性决定了一个强有力的证券监管执法体系的不可或缺,执法必严与违法必究成为维系证券市场审慎运行、安全稳健、有序竞争的法治根基。尤其是在法律不完备的情况下,证券监管机构通过行使剩余

---

① 在皮斯托与许成钢看来,法律不可能对所有可能造成损害的行为都准确无误地作出规定,因而法律在本质上都是不完备的。参见 Pistor Katharina and Xu Chenggang, "Incomplete Law—A conceptual and Analytical Framework and its Application to the Evolution of Financial Market Regulation", *Journal of International Law and Politics*, Vol. 35, No. 4, 2003, pp. 931 - 1013。

② [法]皮埃尔·布迪厄、[美]华康德著:《实践与反思——反思社会学导论》,李猛、李康译,中央编译出版社 1998 年版,第 139 页。

立法权和进行主动式执法可以改进法律效果,填补不完备法律带来的空缺。[①]国际经验表明,证券执法机构必须具备独立、高效、负责等特质,才能实现国际证监会组织在1998年颁布的《证券监管的目标和原则》所提出的证券监管目标,即保护投资者,确保公正、有效和透明的市场,减少系统风险。[②] 然而,这些证券监管目标在我国却难以实现,这是因为我国的证券市场从一开始就是在政府推动下建立起来的,承担着帮助国有企业融资解困的政策性任务,由此面临一个难以消解的悖论,即培育公平、公正、有序、有效的市场和"为国有企业解困服务"的内在冲突。既然证券市场的定位是为国有企业融资以助其脱贫解困而不是追求资源的最佳配置,大量低劣的国有企业经过特批或"包装"进入股市圈钱,既造成了畸形的股权结构,又极大地侵害了投资者权益。由于国有企业占据了上市公司的大多数,而国有企业的大股东就是政府,导致政府在证券市场上既充当执法者和监管者角色,又充当市场参与者角色,造成监管者角色的人格分裂,弱化了其作为监管者的市场监管职能。[③]出于对国有企业的特别保护,即使国有企业有不法行为,监管者也可以不执行相关法律或法规,从而使国有企业免受惩处而被放纵。有人以1994~2006年间上市公司因违法违规行为而受到证监会处罚的事件作为研究对象,采用描述统计和实证的方法分析了违规严重程度、产权性质、行业特征等因素对证券执法的影响,结果发现:(1)证监会在执法过程中主要考虑的因素是违规轻重程度;(2)证监会在执法过程中会考虑上市公司的产权性质,在同等违规情况下,具有国有背景的上市公司往往不容易受到重罚;(3)在违规严重且被发现的情况下,国有背景的级别越高,受重罚的可能越大;在违规情节较轻的情况下,国有背景级别越高,受重罚的可能性反而越小。[④] 这种有意识地选择监管对象和监管强度的选择性执法无疑损害了执法的严肃性,客观上助长了潜在违规者的机会主义行为,对证券市场的健康发展产生了消极的

---

① 许成钢:"法律、执法与金融监管——介绍'法律的不完备性'理论",载《经济社会体制比较》2011年第5期。

② 洪艳蓉:"美国证券交易委员会行政执法机制研究:'独立'、'高效'与'负责'",载《比较法研究》2009年第1期。

③ 陈剩勇、沈费伟:"中国证券市场的监管是怎么失灵的",载《东方早报》2014年8月12日版。

④ 陈冬华、蒋德权、王芳萍:"选择性执法与证券违规——来自中国上市公司的经验证据",载《第二届中国会计与财务国际论坛论文集》,2009年,第626页。

影响。[①] 另外,在证监会推出的"专项整治"运动中,内幕交易历来是证券执法的重点,被调查和立案的内幕交易案件不胜枚举,虚假陈述与操纵市场价格两种证券欺诈行为则被"高高举起,轻轻放下"。[②] 尤其是在上市公司信息披露方面,相关法律法规并未得到有效执行,证券监管在不同情势下表现出很强的选择性。这种选择性执法行为与罪刑法定原则格格不入,与证券刑事法治路径背道而驰。如果任凭其蔓延下去,则层出不穷的"股市黑幕"和花样翻新的"金融诡计"势必泛滥成灾,证券市场的法治化将遥不可及。

选择性执法大行其道的背后,隐含着金融监管当局对民营企业"金融排斥"的制度逻辑。金融排斥是从社会排斥中分化出来的概念。1974 年,法国学者勒内・勒努瓦首次提出了"社会排斥"的概念,并用它来阐述那些不能得到社会保障、受到社会歧视的特定人群的生存状态,如精神和身体残疾者、自杀者、老年患者、药物滥用者等边缘人、反社会的人和其他社会不适应者。[③] 基于类推解释的逻辑,金融排斥则是用来描述特定社会群体在获取金融资源的机会与能力上存在障碍与困难、不能以合适的方式使用主流金融系统提供的金融服务的状态。[④] 金融排斥的原因包括银行的拒绝、身份的要求、条款和环境、银行收费、由于银行分支机构的关闭导致的无法适时获得金融服务、心理和文化的障碍、社会安全保险的缺乏等。[⑤] 由于金融资源的稀缺性再加上人们禀赋、能力以及地位的差异,金融排斥的产生具有一定的必然性,即使发达国家也难以避免。例如,在 1995 年的美国,收入在 5 万美元的家庭中,只有 1% 没有支票账户,而收入在 1 万美元以下的家庭中,该比例却高达 40% 。[⑥] 在发展中国家,金融排斥的状况更加严峻。如在印度,仅有 40% 的

---

① 杨晓维、赵娟:"国有上市公司违规行为监管的执法选择性研究",载《制度经济学》2009 年第 2 期。

② 毛玲玲:"证券刑法的矛盾样态及反思",载《中外法学》2014 年第 3 期。

③ Silver H,"Social exclusion and social solidarity: three paradigms",*International Labor Review*, 1994 (5 -6),pp. 531 -577.

④ Panigyrakis G. G,"All customers are not treated equally: financial exclusion in isolated Greek islands",*Journal of Financial Services Marketing*,2002,No. 7,pp. 54 -66.

⑤ Elaine Kempson,"Policy level response to financial exclusion in developed economies—lessons for developing countries",*Paper for Access to Finance: Building Inclusive Financial Systems*, May 30,2006 Word Bank,pp. 6 -9.

⑥ Joseph J. Doyle,"How effective is lifeline banking in assisting the 'unbanked'? "*Current Issues in Economic and Finance* (*Federal Reserve Bank of New York*),Vol. 4,No. 6,June 1998,p. 1.

人口拥有银行账户,10%的人口拥有人寿保险,0.6%的人口拥有财产保险,90%的人口无法获得银行贷款。① 金融排斥践踏了社会的公平正义,背离了金融法制的人文精神,也是导致收入分配鸿沟的罪魁祸首。

在融资市场中,民营企业遭遇金融排斥的现象极为常见。这种制度性压制既存在于直接融资市场也存在于间接融资市场,一方面导致民营企业的融资需求难以在金融市场获得满足;另一方面导致市场主体的财产权利与融资自由权利遭到了严重限制。证券市场作为企业直接融资的主要场所,本应一视同仁地对待所有企业,但却基于所有制的界分对民营企业上市融资设置了层层制度性障碍,主要表现在:(1)主板市场曾长期实行额度审批制,民营企业因难以从地方政府或证券监管部门获取额度而遭到排斥;(2)政府对国有企业上市提供了一定的隐性担保,可以将国有企业部分融资成本转嫁到国家信用上去,民营企业由于缺乏国家隐性担保造成退市风险增加,这种体制性安排造成的"政策租金"对民营企业造成了排斥效应;(3)对公司盈利能力、成长性和净资产规模等指标的强调等门槛要求导致IPO程序烦琐、排队时间冗长,进而形成"优中选优"、"好中选好"的饥饿营销效应,"等不起"成为民营企业望A股而却步的重要制度诱因。即使有少量的民营企业获得了上市资格,也难以与国有企业获得平等的市场待遇,难以在公平的制度环境中健康发展,进而对民营企业家自信心、竞争精神和创新能力带来了消极影响。近年来,民营企业不得不舍近求远,纷纷到境外进行上市融资。据统计,截至2013年年底,已有超过300家中国公司成功登陆美国证券市场,多数为民营企业。可以说,优质上市公司资源流失的严重程度令人触目惊心,留不住"阿里巴巴们"成为中国证券市场之痛。如果新股发行行政管制的思维不进行重大调整,这种"墙内开花墙外香"的尴尬局面势必难以有实质性改观。

在间接融资市场,民营企业遭遇的金融排斥现象更为突出,"惜贷"与信贷歧视为其主要表征,难以获得与国有企业平等的融资机会(见图1)。国内外的大量实证研究也表明,中国的金融体系对民营企业的融资支持严重不足。如Allen等学者分别对中国与其他国家的相关数据进行了比较,结果发

① 刘亚南:"印度金融行业引领包容性增长:小额信贷服务穷人",载《经济参考报》2010年10月19日。

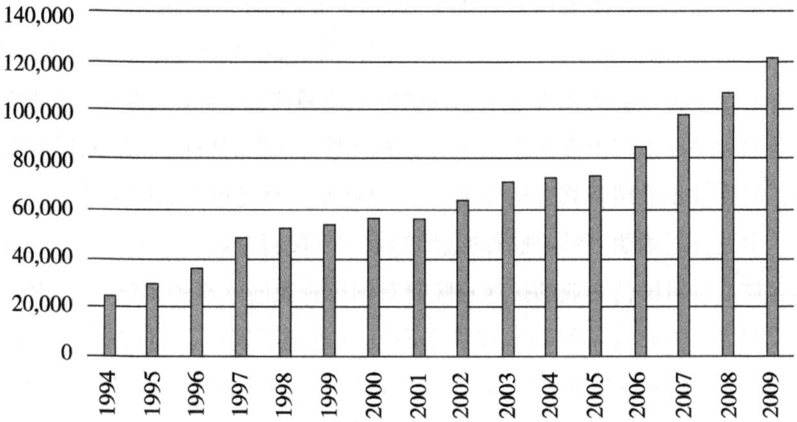

图1　国有企业与民营企业的贷款差值

现,中国的银行信贷占 GDP 的比例较高,为 1.11,甚至高于银行主导金融体系的德国法系国家(加权平均为 0.99),但是,中国对私营部门提供的银行信贷占 GDP 的比例却只有 0.24,远远低于其他国家,表明中国大多数的银行信贷都发放给了国有部门和上市公司,这意味着中国存在不利于培育企业家精神的流动性约束。① Dollar 和 Wei 调查发现,国有企业的营运资本有 36% ~ 38% 来源于当地银行,而私营企业只能从银行获得 22% 的营运资本,这说明中国的国有企业相对而言更加容易进入正式金融体系,而私有企业往往受到正规金融的歧视,这就严重压抑了中国的企业家精神。② Guariglia 和 Poncet 通过分析中国 30 个省份 1989 ~ 2003 年的数据研究也发现,尽管中国银行部门规模很大,但绝大多数银行信贷都流向了低效率的国有企业,流向私营企业的很少。③ 这种金融发展模式虽然刺激了中国金融规模的不断扩大,但却带来了一系列严重的弊端,如金融资源配置效率低下,金融发展质量不高,企业家精神受到压抑,难以创造公平竞争的市场机制,在创造新的比较优势方面亦乏善可陈,以及不利于创造更多的就业机会以有效地改善收入分配。在

---

① Allen F. , Qian J, Qian J. M, "Law, Finance, and Economic Growth in China", *Journal of Financial Economics* 77 2005, pp. 57 – 116.

② Dollar D. , Wei S. J, "Das (Wasted) Kapital: Firm Ownership and Investment Efficiency in China", *IMF Working Paper*, 2007, WP/07/9.

③ Guariglia A. , Poncet. S. , "Could Financial Distortions Be No Impediment to Economic Growth after All? Evidence from China", *Journal of Comparative Economics* (36), 2008, pp. 633 – 657.

直接融资与间接融资的内外交困下，民营企业面临严重的融资约束问题，正如世界银行所揭示的那样：中国是80个样本国家中融资约束最严重的国家，80%的企业将融资约束视为企业发展的主要障碍。① 在此背景下，民间金融顺势兴起并在事实上发展成为与法定金融两轨并存的格局。然而，民间金融的正当性并不能缓释其合法性困境，严刑峻法始终笼罩在民间金融上。

上述分析表明，我国现行的金融体系对于民营企业而言是排斥性的而非包容性的。对民营企业的排斥意味着对国有企业的宽容甚至纵容，国有企业利用政府保护和政策红利不仅在垄断性行业坐享其成，而且在竞争性行业“与民争利”，更是在新一轮的“国进民退”中进一步挤压了民营企业的生存空间。可以说，支持国有企业的政府控制性金融是我国金融的本质特征。②政府控制性金融是通过三个方面实现的，即通过国有金融机构的纵向、横向配置来动员和聚集社会金融剩余，通过对存贷款利率的控制为国有银行和国有经济创造租金，通过对资本市场的准入限制为国有经济开辟新的融资渠道。③ 民营企业本来承载着培育企业家精神的使命，但在金融排斥等因素的影响下，民营企业家长期游刃于市场与政府间，在违法与合法之间艰难地保持着平衡。在这样的制度环境中，民营企业家只能蹒跚前行，难有独立的人格，更难有高贵的风骨与精神。从思想根源上讲，金融体系对民营企业的排斥源于政治生态为其预设的两条原罪：一是民营企业家无奸不商，不符合道义要求；二是民营企业家私欲无边，不利于社会稳定。在这两条“原罪”的阴影中，民营企业家独立人格的塑造与创新精神的培育都是不可能的。④ 与此构成鲜明对比的是，德国著名社会学家马克斯·韦伯在其1904年的《新教伦理与资本主义精神》中指出：“没有企业家阶层就没有资本主义的发展，没有道德宪章就没有企业家阶层，没有宗教信念就没有道德宪章。”⑤新教伦理赦

---

① Claessens. S and K. Tzioumis, “Measuring Firms' Access to Finance”, *World Bank Working Paper*, 2006.

② 黄嵩著：《金融与经济增长——来自中国的解释》，中国发展出版社2007年版，第128~151页。

③ 何风隽著：《中国经济转型中的金融资源配置研究》，社会科学文献出版社2010年版，第2页。

④ 关于“原罪”的深入研究，可参见沈联涛、肖耿、王沅：“‘原罪’的新制度经济学分析与产权基础设施建设”，载梁治平编：《转型期的社会公正：问题与前景》，三联书店2010年版，第430~450页。

⑤ ［英］S. B. 雷丁著：《海外华人企业家的管理思想——文化背景与风格》，张遵敬等译，上海三联书店1993年版，第10页。

免了企业家的贪婪罪,消除了人们的精神障碍,为经商和致富绕上了神圣的光环。一百多年后的今天,金融监管与执法机构有使命打破束缚在民营企业家身上的精神枷锁,通过公正执法为其提供良好的法律制度环境,通过权利赋能释放自由、平等、法治、创新的价值观,使孕育着强大能量的企业家精神成为经济增长的动力源泉。

(三)依附式司法与金融分割

在现代法治社会,司法是社会纠纷的最终裁判者,发挥着保障权利和控制权力、维护法律权威和社会秩序、捍卫人的尊严和维持社会公正等功能。作为维护公平正义的最后一道防线,司法对于金融投资者与消费者权利保护、金融改革与金融创新均意义重大,构成了金融发展的坚强后盾。这主要表现在:(1)随着金融的不断发展,与金融有关的纠纷日趋增多,司法介入金融纠纷能够弥补市场机制的不足,在事实上承担起金融法律资源(如权利、权力、义务、责任、法律信息、法律程序等)的配置功能。(2)当事人将金融纠纷诉诸法院,意味着当事人已经不再囿于道德伦理的局限,突破了乡土社会的人情风俗,也即将双方的信用转化为互相信任法院,此时的法院承担了弥补道德、风俗、习惯甚至宗教等退却带来的真空地带进而提供异常情况下金融信用的角色。(3)纸面上的法律与实际运行中的法律是两回事,法院承担着将纸面上的法律转换为运行中的法律的重要功能,司法介入金融纠纷能够弥补成文法的局限,起到拾遗补缺的作用,进而通过维护金融个案正义实现整体的金融公平。(4)法院作为宏观经济的"审查者"、微观经济的"校正器"和制度经济的"助推器",通过司法审查、法律适用和司法决策构成了金融制度变迁的重要动力。① (5)通过公平正义的判决,法院能够发挥"定分止争"的作用,使得产权得到真正意义的保护,进而激发投资者的热情。如美国最高法院在审判过程中,通过判例解释宪法,逐渐形成了以界定私人产权为中心的市场法律制度,财产法、合同法、公司法皆为其例。② (6)随着现代政治的发展,法院已经不再拘泥于美国政治家所描述的"最小危险部门"所限定的角色形象,尤其是随着司法能动主义的兴起,法院在现代社会生活中早已经

---

① 曹保山:《法院经济功能的法理分析》,苏州大学2010年硕士学位论文。

② 侯猛:"美国最高法院对经济的影响力:一个述评",载《法律适用》2006年第8期。

突破了固有的特征,趋向于政策化,在金融运行中发挥着日趋重要的作用。(7)现代国家的最高法院很大程度上是一个公共政策法院,在规制经济方面具有"规则治理"的意义,不仅涉及与其他国家机关在规制金融领域的权力界定,更会影响到金融市场主体的利益。[①]

当然,司法对于金融发展价值的彰显,是以审判独立为前提的,这既是司法本质的需要,也是控制权力的需要,诚如有学者所言,提升地方审判的独立性,不仅有助于打破由地方政府主导的市场分割,而且也不会破坏现有的激励地方政府努力发展地方经济的制度均衡,并促使地方政府做出保护私人财产和契约自由的可信承诺,进而有益于长期的经济增长。[②] 在任何地区,政治和法律的统一都是市场经济的福音,因为只有国家法制的统一才能保证社会资源的自由流动和最佳配置,实现"人尽其用,物畅其流",但这并不是一件容易的事情,因为地方法院不可避免地受到地方利益的压力和影响。无论是在专制还是民主社会里,地方政府都千方百计地采取各种手段保护当地利益。如果地方政府通过歧视外来产品而将当地经济隔绝于市场整体竞争,就会和其他地区发生贸易冲突,并损害整个国家的市场竞争和经济发展。[③] 从这个意义上说,审判的独立与有效对于经济发展具有决定性意义。遗憾的是,在既有的体制安排下,"依附式司法"成为审判权力运行的现实写照。一方面,由于司法辖区与行政辖区的高度重合,人、财、物高度依赖于地方,因此法院被习惯看成地方政府的机构,导致法院的审判权容易受到当地政府的影响与干预,个案独立受到很大程度的牵制,严重影响社会的公平正义,这就是所谓的"司法地方化";另一方面,法院系统内部在审判活动和法官人事管理中借用行政管理模式,将审判权与行政管理权混同,从而使审理案件的法官不能依法独立行使审判权,这就是所谓的"司法行政化"。司法的地方化与行政化背离了司法本性,是审判独立的制度顽疾,成为司法改革亟待解决的重大问题。尽管党的十八届三中全会提出"推动省以下地方法院、检察院人

---

① 侯猛:"最高人民法院的功能定位——以其规制经济的司法过程切入",载《清华法学》2006 年第 1 期。

② 陈刚、李树:"司法独立与市场分割——以法官异地交流为实验的研究",载《经济研究》2013 年第 9 期。

③ 张千帆著:《宪政、法治与经济发展》,北京大学出版社 2004 年版,第 48 页。

财物统一管理,探索建立与行政区划适当分离的司法管辖制度”,迈出了司法“去地方化”的步伐,但如何推进及效果如何,仍充满了不确定性。

在我国金融市场的权力版图中,“强行政、弱司法”构成了权力配置格局的基本图景,司法权对于行政权的依附性体现得非常明显。最为明显的例证是,在金融机构的市场退出问题上,各级人民法院发出通知,对已进入行政处置阶段的金融机构为被告的民事案件,尚未受理的暂缓受理,已经受理的中止审理,正在执行的中止执行。这种司法权自动收缩的行为,显示出司法权在面对行政权扩张时的弱势心态,诱发了行政权力的软约束、相关利益主体的权利被漠视、道德风险的滋生等问题。面对内幕交易、操纵市场、虚假陈述等严重的欺诈行为,司法同样摆出了不作为的姿态。如最高人民法院于2001年9月21日发布的《关于涉证券民事赔偿案件暂不予受理的通知》(已废止)规定:“……受目前立法及司法条件的局限,尚不具备受理及审理这类案件的条件。经研究,对上述行为引起的民事赔偿案件,暂不予受理。”尽管最高人民法院2002年发布的《关于受理证券市场因虚假陈述引发的民事侵权纠纷案件有关问题的通知》和2003年发布的《关于审理证券市场因虚假陈述引发的民事赔偿案件的若干规定》对虚假陈述案件的受理网开一面,但又通过“前置程序”设置了制度障碍,不仅直接违背了“法官不得拒绝裁判”的法律原则,还变相剥夺了受害人的诉权,将投资者置于一种极为被动的状态。即使被告上市公司所在地的法院受理了案件,由于法院在人事、财政和住房等福利上都由本地政府支配,而上市公司又是当地政府经济工作的重中之重,所以法院的地方保护主义可想而知。可以说,我国司法机制的运作对于投资者保护的贡献十分有限,普通投资者经常面临无法通过司法渠道有效救济权利的困境。LLSV经过实证研究发现,金融发展水平和模式的差异,从长远来看取决于该国法律对投资者的有效保护,主要包括以公司法、破产法、证券法等商法为基础的一系列法律法规和公司章程中对小股东的保护性条款,以及对这些条款的有效实施。[①] 经过频繁的法律修订,我国投资者保护的法律体系已相对完备,但由于缺少法院的有效执行,投资者依然面临着维权困境,这成为制约我国金融发展的一个关键肇因。与投资者保护的“司法失

---

① 皮天雷著:《法与金融:理论研究及中国的证据》,中国经济出版社2010年版,第193页。

灵”相对应,民营企业的司法保护同样不容乐观,相信“关系”不相信司法是大多数民营企业家的“理性选择”。尤其是近年来,民营企业的融资纠纷趋于增多,但“起诉不受理,受理不开庭,开庭不宣判,宣判不执行”的司法乱象压抑了民营企业寻求司法保护的冲动。即使正常进入了审判环节,法院对民营企业融资行为的司法审查也不是基于意思自治、合同自由和鼓励交易的原则,而是遵循“法条主义”的管制逻辑,这在“对赌协议第一案”中体现得淋漓尽致。[①] 在吴英案中,法院更是逾越司法谦抑性的边界,主动性地承担起政策性的社会治理功能,充当了对民间借贷进行立法规制与行政监管“替代品”的角色。[②] 法院对吴英的判决,无异于宣布个体公民没有融资的自由和权利,意味着建立在个人基础上的产权交易合同仍然得不到有效的司法保护。

司法权的地方化对金融发展的影响较为微妙,往往通过上市公司反映出来。上市公司作为一种稀缺的金融资源,既可以为地方政府增加税收,又能为地方官员提供利益输送的通道,所以地方政府习惯于通过土地划拨、税收减免、政府补贴或奖励等手段推动本地企业上市。当这些企业涉案时,地方政府会向司法机关施加压力,要求减免相应的处罚。以“绿大地公司造假上市案”为例,调查人员在整个调查取证过程中面临着地方政府的强大阻力,公安部门对绿大地董事长的批捕方案曾数次被地方驳回,证监会把绿大地欺诈发行事件移交司法机关后,当地法院一审竟然从轻发落,后来在巨大的舆论压力下,地方检察院和法院才被迫提起再审。[③] 事实上,地方法院在案件受理、审理和执行等环节都明显地存在偏袒本地当事人并损害外地当事人的情况,当地企业的胜诉率也远远高于外地企业。[④] 司法权的地方化严重侵蚀了司法公正与司法权威,使司法的统一性在地方政府保护主义下被肢解,由此导致的“法治割据”进一步固化了金融分割的现实格局。一般而言,金融分割是指货币市场与资本市场被人为地割裂开来,其合规的联通渠道有限,表

① 潘林:“‘对赌协议第一案’的法律经济学分析”,载《法制与社会发展》2014 年第 4 期。

② 黄韬著:《公共政策法院——中国金融法制变迁的司法维度》,法律出版社 2013 年版,第 58 页。

③ “绿大地,黑账本——‘反向工程’如何造假上市”,载《南方周末》2013 年 3 月 27 日。

④ 刘作翔:“中国司法地方保护主义之批判——兼论‘司法权国家化’的司法改革思路”,载《法学研究》2003 年第 1 期;张维迎、柯荣柱:“诉讼过程中的逆向选择及其解释——以契约纠纷的基层法院判决书为例的经验研究”,载《中国社会科学》2002 年第 2 期。

现为有限的投资主体交叉，融资渠道只限于证券公司、基金管理公司等可以进入银行间货币市场和证券公司可以向银行申请股票质押贷款，跨市场的产品主要是证券投资基金和跨市场国债产品。[①] 事实上，在货币市场与资本市场内部，金融分割也是普遍存在的，如债券市场被人为分割为交易所市场和银行间市场，二者在价格形成机制、发行定价机制、限制开放程度等方面差异甚大，这种行政分割严重影响了金融深化。金融分割产生的根本原因在于资本作为生产要素的稀缺性，资本的匮乏必然导致金融管制，这一点在发展中国家极为普遍。长期以来，在金融管制及地方保护主义下，公司的跨地区投资、银行体系的跨地区借贷、资本通过股票与债券市场的跨地区发行均是不自由的，金融市场被人为割裂为不同的区块，深刻阻碍了金融市场一体化的形成。[②] 司法对于改善金融分割具有特别的意义，这是因为金融分割的本质是地方政府行政权力的过度扩张引起的金融管制，而司法权作为制衡行政权力的重要力量，能够起到抑制地方政府过度管制造成的市场分割行为。但在司法权地方化的语境下，地方法院在人、财、物的牵制下难以起到制衡地方行政权力的作用。金融分割意味着土地、技术、资本等生产要素难以通过市场进行最优配置，进而会加剧地区间金融发展的失衡与断裂，进而阻碍中国经济的进一步发展。

---

① 刘翔峰著：《中国的金融深化及风险防范》，经济管理出版社2013年版，第42页。

② 王迪明："中国金融市场分割问题探源"，载《中央财经大学学报》2006年第3期。

第二章　收入分配改革困局的金融法根源

收入分配改革被认为是“关键时期的关键改革”，由于涉及深刻的利益调整与变动，所以牵一发而动全身。近年来，尽管国家出台了诸多政策措施来遏制收入分配差距扩大的趋势，但均收效甚微，贫富差距已经有处于不可治理状态的迹象，收入分配改革陷入了前所未有的法律困局。本章从权力、权利、能力与利益等法律关键词入手，试图揭开遮蔽事实的迷雾，探究收入分配改革困局形成的金融法根源。

一、金融权力的异化与滥用

权力具有天生的扩张性，当权力介入金融要素分配时，就会出现权力与资本的结盟现象，进而导致“权贵资本主义”的出现。国有垄断资本和有权力背景的私有资本不适当地占据了过多的资源且日趋扩张，已经构成对市场自由竞争的“瓶颈”，导致社会分配不公，这是新中国成立60多年来取得经济重大发展成果的同时存在的一个突出问题。① 因此，缓解和释放收入分配的巨大制度压力，需要回归到权力这一根源上来。

（一）金融权力与收入分配：一个理论分析框架

对于收入分配而言，权力是一把典型的“双刃剑”。如果权力能够为市场经济的发展提供一种平等竞争、公开公正的制度环境，其实质是权力起到了保护公民平等权利的积极作用，此时的权力有助于改善收入分配状况。相反，如果权力被滥用或者作为一种分配要素参与市场经济活动，就会产生权力异化和权利抑制问题，进而会恶化收入分配状况。正如有学者所言，在权

---

① 周瑞金：“再谈与‘特殊利益集团’切割”，载《同舟共进》2010年第10期。

力经济下，权力腐败对收入分配的负面影响触目惊心。由于制度的欠缺，国家调节权力运行缺乏规范和制约，国民收入分配权掌握在相关部委和相关工作人员手中，资金分配权力过大，行政垄断、权力寻租、官场腐败现象普遍，直接影响要素分配的公平和正义。[①] 也有学者认为，在我国经济领域市场化改革的单方面推进过程中，政治体制没有作出相应的改革，政府部门没有作出相应的转型，政府职权没有作出重新的界定，政府官员的行为没有受到相应的约束，那么原来设想的竞争性的市场经济可能演变为垄断性的市场经济、权力操纵下的市场经济和扭曲的市场经济，原来设想的各种生产要素共同参与的公平的收入分配模式可能演变为权力参与或者权力与资本勾结共同掠夺社会财富的分配模式。[②] 由于经济体制转轨中的“制度摩擦”和“制度真空”，权力资本化和腐败问题成为扰乱我国收入分配秩序的主要因素，权力资本化与腐败的实质就是政治权力被看成一种要素参与收入分配。[③] 所以，权力对收入分配的消极影响，是通过“权力分配—要素分配—收入分配”这一传导机制实现的，在这个逻辑关系中，权力分配是基础和关键，它在本质上规定和决定着生产要素配置、要素所得和要素流动，同时也规定和决定着收入流动性，最终决定和影响着收入分配关系的制度变迁。[④] 权力分配不仅在初次分配中广泛存在，而且在再分配中也大显身手，演化成一幕幕权力异化的图景。其中，初次分配中的权力异化主要表现为权力与资本的联姻以及权力对资源分配的参与，具体表现为权力的商品化、权力的资本化、权力对资源的垄断等现象，这种权力异化造成了群体间权利和利益的失衡，加剧了强弱势群体的社会分化，增强了人们的不公平感，影响了发展成果的公平分享；再分配中的权力异化则主要表现为财政分配的结构性失衡——行政性开支太大、经济建设性投资太多、公共服务支出太少，政府在“福利国家”建设上错位和缺位。[⑤] 权力异化意味着权利抑制，收入分配正是在这种公权力的膨胀与私权利的萎缩中演化成当前的局面，正如有学者所言，中国收入分配的经验和

---

① 薛江武著：《收入分配之经济法调节》，江西人民出版社 2011 年版，第 44 页。

② 李实、赵人伟：“市场化改革与收入差距扩大”，载梁治平编：《转型期的社会公正：问题与前景》，三联书店 2010 年版，第 530 ~ 531 页。

③ 杨灿明等著：《规范收入分配秩序研究》，经济科学出版社 2014 年版，第 398 ~ 399 页。

④ 周振华、杨宇立等著：《收入分配与权力、权利》，上海社会科学院出版社 2005 年版，第 140 页。

⑤ 李永成著：《社会分配法研究》，法律出版社 2014 年版，第 121 ~ 123 页。

结果,既不是完全意义上市场机制作用的结果,也不是建立在政府权力与市场权利边界清晰的基础上,当然也不是有限干预的结果,而是政府一方面无限干预甚至过度干预,同时私权在庞大的公权面前出现“萎缩”和“抑制”的结果,集中表现为收入分配中权力膨胀和权利抑制的不平衡的产物。[①] 公权力干预私权利,主要表现为显性的不当干预和隐性的权钱交易,这两种干预方式都不同程度上导致现存收入分配秩序趋向紊乱,影响居民收入的实际增长。具体来说,显性的不当干预主要包括以 GDP 为导向的政绩考核机制、行政因素导致垄断企业收入、干预地域土地市场化、延续平均主义、国有企业改革中的利润分配适当、制度上隐性收入扩大、再分配过程中的户籍限制以及税制改革中非对称受益八个方面,隐性的权钱交易则突出表现为部分政府官员自利性行为的泛化以及政府官员源于潜规则和信息优势获得收入两个方面。[②] 鉴于权力对于收入分配格局的重大影响,收入分配难题的解决不能不围绕着权力的规范和制约这个中心展开。

上述关于权力分配及权力异化对收入分配的作用机理,当然适用于金融权力,实际上本书第一章中关于压制型立法与金融抑制、选择性执法与金融排斥、依附式司法与金融分割的分析已经证明了金融立法权、金融执法权、金融司法权对于收入分配所起到的消极影响。在此,我们再选取一种典型的金融权力——金融资源配置权,来进一步求证金融权力的异化及滥用与收入分配差距扩大之间的因果关联。金融活动是一系列权力的交易活动,金融资源配置的实质是对一系列交易权利的安排,金融资源配置权则是相关主体依据金融资源自身特有的属性而对资源开发利用所拥有的使用权、处分权、让渡权的统称。金融资源配置权的主体是国家(主要是“一行三会”),特定情形下也包括地方政府和金融机构。[③] 从理论上讲,由于市场与政府是资源配置的两种主要手段,收入分配鸿沟的出现无疑是市场失灵与政府失灵的产物,但由于中国市场经济体制的不健全,市场从未在资源配置中发挥决定性作用,收入分配鸿沟的制度根源更应该从政府身上去寻找。改革开放前,中国

① 周振华、杨宇立等著:《收入分配与权力、权利》,上海社会科学院出版社 2005 年版,第 142 页。

② 杨灿明等著:《规范收入分配秩序研究》,经济科学出版社 2014 年版,第 125 页。

③ 何风隽著:《中国转型经济中的金融资源配置研究》,社会科学文献出版社 2010 年版,第 43 ~ 44 页。

实行"大一统"的高度集权的金融体制，金融资源配置权高度集中在中央，政府不仅拥有资源配置和政治过程中的绝对优势，而且构成了决定制度变革供给中的主导力量，从而使金融制度变革的取向、深度、广度、速率和战略选择等基本上取决于政府主体的意愿和能力。[①] 改革开放以后，为了为国有经济提供金融支持，国家进一步通过价格控制（如利率控制、股价控制）、信贷控制等手段加剧了金融资源不公平配置的程度，金融资源配置权的扭曲与异化也由此成为解读收入分配严重失衡的重要逻辑线索。事实上，金融资源配置权的异化与滥用不仅仅是中央政府所为，地方政府也难辞其咎，诚如吴敬琏先生所言，地方政府过大的支配资源和干预微观经济的权力为寻租活动创造了巨大空间，贪腐官员非法设定行政许可和不合理的市场准入条件，使中国的租金总额达到天文数字，设租的贪腐官员和寻租的"红顶商人"大发横财，同时又使没有权力倚靠的弱势企业和弱势群体失去获取合法收入的机会，乃至丧失生存空间。[②] 下文以地方政府争夺金融资源的现象为切入点，透视政府权力与金融资本的联姻给收入分配带来的复杂影响。

（二）政府权力与金融资本的联姻：以地方政府竞争为观察视角

近年来，全国各地竞相设立贵金属交易所、文物交易所等各类金融交易场所，想法设法吸引银行、证券、保险、基金、期货等金融机构入驻，千方百计推动本地企业上市融资，一场围绕区域金融中心的争夺战更是在 30 多个城市如火如荼地展开。尽管这些行为可以从"社会市场经济之父"艾哈德所提出的"来自竞争的繁荣"这一经典论断中获取合理性解释，但实践运行却出现了诸多悖论，如贵金属交易所和文物交易所几乎成为价格操纵、过度投机、挪用交易资金甚至与客户对赌交易的代名词，上市公司则沦为部分地方政府官员利益输送的通道。乱象丛生的背后，反映出金融资源配置中地方政府竞争的制度逻辑。目前，学界关于地方政府竞争的研究主要是置于财税语境下展开的，金融资源配置语境下的地方政府竞争及其法律治理处于文献及话语缺失状态。本书旨在厘清社会转型时期金融资源配置中地方政府竞争的制度面向，推动地方政府竞争从政策治理到法律治理的治理转型，并为金融资

---

① 王延科著：《现代金融制度与中国金融制度转轨》，中国经济出版社 1999 年版，第 266 页。

② 吴敬琏："缩小收入差距不能单靠再分配"，载杨静编：《分配收入之争》，中国社会科学出版社 2013 年版，第 140 页。

源配置指明走向良性制度竞争的法治路径。

1. 弱财政与强金融:地方政府对金融资源配置的嵌入

党的十八届三中全会通过的《关于全面深化改革若干重大问题的决定》提出,全面深化改革的总目标是完善和发展中国特色社会主义制度,推进国家治理体系和治理能力现代化。作为现代化的一个全新维度,国家治理体系和治理能力现代化可以从王绍光、胡鞍钢 1993 年合著的《中国国家能力报告》中找到其思想肇端。在这部影响深远的论著中,作者富有洞见性地将国家能力划分为汲取能力、调控能力、合法化能力和强制能力,并认为汲取财政能力是国家能力的核心,是国家实现其他能力的基础。[①] 在后来的发展中,王绍光教授进一步将汲取能力与强制能力、濡化能力、国家认证能力、规管能力、统领能力、再分配能力、吸纳和整合能力一道视为"基础性国家能力"。[②]财政与金融作为收入再分配的主要手段,二者的搭配状况很大程度上决定了一个国家汲取能力的整体格局。与其他转型国家相比,我国自改革开放以来的经济制度变迁是在"弱财政与强金融"的背景下进行的,即在财政下降的同时保持价格水平稳定和金融的高速增长,取得了被麦金农等学者称之为"中国之谜"的巨大成功。前文指出,近 30 年来,随着市场化改革的深入推进,计划经济体制的隐性税收机制逐渐解体,国民收入结构从"集财于国"向"藏富于民"转变。为了获取日益分散的金融资源与金融剩余,政府通过对金融组织、金融市场、金融开放及国有金融机构等进行金融控制,依托国有银行的信用垄断地位对居民部门金融剩余进行动员,再利用利率管制、信贷倾斜、资金供给及证券市场准入等手段为公有经济部门提供了强大的资金支持与租金补贴。在动员金融剩余的过程中,金融制度替代了一部分税收制度的功能,而在随后进行的金融资源配置过程中,金融制度又进一步替代了财政制度的功能。事实证明,这种替代既是促使以往改革成功的关键,又是导致未来改革陷入困境的根源。[③]

从资源配置的功能来看,金融资源既是一种具有自身配置功能的资源,

---

① 王绍光、胡鞍钢著:《中国国家能力报告》,辽宁人民出版社 1993 年版,第 9 页。

② 王绍光:"国家治理与基础性国家能力",载《华中科技大学学报》(社会科学版)2014 年第 3 期。

③ 张杰著:《中国金融制度的结构与变迁》,中国人民大学出版社 2011 年版,第 39 页。

又是一种对其他资源具有再配置功能的资源，集权利资源与战略资源于一身，这是金融资源区别于其他一切自然资源、社会资源的最基本特征。[①] 金融资源的这种双重特性再加上其本身的稀缺性，决定了围绕着金融资源占有和控制的金融竞争生成的必然性。由于金融是现代经济的核心，金融竞争自然构成了现代经济竞争的核心。对于我国地方政府而言，获取金融资源的状况很大程度上决定了其经济发展的水平。尤其是伴随中央与地方之间分化权改革的深入推进，地方政府事权扩张的同时财权却没有相应增加，事权与财权的不匹配决定了对金融资源的争夺日益成为地方经济和社会发展的一个核心性、主导性变量。由于金融资源主要指向的是金融资金、金融机构和金融制度，地方政府对金融资源配置的"嵌入"实际上是通过对金融资金资源、金融机构资源和金融制度资源的"混合配置"来实现的。金融资金资源在具体形态上表现为股权资金、债权资金、保险资金等，地方政府通过扶持本地企业上市融资、通过融资平台筹借信贷资金和发行城投债等构成了聚集金融资金资源的主要方式。金融机构是一种组织资源，其特殊性不仅在于配置使用权，还具有派生金融资源和再生产金融工具的能力。由于我国的金融组织体系是以国有商业银行为主导，国家凭借作为国有银行的投资主体以及银行信用的高度垄断来控制全社会的金融资源，有意识地维持整个银行体系市场结构的垄断性和产权结构的单一性。[②] 尽管如此，地方政府完全可以借助行政权力影响甚至控制国有商业银行地方分支机构的信贷资源投放，银行也在事实上承担起地方政府发展经济的最重要财源角色。除此之外，地方政府热衷于设立信托投资公司、证券公司、保险公司、金融租赁公司、小额贷款公司、融资性担保公司等金融机构，作为地方政府干预金融的依托和获取金融资源的通道，尤其是信托投资公司，其"主要职责是充当政府对外融资的窗口，为地方在银行信贷计划外筹措建设资金"。[③] 正是由于地方政府与信托投资公司之间"剪不断、理还乱"的关系，才有了后来的信托业一次又一次的整顿。金融制度资源是由产权制度、法律制度、政治制度以及非正式制度等构成的金

① 杨涤著：《金融资源配置论》，中国金融出版社2011年版，第15页。

② 杨旭著：《中国渐进改革中的金融控制——基于金融史视角》，经济科学出版社2012年版，第69～70页。

③ 李杨著：《新中国金融60年》，中国财政经济出版社2009年版，第111～112页。

融支持和保障系统，对于金融资金资源和金融机构资源发挥着产权界定、权利交易、争端解决等制度供给功能。地方政府对金融制度资源配置的影响往往是通过金融制度环境的塑造体现出来，透明的金融制度规则、健全的金融基础设施、完备的金融司法体制均是提升地方金融竞争力的重要因素，正如第三代金融发展理论所认为的那样，良好的制度是实现金融持续发展的关键。[①] 长期以来，正式制度在金融制度资源配置中的角色比较受关注，非正式制度在金融制度资源配置中的功用时常被忽略。艾伦与盖尔曾经提醒人们："中国如何为惊人的经济增长融资？从正式金融与非正式金融两方面理解中国的金融系统是一个关键的研究课题。"[②]随着"浙江模式"的兴起，非正式制度在塑造地方政府制度竞争方面的巨大威力开始受到人们的关注。[③] 如冯兴元教授将"浙江模式"的本质视为一种市场解决模式、自发生成发展模式和自组织模式，并认为要实现这一模式的扩展，需要回归和重续晚清时期文化传统中已经出现的近代化因素，即"市民社会"、"地方自治民主"、类似于韦伯"新教伦理"的重商重工伦理观等。[④] 上述三个层次的金融资源配置并不是割裂的，而是相互联系、相互渗透、有机协调的统一整体。可以说，地方政府对于金融资源配置的全方位"嵌入"构成了转型时期金融控制的重要面向，也折射出地方政府竞争的金融生态基本图景。

2. 理论范式与制度框架：地方政府竞争的金融法解释

"弱财政与强金融"作为我国转型时期的一个结构性特征，已经形成了强烈的路径依赖，由此导致地方政府围绕金融资源配置的竞争将是一个普遍而持久的社会现象。随着"金融工具观"向"金融资源观"的转变，金融资源的重要性愈发突出，金融资源配置已经演变成金融法的核心概念范畴之一，这意味着金融法应当对金融资源配置语境下的地方政府竞争作出理论解释

---

① F. Mishkin, "The Nest Great Globalization: How Disadvantaged Nations Can Harness Their Financial Systems to Get Rich", Princeton University Press, 2006.

② ［美］富兰克林·艾伦、道格拉斯·盖尔著：《比较金融系统》，中国人民大学出版社 2002 年版，第 7 页。

③ "浙江模式"，又称"浙江现象"，指涉的是改革开放以来中国浙江形成的以市场化为取向、以民营经济为主体的经济发展模式。该模式发轫于温州，扩展至整个浙江，并在最近十余年红遍整个中国，成为计划经济向市场经济转型的典型范例。

④ 冯兴元著：《地方政府竞争：理论范式、分析框架与实证研究》，译林出版社 2010 年版，第 118 页。

及制度评价。事实上，学术界已经就地方政府竞争提出了不少理论分析范式，如“地方政府公司主义”范式、[①]“地方发展型国家”范式、[②]“地方企业家型国家”范式、[③]“地方寻租型国家”范式、[④]“竞争型政府”范式[⑤]等。尽管这些理论分析范式主要是在经济学或政治学的场域中运用，但完全可以通过创造性转化的方式在金融法的理论空间中获得自足性证成，尤其是“地方政府公司主义”范式。“地方政府公司主义”这一概念最早由美国学者戴慕珍提出，用来描述地方政府以经济利益最大化为指向的行为特征。[⑥] 具体而言，该行为特征主要表现在地方政府的“公司化”和“谋利性”上，即地方政府将企业发展纳入公共治理中，为企业发展提供经济和政治后盾，同时对企业施加其影响力和控制权，政府与企业之间是互利关系，各级执政党、政府和企业组成了利益共同体，并以利益最大化为目标。在这样一种模式之下，地方政府似乎是一个从事多种经营的实业公司，官员们则像一个董事会成员那样行动。[⑦] 在配置金融资源的过程中，地方政府往往以层层加码、不计成本的目标为主要导向，以全体动员、全民动员为基本的执行方式，以检查评比、奖励惩罚为主要的激励手段。这种“锦标赛体制”[⑧]式的金融资源配置模式无疑符合金融效率的价值取向，但有悖于金融公平的价值诉求，这是因为地方政府的“公司化”意味着地方政府权力的市场化，衍生出投资行为越位、经济角色错位、公共产品供给缺位等诸多权力异化现象，民生保障被淹没在财富增加

---

① Jean Oi, “The Role of the Local State in China's Transitional Economy”, *The China Quarterly*, 144, 1995, pp. 1132 – 1149.

② Zhu Jieming, “Local Development State and Order in China's Urban Development during Transition”, *International Journal of Urban and Regional Research*, Vol. 28, Issue 2, 2004, pp. 424 – 447.

③ Jarc Duckett, “The Emergence of the Entrepreneurial State in Contemporary China”, *Pacific Affairs*, Vol. 9, No. 2, 1996, pp. 180 – 198.

④ Jieh-min Wu, “State Policy and Guanxi Network Adaptation: A Case Study of Local Bureaucratic Rent-Seeking in China”, *Issues and Studies*, Vol. 37, No. 1, 2001, pp. 20 – 48.

⑤ A. Breton, *Competitive Governments: An Economic Theory of Politics and Public Finance*, Cambridge University Press, 1998.

⑥ Jean Oi, “Fiscal Reform and the Economic Foundations of Local State Corporatism in China”, *Word Politics* 45, Oct. , 1992, pp. 99 – 126.

⑦ 夏永祥：“‘苏南模式’中地方政府公司主义的功过得失”，载《苏州大学学报》（哲学社会科学版）2012 年第 4 期。

⑧ 周黎安：“晋升博弈中政府官员的激励与合作——兼论我国地方保护主义和重复建设问题长期存在的原因”，载《经济研究》2004 年第 6 期；周黎安：“中国地方官员晋升锦标赛模式研究”，载《经济研究》2007 年第 7 期。

的发展之中,偏执于"发展型政府"而非"服务型政府"的定位使得地方政府遗忘了提供公共服务才是公权力的本质所在。"地方政府公司主义"形成的一个重要动因来自金融分权化改革,即从中央政府集中分配金融资源到中央与地方共同配置金融资源。从理论上讲,分权可以推动经济发展,其逻辑在于:通过分权引入一个地方竞争的全国性政策市场,在这个市场平台里,地方政府通过改善地方经济政策与市场环境来赢得竞争。[①] 但在实际运作中,为了最大限度地获取和支配金融资源,地方政府竞相利用政治影响向金融机构施加压力,竞相创设旨在为其提供融资服务的金融机构以强化控制金融资源的权力,导致的结果是地方分支银行对地方政府一定程度的实际隶属,各类金融机构受制于地方压力难以实现资金的跨地区流动,金融资源的地方分割状态日趋明显。[②] 金融分割与金融抑制、金融排斥一道构成了我国金融改革与发展的主要障碍,如何从金融分割走向金融一体化、从金融抑制走向金融深化、从金融排斥走向金融包容将是未来很长一段时期内金融法理论研究与制度实践的核心命题。

按照诺斯的观点,制度是理解历史的关键,制度的变迁是理解历史变迁和国家兴衰的一把钥匙。[③] 从制度经济学的意义上讲,地方政府竞争的金融法解释不能仅仅停留在理论范式的阐释上,还应从制度规范上探究地方政府竞争的深层蕴涵。本书认为,北京大学吴志攀教授提倡的 CBS 金融法研究范式为这一认知努力提供了可能性载体。CBS 是公司(Company)、商业银行(Bank)和证券(Security)的首字母缩写,CBS 研究范式强调从公司治理、商业银行、资本市场、法律制度"四位一体"的多元系统中"找出中国版的规律"。[④] 该研究方式突出了公司本位,彰显了融资功能,体现了中国特色,能够为金融资源配置中的地方政府竞争提供一个独特的制度分析框架。首先,现代社会是一个大公司的时代,公司既是经济制度的重要支柱,又对社会结构和政治结构构成了冲击和挑战,公司早已成为社会发展的主导力量,地方

① 程金华:"分权、政府间竞争与经济发展——概念、逻辑及其批评",载《法学论坛》2012 年第 4 期。

② 张杰:"地方政府的介入与金融体制变异",载《经济研究》1996 年第 3 期。

③ [美]道格拉斯·C. 诺斯著:《制度、制度变迁与经济绩效》,刘守英译,三联书店 1994 年版,第 3 页。

④ 常健、管斌、饶常林著:《金融法学专论》,对外经济贸易大学出版社 2010 年版,第 2 页。

政府竞争某种意义上就是公司间的竞争,地方政府对金融资源的争夺很大程度上是对公司资源尤其是上市公司资源的争夺。地方政府争夺公司资源的手段除了土地划拨、税收优惠、贷款免息、组织资产重组、组建大型企业集团等传统方式外,更主要的是运用补贴这一财政工具对上市公司进行重金奖励。根据2013年的上市公司年报,A股1556家上市公司中获得政府补贴的有1377家,总金额超过770亿元,财政补贴构成了A股市场的一道奇特景观。[①] 通过财政补贴,地方政府与辖区内上市公司形成了一种利益共生关系:上市公司利用与地方政府的特殊关系提高竞争力甚至将财政补贴视为财务粉饰的工具,同时以资产回报、过度投资、负担更多的超额雇员等方式回馈地方政府,地方政府则从GDP增长中获取政绩、官员晋升等强有力的激励。在这样一种"政治关联"之下,地方政府能够对上市公司施加决定性影响,上市公司的"行政治理"、"准行政治理"与"公司治理"交织杂糅在一起,且这种"混搭"状态难以在短时期内出现根本改观。[②] 其次,出于金融控制的考量,我国的金融市场从制度源头上选择了政府干预下的银行主导型间接融资体系并形成了强烈的路径依赖,这意味着地方政府围绕金融资源配置的竞争必然绕不开商业银行尤其是国有商业银行。通过影响辖区内商业银行信贷决策进而争取银行信贷资金,是地方政府金融努力的重要方向,这种金融努力一方面表现为对国有商业银行和股份制商业银行分支机构的"属地型干预";另一方面表现为对地方商业银行的"控制型干预",二者共同导致了信贷结构的扭曲,进而导致了金融财政化的制度扭曲。随着1998年以来信贷管理体制的市场化改革,银企关系陷入了前所未有的"囚徒困境",地方政府融资平台在此背景下应运而生,平台贷款迅速扩张,甚至成为某些地方政府通过有限的财政资金、搭配巨额的信贷资金、带动大量的民间投资,以此创造GDP的主渠道。[③] 地方政府融资平台事实上绑架了银行信用与政府信用,从本质上折射出央地财政关系处于一种"失范"、"失衡"与"失序"的状态,正如

---

① 张健:"政府补贴真大方 增收增利不容易",载《经济参考报》2014年4月8日版。

② 程金华:"中国公司上市的地理与治理——对证券市场行政治理的再阐释",载《证券法苑》2010年第2期。

③ 高玉泽著:《转型时期的金融控制——基于中央银行信贷政策视角的分析》,中国言实出版社2013年版,第51页。

有学者所评述的那样,中央政府与地方政府围绕着地方政府融资平台展开的利益博弈并非一种政治体制下的合法博弈,而属于一种缺乏制度安排条件下的讨价还价。[①] 最后,经过20余年的改革与发展,我国资本市场在规模、结构、功能、制度规范等方面发生了根本性变化,对于地方政府的金融资源配置竞争发挥着日益重要的作用。在1999年《证券法》实施之前,地方政府通过资本市场进行的金融资源配置竞争主要是围绕着上市公司额度争夺展开的,其后的竞争则把重心转向了上市资源的发掘培育以及金融交易场所的设立。在上市资源的发掘培育方面,地方政府往往在金融发展规划中作出统一部署,按照"预选一批、培育一批、上市一批、储备一批"的梯度上市原则进行组织动员,鲜明地体现出"协助之手"(invisible hand)的角色。[②] 在金融交易场所的竞相设立方面,除了前文提及的贵金属交易所、文物交易所之外,还包括各类地方产权交易市场以及以北京证券交易所(即全国中小企业股份转让系统有限公司,以下简称北交所)、天津股权交易所(以下简称天交所)为代表的场外交易市场。其中,无论是北交所还是天交所都在按照交易所模型演变和发展,都试图利用建立场外市场的机会,争建我国第三家全国性的证券交易所,从而在新一轮的金融市场竞争中取得"地方优势",这被称为场外市场建设中的"京津之争"。[③] 综上所述,金融资源配置中的地方政府竞争可以从CBS这一金融法研究范式中得到自足性解释,金融法则应从公司治理、商业银行、资本市场三个维度对地方政府竞争进行制度调整和法律规范。

3. 权力与资本的交织进化:地方政府竞争的治理难题

"国家的存在是经济增长的关键,然而国家又是人为经济衰退的根源。"诚哉斯言,将大道至简的"诺斯悖论"置于地方政府竞争语境下加以评判,依然彰显出思辨的张力。毋庸置疑,在过去的30多年中,地方政府竞争在我国经济增长中扮演着一个非常重要的角色,构成了破解旧体制弊端、孕育制度

---

① 冯果、李安安:"地方政府融资平台的财政法救赎",载《法学》2012年第10期。

② 关于政府"协助之手"与"掠夺之手"的分析,可参见 Timothy Frye and Andrei Shleifer, "The Invisible Hand and the Grabbling Hand", *American Economic Review*, Vol. 87, 1997, pp. 354-358。

③ 蒋大兴:"论场外交易市场的场内化——非理性地方竞争对证券交易场所的负影响",载《法学》2013年第6期。

创新的重要力量，地方官员寻求一切可能的投资来源、推动地方经济发展的热情在世界范围内可能也是罕见的。[①] 然而，地方政府在推动经济高速增长的同时，总是伴随收入分配不均、城乡发展失衡、地方保护主义盛行、环境恶化、官员腐败等社会问题的潜滋暗长，由此累积的社会风险甚至达到了积重难返的程度。不难发现，我国地方政府处在一个相当尴尬的境地：既是促进经济增长的主导要素，又是诱发社会问题日趋严重的关键肇因。有研究表明，这一尴尬处境是地方政府行为选择的自然结果，且地方政府在经济发展、社会福利和社会秩序等领域的行为选择已经被特定的逻辑场域所俘获，现有地方政府改革的目的不在于改变影响地方政府行为选择的逻辑场域，而在于促使地方政府行为更加符合现存逻辑场域的要求。[②] 地方政府的矛盾角色与逻辑悖论从本质上折射出地方政府竞争的治理困境，如果任由这种困境持续下去，经济发展极有可能掉进“中等收入陷阱”，社会发展则会陷入“断裂”和“失衡”的泥淖中停滞不前。置于金融资源配置的语境下，探究地方政府竞争治理困境的制度诱因并寻求因应之策，已成为金融法理论研究的当务之急。

前文指出，在“弱财政与强金融”时代背景下的金融剩余动员和金融资源配置过程中，金融制度对一部分税收制度和财政制度的替代既是促使以往改革成功的关键，又是导致未来改革陷入困境的根源。事实上，随着我国经济从卖方市场向买方市场的过渡以及第二次经济转型的开启，政府控制型金融资源配置模式的有效性在 1996 年以后变得愈加低下，客观上要求对国有金融产权进行改革，政府必须转换角色，改变对金融资源的控制方式，通过对金融主体创造平等的竞争的制度环境，在宏观层面上发挥有效监管的作用。[③] 尽管如此，国家控制金融的能力在实践中并未出现松动迹象，在这种情况下，地方政府争夺金融资源便会时常引发激烈的利益冲突。以信贷为例，国有银行地方分支机构的出格信贷行为尽管使地方政府获得了一部分金融资源的支配权，但这种支配权的获取在一个“强金融”的格局中并不是免费的，并不

① 周黎安著：《转型中的地方政府：官员激励与合作》，格致出版社、上海人民出版社 2008 年版，第 2 页。

② 叶托著：《中国地方政府行为选择研究——基于制度逻辑的分析框架》，广东人民出版社 2014 年版，第 15 页。

③ 何风隽著：《中国转型经济中的金融资源配置研究》，社会科学文献出版社 2010 年版，第 117 页。

是一件轻松与省心的事情，其付出的交易成本十分高昂，且始终伴随中央与地方之间的金融博弈。① 在金融博弈的过程中，地方政府总是巧妙地与中央政府周旋，通过争取"改革试错权"或者创设地方性金融安排获取地方利益的最大化。以"浙江模式"为例，对民间的创新活动，浙江各级政府大多先予以默认，"允许看"、"不争论"，在时机成熟之时再加以总结、概括和修正，使非正式制度创新最终成为正式的制度安排。在这一过程中，基层政府的主动支持以及省一级政府层面的保护性默许，成为在意识形态和政策制度跟不上实践发展的情况下促进市场主体和市场体系发育的一种策略选择。② 其实，改革开放以来的很多制度创新都是从"违法"开始的，不少地方政府倾向于利用法律漏洞或者对各种"违法"现象放任不管来抢占发展先机，地方政府官员的这种选择性执法行为不一定被认定为懈怠而遭受惩罚，却可能因这种"袒护"而在晋升博弈中获胜。③ 一个明显的例证是，原《预算法》第28条第2款规定："除法律和国务院另有规定外，地方政府不得发行地方政府债券。"但实践中地方政府普遍通过设立融资平台发行城投债券或者进行其他融资的方式轻松绕过该法律限制，使其形同虚设。这种法律规避行为使法律成为利益集团可兹利用的排他性工具，法律的权威性与公信力荡然无存，由此导致的一个恶果是地方政府寻租竞争与"制度套利"的泛滥成灾。④ 2014年修订的《预算法》赋予了地方政府举债权，尽管有其进步意义，但相当于承认了地方政府此前大肆举借债务行为的正当性与合法性，将地方债这一"中国版次贷危机"的信用、风险与责任在中央政府、地方政府、社会公众之间进行了不当配置。对于撬动了大批金融资金的地方政府而言，中央政府难以像过去那样有效控制地方政府的行为，中央对地方的"失控"局面逐渐显现。

地方政府竞争治理难题的背后，隐含着金融资源配置过程中权力与资本

---

① 张杰著：《中国金融制度的结构与变迁》，中国人民大学出版社2011年版，第209~210页。

② 张丙宣著：《科层制、利益博弈与政府行为》，浙江大学出版社2011年版，序言第5页。

③ 戴治勇："选择性执法"，载《法学研究》2008年第4期。

④ 在金融领域，套利是一种利用多个市场的价格差异的投机行为，它通过在一个市场买低在另一个市场卖高来追求几乎是可以确保的利润。本书在此引入制度套利的概念，用于指涉金融资本利用地方政府间制度环境的差异寻求额外收益的情形。关于制度套利的深入分析，可参见 Weitseng Chen, "Institutional Arbitrage: China's Economic Power Projection and International Capital Markets", *Columbia Journal of Asian Law*, Vol. 26, No. 2, 2013, pp. 347 – 372。

交织进化的制度逻辑。按照一般的理论解释，分权化改革是中国经济高速增长的主要动力之一，但颇为吊诡的是，如果仔细考察地方政府的行为，就会发现，地方经济的高速增长在很多方面却是由于权力控制和垄断而非全力放权的结果，这是中国经济中非常令人困惑的现象。① 正如有学者所指出的，政府统御市场、各级地方政府几乎无任何权力约束地参与市场，已经导致政府成了当今市场运行中一个最大"玩家"（player）。② 地方政府对金融资源配置的嵌入，实际上就是用权力控制资本的过程，由于资本的本性是寻求增值，而借助于权力的庇佑极易实现资本增值的目的，所以权力与资本自然结合为一体，形成了所谓的"权贵资本"或"权力资本"。在"地方政府公司主义"的发展模式下，权力的商品化、市场化和资本化趋势日益明显，这对于地方政府这一公权力主体而言意味着角色错位与行为扭曲，对于金融资源配置而言则意味着金融自由的式微、金融公平的缺失和金融民主的异化。③ 金融资本作为一种主要的资本形态，一旦为权力所捆绑，就会丧失为公众利益服务的价值立场，沦为"助纣为虐"的工具和"劫贫济富"的帮凶，陷入"金融主义"的误区。④ 这一点在"占领华尔街"运动中体现得淋漓尽致，也启示我国要特别警惕地方政府竞争中出现的权力与资本的合谋现象，通过法治手段化解地方政府竞争的治理危局。

4. 从政策治理到法律治理：地方政府竞争的法治旨归

法律是治国之重器，良法是善治之前提，法治已经成为全社会的价值共识。然而，面对金融资源配置过程中愈演愈烈的地方政府竞争行为，国家层面上的治理策略体现出鲜明的"政策治理"色彩，"法律治理"却呈现出失语与缺席状态，这一点无论是从2010年6月出台的《关于加强地方政府融资平

---

① 周飞舟著：《以利为利——财政关系与地方政府行为》，上海三联书店2012年版，第247页。

② 韦森著：《大转型——中国改革下一步》，中信出版社2012年版，第12页。

③ 金融民主（Financial Democracy）这一概念最早由Eaton于1941年提出，其后的60多年中无人提及，直到诺贝尔奖获得者席勒所著的《金融与好的社会》一书出版后，才引起人们广泛关注。参见[美]罗伯特·J. 席勒著：《金融与好的社会》，束宇译，中信出版社2012年版。

④ 当传统的金融服务功能脱离了实体经济而独立运行，便产生了一种新的经济制度，这就是所谓的金融主义。与资本主义制度下通过生产货物和提供服务创造并保有财富的方式不同，金融主义为金融机构自身利益服务，仅仅关注金融及资本市场的交易本身，逐步放弃了为实体经济融资的服务功能。金融主义导致当代人劫掠后代人财富并危害国家安全，其本质上是不道德的，因此，必须摧毁金融主义，回归资本主义。参见[美]劳伦斯·E. 米切尔："反思金融主义：一个历史的视角"，施天涛、袁田译，载《清华法学》2012年第4期。

台公司管理有关问题的通知》(以下简称国务院19号文)以及2014年10月2日出台的《关于加强地方政府性债务管理的意见》(以下简称国务院43号文),还是2011年11月出台的《关于清理整顿各类交易场所切实防范金融风险的决定》(以下简称国务院38号文),均可以得到证实。至于地方政府的"上市奖励竞赛"、抢夺金融机构等行为,尚未进入政策约束的范围,遑论法律治理。政策虽然也是国家治理的重要手段,但它不应越俎代庖取代法律的作用,更不应该成为治理地方政府竞争的首要选择。这是因为,政策的随机选择性将导致政府自由裁量权的滥用,难以为地方政府竞争提供稳定的心理预期;政策的短期行为性导致其缺乏实践理性,难以为地方政府竞争作出长远的制度安排;政策的精英决策性使得其民意基础差,难以为地方政府竞争提供合法性的治理基础。政策治理的这些弊端,反复被实践所检验。例如,在经济下行压力加大的背景下,国务院19号文及43号文并没有得到严格执行,地方融资平台替政府融资的功能得以"松绑",而此前尝试转型的部分融资平台也开始重操旧业。① 再如,在国务院38号文发布后进行的交易所清理整顿中,不少贵金属交易所、文物交易所在地方政府的包庇下通过地方政府控股、整改业务方向等方式得以复活。② 鉴于政策治理难以克服的局限性,推动政策的法治化进程,实现地方政府竞争从政策治理到法律治理的转型,已经势在必行。地方政府竞争的法律治理,可以从立法、执法与司法三个维度进行制度设计,在此分别加以展开。

检视现行的立法文本,除了《反垄断法》关于禁止"滥用行政权力排除、限制竞争"的规定外,几乎不存在规制地方政府争夺金融资源的法律规范。由于地方政府争夺金融资源的行为多数不符合"滥用行政权力排除、限制竞争"的构成要件,所以《反垄断法》事实上难以起到治理地方政府竞争的作用。相反,现行法律的不少漏洞,时常为地方政府争夺金融资源所利用。例如,地方政府竞争金融资源的行为往往借助于地方性法规的形式进行,但由于抽象性行政行为不属于《行政诉讼法》的受案范围,所以难以通过司法审查的方式规制地方政府竞争。除了完善这些法律外,本书认为当务之急是在

① "PPP或为主要转型方向　地方融资平台转型部分停滞",载《华夏日报》2015年7月3日。
② "广贵所曲线复活",载《华夏日报》2012年12月8日。

金融法律中确立“资本自由流动规则”，使地方政府的金融资源配置竞争建立在法治的基础之上。在市场经济条件下，商品、劳务、资本、服务的自由流动是实现资源最优配置的根本要求，也是确保市场统一和治理地方保护主义的应有之义。从比较法的角度来看，不管是欧共体还是美国，自由流动规则都是在宪法中规定的，其中，欧共体法中的自由流动规则规定于《欧共体条约》的第三部分“共同体政策”的第一编“商品的自由流动”和第三编“人员、劳务和资本的自由流动”之中，而美国关于自由流动的规则规定于联邦宪法第1款至第8款之中。① 对此，我国也有学者认为：“建立地方政府竞争秩序的关键是应在国家的根本大法宪法中明确写入维护国内统一大市场，即维护国家内部的产品、劳务、人员和资本四大自由流通。”②地方政府围绕着金融资源配置展开的恶性竞争诱发了金融排斥的市场乱象，加深了金融抑制的制度困境，固化了金融分割的利益格局，对资本自由流动产生了异常严重的影响。在宪法短期内难以因应自由流动规则的背景下，我国可以先行在《商业银行法》、《证券法》、《保险法》等基本金融法律中确立“资本自由流动规则”条款，为地方政府争夺金融资源构筑底线思维并提供价值遵循。从长远来看，我国还应当制定《政府间关系协调法》或《政府间合作法》，为包括地方政府竞争争端在内的府际争端提供法治化的解决机制。

法律的生命力在于实施，执法作为主要的法律实施活动有着特别的意义。前文指出，金融资源配置中的地方政府竞争可以从CBS这一金融法研究范式中得到自足性解释，金融法则应从公司治理、商业银行、资本市场三个维度对地方政府竞争进行制度调整和法律规范。其实，我国并不缺乏关于公司治理、商业银行、资本市场的立法制度供给，缺乏的是对这些法律的严格执行。例如，我国长期存在地方政府侵占上市公司利益的问题，尽管《公司法》在这方面有严格的规定，但由于缺乏一个强有力的执法者，这些问题一直没有得到很好的解决。③ 再如，地方政府通过协助、纵容或默许辖区内企业逃废银行债务的方式来获取金融资源已经司空见惯，同样因为执

① 郑鹏程著：《对政府规制的规制——市场统一法律制度研究》，法律出版社2012年版，第205页。

② 周业安、冯兴元、赵坚毅：“地方政府竞争与市场秩序的重构”，载《中国社会科学》2004年第1期。

③ 彭冰：“中央和地方关系中的上市公司治理”，载《北京大学学报》（哲学社会科学版）2008年第6期。

法失灵而难以根除。[①] 在金融基本法律中确立"资本自由流动规则"之后,如果没有一个强有力的执法者来实施,则金融市场的壁垒势必难以消除,全国统一金融市场的建立亦将遥遥无期。本书主张赋予中央政府实施"资本自由流动规则"的责任,引导地方政府从恶性的要素竞争走向良性的制度竞争,这样不仅可将地方政府间的金融资源配置纷争纳入法治轨道,提高中央政府依法解决地方政府间纷争的能力,而且通过中央政府对地方政府发展经济行为合法性的评价,能够有效树立中央政府治理地方保护主义的权威。[②] 中央政府在履行法定职责的过程中,应当有意识地引导地方政府从要素竞争(金融资源、金融产品、政府政绩等)走向制度竞争(提升制度层次、优化制度资源等),并为最终走向公共行政竞争(充分表达公民意愿、突出公民偏好、提升公民福祉等)累积经验共识。[③] 同时,中央政府还应利用自身的独特地位推动地方政府合作,通过对地方行政权力的横向协调来改变过度竞争所造成的行政权力冲突与对抗状态,进而实现资源的跨行政区配置和跨境公共事务的有效解决。[④]

在司法方面,我国需要破解司法权的地方化与行政化的体制性难题,以司法独立引领金融分割走向金融一体化。随着现代政治的发展,法院已经不再拘泥于美国政治家所描述的"最小危险部门"所限定的角色形象,尤其是随着司法能动主义的兴起,法院在现代社会生活中早已经突破了固有的特征,在金融运行中发挥着日趋重要的作用。当前,推动金融分割走向金融一体化,必须从司法权的"去地方化"与"去行政化"着手。虽然困难重重,但并非不可能实现。事实上,美国曾在19世纪通过积极的司法干预克服了国内市场分割的问题,获得了空前的成功。[⑤] 我国完全可以借鉴美国经验,通过自上而下的引导与自下而上的倒逼形成司法改革合力,将"顶层设计"与"地方试点"有机结合,分步实施,有序推进。

---

① 巴曙松、刘孝红、牛播坤:"转型时期中国金融体系中的地方治理与银行改革的互动研究",载《金融研究》2005年第5期。

② 郑鹏程著:《对政府规制的规制——市场统一法律制度研究》,法律出版社2012年版,第259页。

③ 王焕祥著:《中国地方政府创新与竞争的行为、制度及其演化研究》,光明日报出版社2009年版,第314~317页。

④ 彭彦强著:《中国地方政府合作研究——基于行政权力分析的视角》,中央编译出版社2013年版,第154页。

⑤ 程金华:"地方政府、国家法院与市场建设——美国经验与中国改革",载《北京大学学报》(哲学社会科学版)2008年第6期。

5. 小结

中国经济发展进程中的地区差异日益突出,造成这种差异的根本原因,需要从政府的政策取向以及权力分配的格局入手加以寻找。① 正如漆多俊教授所言,在我国当前的经济体制转型过程中,特别要注重国家权力对于经济生活介入的范围、程度和方式,减少人为因素的影响,实现由权力经济向法治经济的转变。② 地方政府竞争既是促进经济高速发展的关键,又是导致重重社会问题的根源,其对金融资源配置毁誉参半的复杂影响和功罪交集的矛盾冲突要求法律人用开放的思维、宏观而富有洞见的视角加以辩证审视和理性反思。在金融资源配置过程中,地方政府并非总是中央政府的执行者和追随者,反过来在很多时候是决策者和创新者,这种由地方政府所领先驱动的制度变革构成了整个转型时期金融制度变迁的一条主线。面对走向深化的地方政府竞争,政策治理已经捉襟见肘,从政策治理走向法律治理,从恶性的要素竞争走向良性的制度竞争,从金融分割走向金融一体化,将地方政府竞争纳入法治轨道,以金融法治助推国家治理体系和治理能力现代化,将是金融法治变革的重心所在。

二、金融权利的贫困与金融能力的孱弱

权力与权利是一对此消彼长的矛盾范畴,权力的膨胀意味着权利的萎缩,权力的恣意意味着权利的卑微,权力的异化意味着权利的虚置。③ 收入分配不公与贫困则是一对孪生兄弟,贫困会加剧收入分配不公,收入分配不公会诱发“贫困恶性循环”。④ 自从印度著名经济学家阿玛蒂

---

① 周振华、杨宇立等著:《收入分配与权力、权利》,上海社会科学院出版社 2005 年版,第 56 页。

② 漆多俊:“权力经济向法治经济的转变——简论转型时期法律的控权使命”,载漆多俊主编:《经济法论丛》(第 11 卷),中国方正出版社 2005 年版,第 1 ~ 21 页。

③ 权利既需要国家权力的承认和支持,同时为了实现权利也需要对国家权力的合理限制,即既要保证国家权力对权利的力量,又要切实保障国家权力不能逾越“规矩”。这似乎是一个“既要马儿跑得好,又要马儿不吃草”的二难问题,这一问题构成了由近代权利学说到现代权利学说演进的轴心。参见程燎原、王人博:《权利论》,广西师范大学出版社 2014 年版,第 35 页。

④ 美国哥伦比亚大学教授拉格纳 · 纳克斯 1953 年出版的《不发达国家的资本形成》提出了著名的“贫困恶性循环”理论。纳克斯认为,发展中国家之所以贫困,是因为存在两个恶性循环,即资本供给方面的“低收入—低储蓄能力—低资本形成—低生产率—低产出—低收入”循环和资本需求方面的“低收入—低购买力—投资引诱不足—低资本形成—低生产率—低产出—低收入”循环。因此,纳克斯得出一个著名的“一国穷是因为它穷”(A country is poor because it is poor)的命题。参见刘云生等著:《农村金融与反贫困——理论、实证与政策》,经济科学出版社 2010 年版,第 22 ~ 23 页。

亚·森提出"贫困是权利体系的函数"①命题以来,权利贫困与能力剥夺是贫困根源的结论已经深入人心。因此,从金融权利的贫困、金融能力的孱弱来认知收入分配鸿沟的金融法根源,具有重要的理论意义和实践价值。

(一)权利贫困、能力剥夺与收入分配不公

贫困是一种常见的社会现象。造成贫困的原因很多,制度供给不足、区域发展障碍、可行能力缺乏、先天缺陷、族群因素等皆有可能成为贫困的诱发基因。其中,制度供给不足型贫困与可行能力不足型贫困特别值得关注。在制度供给不足的情况下,贫困人口的权利被制度性的忽视乃至剥夺,使他们被排斥在制度之外,丧失自由选择的能力和权利,从而导致贫困人群可行能力的缺乏和贫困发生率的整体提升。所以,从本质上说,制度排斥与权利剥夺是造成贫困的最核心的原因之一。② 如果说制度供给不足型贫困是一种整体性贫困的话,可行能力不足型贫困则是一种结构性贫困,它指的是由于贫困者个体的基本生产能力、获取知识能力、参与决策能力、合理利用资源能力等方面的不足所造成的贫困。在阿玛蒂亚·森看来,贫困必须被视为基本可行能力的剥夺,而不仅仅是收入低下。③ 他强调,一个正义的社会不应当只是提供一些平等的权利和规则,或者提供一些免费的福利,而是要设法提高主体的可行能力,使这些权利能够切实为社会成员所享有,使福利的作用得到有效发挥。福利的目的不但是救助穷人,更主要的是增强他们自身的能力,使他们最后能摆脱福利的支持而生活。④ 姚洋教授在阿玛蒂亚·森的能力理论基础上,提出了"能力指向的平等"这一概念,认为能力指向的平等消除施加在弱势人群身上的政治、社会、经济和自然的约束,即实现机会面前的平等,从而提高这些人群实现自我和创造财富的能力,同时认为能力指向的平等尽现今社会之最大可能,消除个人对风险的恐惧,特别是对饥饿、疾病、衰老和失业的恐惧,从而促使个人把精力和财富用于更具生产性

① [印]阿玛蒂亚·森著:《贫困与饥荒——论权利与剥夺》,王宇、王文玉译,商务印书馆2001年版,第69页。

② 王曙光著:《告别贫困——中国农村金融创新与反贫困》,中国发展出版社2012年版,第4页。

③ [印]阿玛蒂亚·森著:《以自由看待发展》,任赜、于真译,中国人民大学出版社2002年版,第85页。

④ 贾可卿著:《分配正义论纲》,人民出版社2010年版,第98页。

的活动上去。[①] 鉴于权利贫困与可行能力的剥夺是造成贫困的主要因素，国际社会普遍主张通过赋权与赋能进行减贫，并形成了反贫困问题的权利进路。在该进路之下，解决贫困问题与实现自由、能力和权利存在内在关联。[②] 如有学者认为，基于人权的减贫观具有问责、参与、授权以及不受歧视和平等四个显著特征，如果国家不履行义务，穷人可以问责于国家。[③] 主张通过赋能减缓贫困的学者认为，减少贫困的实质在于提升能力，而能力是指人们所从事的社会功能性活动的可能的组合，即能够实现人们所愿意的生活方式的实质自由，所以应该透过赋予自由发展的能力而实现减贫。[④]

权利贫困、能力剥夺与收入分配不公之间关联紧密。收入分配是否公平的关键在于权利享有的多寡，这是因为收入分配不公的根本在于规则缺失下的群体间的分配权利失衡，分配权利的失衡决定了群体间在财富占有方面的机会、过程与结果的不平等，也就是说，贫困和不平等现象并非单纯的经济问题，而是更多地与社会成员在权利拥有上的差异紧密联系。[⑤] 正如有学者所言，之所以会出现两极分化，并不仅仅是由于经济收入上的差距，还由于这种收入差距与其他领域里的权利之间的某种不一致所造成的“双向作用”——比如说，富者因经济条件好而可以享受到更好的教育机会，而贫困者却无法上学——这使贫富差距成为决定其他权利实现的基础，从而造成某种“双向循环”，即贫者愈贫、富者更富。由此，如何避免“持续性的两极化的双向循环”，特别是避免弱势群体陷入恶性循环，是正义制度的首要价值所在。[⑥] 群体间权利拥有的区别必然导致群体间在表达和追求自己利益的能力上存在巨大差异，因此收入差距鸿沟的背后隐含群体间能力失衡的制度逻辑，权利不平等实质上意味着个人对生产要素的控制能力不同，这是隐藏在收入分配

---

① 姚洋：“论能力指向的平等”，载梁治平编：《转型期的社会公正：问题与前景》，三联书店 2010 年版，第 29 页。

② 郑智航：“论免于贫困的权利在中国的实现——以中国的反贫困政策为中心的分析”，载《法商研究》2013 年第 2 期。

③ Jenny Ingelin Nordgard, “Poverty, Human Rights and Implementation of MDGs in Cambodia”, *University of Olso*, April 2006, p. 85.

④ 汪习根：“免于贫困的权利及其法律保障机制”，载《法学研究》2012 年第 1 期。

⑤ 李永成著：《社会分配法研究》，法律出版社 2014 年版，第 26 页。

⑥ 陈少峰著：《正义的公平》，人民出版社 2009 年版，第 262 ~ 263 页。

不公平背后的重要原因。[①] 收入分配作为一种分配结果,其不平等的背后事实上反映出权利的不平等和机会的不平等,因此,解决收入分配不公的问题不仅仅是一个收入再分配政策问题,还涉及一系列权利和利益的重新调整和安排。具体到金融法中,弱势群体金融权利贫困与金融能力孱弱的现象是广泛存在的。大量的研究表明,公众缺乏享有金融服务的权利是导致持续的收入分配不均等、贫困陷阱以及低增长的主要因素。[②] 例如,由于信贷权的缺失,农村资金净流出所导致的农村"系统性负投资"现象非常严重,农民贷款难直接导致可支配收入的降低和贫困的发生。[③] 再如,由于农民的自组织能力不足,导致农民在市场竞争中难以获得较好的谈判地位,从而使农民生产的规模收益和抗风险能力下降。[④] 随着金融产品的日益复杂,弱势群体在获取金融服务方面显得困难重重,正如联合国开发计划署指出的,读写能力有限的人们常常意识不到他们应有的权利,金融知识的缺乏肯定会导致一些人对某些金融产品的排斥,有限的文化水平也会削弱贫困人群寻求原本可以获得的金融服务的能力。[⑤] 事实上,包括金融法在内的整个经济法都存在严重的"权利缺失"现象,有必要通过安顿现实权利、发现权利基因、创新权利品种等方式实现权利理论的勃兴。[⑥] 金融法作为一部与收入分配改革紧密相关的部门法,可以先行一步,引入"权利扶贫"与"能力扶贫"的理念,通过法律赋权与法律赋能的制度安排从根本上改变弱势群体权利贫困与能力孱弱的局面。

(二)通过金融法赋权与赋能改善收入分配的必要性

1. 金融法赋权与收入分配改善

前文的分析表明,金融不平等实质上是权利配置和运行的不平等,弱势

---

① 周振华、杨宇立等著:《收入分配与权力、权利》,上海社会科学院出版社 2005 年版,第 11 页。

② 江春著:《金融改革和金融发展:理论与实践的回顾及反思》,人民出版社 2012 年版,第 484 页。

③ "系统性负投资"是指银行或其他金融机构从一个地区的居民中获得储蓄,而没有以相应比例向该地区发放贷款。参见王曙光等著:《普惠金融——中国农村金融重建中的制度创新与法律框架》,北京大学出版社 2013 年版,第 26 ~ 27 页。

④ 王曙光著:《告别贫困——中国农村金融创新与反贫困》,中国发展出版社 2012 年版,第 5 页。

⑤ 焦瑾璞、陈瑾著:《建设中国普惠金融体系——提供全民享受现代金融服务的机会和途径》,中国金融出版社 2009 年版,第 47 ~ 48 页。

⑥ 何锦前:"让流浪的权利回家——经济法学'权利缺失'现象反思",载《现代法学》2015 年第 2 期。

群体金融资源的匮乏实质上是权利的贫困，而在当下这个“走向权利的时代”，[①]权利的配置是否公平是考量政策正当性与合法性的基本前提。所以，通过金融法进行收入分配改善必须以权利配置为中心，体现出对社会弱势群体的倾斜性保护，并通过赋权理念的引入丰富其权利选择的自由空间，进而以其享有的实质自由来看待和实现发展。对于贫困群体而言，赋权意味着激发他们的自主意识，提升他们的行动能力，拓展他们的发展自由，保障他们的公平权益，具有天然的正当性。从法理上讲，个人天赋的生命权、自由权、财产权以及个人对生产要素的控制权是不言而喻的真理，然而利己追求条件下的博弈选择，只能是一种“自然分配”，即这种分配产生于一种霍布斯式状态中。如果要摆脱霍布斯的自然状态，势必要有一种“立宪式契约”的形式，通过此种契约确立每个人的产权和行为约束。[②] 从这一意义上，个人权利的社会博弈选择内生出公共权利。对弱势群体进行金融法赋权，至少需要对信贷权、融资权、财产权等权利形态进行确认。这几种权利均带有社会性，属于“社会公共权利”的范畴，在金融法中确立这些社会公共权利是实现金融法社会本位立场的关键一环，正如有学者所指出的，立法者应当根据社会本位理念的要求，特别是以权利语言表达社会本位的精神，也就是要在个人权利、集体权利和国家权利的基础上，重新发现和确认社会公共权利并将其列入权利清单。[③] 可以说，以金融法赋权为立足点对社会弱势群体加以保护，不仅是人类特有的道德法则，也是制度理性的重要体现。

20世纪70年代，穷人信贷市场开始发生巨大转变，非营利、非政府组织开始试验能够使它们大规模地向穷人提供商业投资贷款的新贷款模式。随着这些模式变得广为人知，小额信贷迅速发展，延伸到了几乎所有的发展中国家和发达国家的低收入群体，小额信贷非政府组织（NGOs）也受到了国际开发捐赠机构、政府援助机构以及各种基金会的欢迎，被认为是提高穷人收

---

① 1978年以来，中国社会由内乱而安定，由停滞而发展，权利的成长有了一个新的开端。可以说，我们的时代是一个权利最受关注的时代，一个权利发展显著的时代。参见夏勇主编：《走向权利的时代——中国公民权利发展研究》，社会科学文献出版社2007年版，绪论。

② 周振华、杨宇立等著：《收入分配与权力、权利》，上海社会科学院出版社2005年版，第10页。

③ 李昌麒主编：《经济法理念研究》，法律出版社2009年版，第282页。

入最有效的方法之一。[①] 然而,由于缺乏还贷保险机制等原因,小额信贷遭遇了可持续发展难题,因此,仅有商业性的小额信贷不足以满足贫困人群的融资需求,必须上升到国家的义务层面,即赋予贫困人群信贷权的法定权利。信贷权是指社会弱势群体为满足基本的生存和发展需要而依法获得的国家扶助性贷款的权利。对于弱势群体而言,信贷权既有生存权的属性,也有发展权的属性,体现出鲜明的人权色彩,诚如孟加拉乡村银行创始人尤努斯教授所言:"贷款是穷人的权利,应该作为一项基本人权被加以促进,小额贷款至少可以让许多穷人摆脱贫困、减轻贫困。"[②]信贷权并不是基于意思自治原则产生的契约性权利,而是国家基于克服市场失灵之需要赋予社会弱势群体的一种权利,这种权利意味着社会弱势群体享有"免于匮乏的自由",国家应当承担起保障社会弱势群体享受基本金融服务的责任。[③] 正如有学者所言,法律必须关注贷款权问题,设计出合理的制度来限制关系人贷款,对公民贷款权实行平等保护,特别是要为广大私营企业主、中小企业者、农民的贷款提供法律保护。[④] 赋予社会弱势群体以信贷权,需要国家动用"有形之手"培育小额信贷市场,扶持社区银行、村镇银行、小额贷款公司等信贷组织,引导社会资本进入贫困地区,降低农村金融机构的存款准备金率、贴现率、存贷款利率,设立弱势群体信贷扶持基金等。

融资权主要是针对企业而言的,其对企业的重要性丝毫不亚于财产权对于公民的重要性。融资权包括间接融资权和直接融资权。前者很大程度上等同于信贷权;后者主要是指中小企业通过资本市场进行融资的权利。在我国现行的金融体制下,由于融资双方的严重不对等,银行的信贷自主往往异化为融资不公的源泉,故有必要对银行设置公平信贷的附随义务,赋予企业公平融资权,并在权利受到损害时通过固定程序予以救济。[⑤] 同时,由于资本

---

① [美]帕特里克·博尔顿、霍华德·罗斯塔尔主编:《穷人的信贷市场》,徐晓萍等审译,上海财经大学出版社 2011 年版,第 180 页。

② "尤努斯:贷款是一项基本人权",载《第一财经日报》2006 年 10 月 16 日版。

③ 在 20 世纪 30 年代经济大萧条时期,美国总统富兰克林·罗斯福在就职演说中把旧"四大自由"改成了新"四大自由"——言论自由、信仰自由、免于匮乏的自由和免于恐惧的自由。"免于匮乏"的观念是对自由放任的思想基础——社会达尔文主义的一次重大修正,公民享有"免于匮乏的自由"意味着摆脱贫穷不再是个人的行为,政府应该承担起保障人们免于贫困的责任。

④ 薛江武著:《收入分配之经济法调节》,江西人民出版社 2011 年版,第 158 页。

⑤ 冯辉:"普惠金融视野下企业公平融资权的法律构造研究",载《现代法学》2015 年第 1 期。

市场较高的准入门槛，赋予中小企业直接融资权亦显得相当紧迫。间接融资权的法律配置，需要对《商业银行法》、《贷款通则》等作出修改，确立公平信贷制度，引入贷款申诉制度。直接融资权的法律配置，需要构建多层次的资本市场，降低创业板和中小企业板的准入门槛，实现新三板的扩容，更为激进的措施是修改《公司法》和《证券法》的相关规定，摒弃改制上市的法律传统，根据“好项目”而非“好的公司组织形态”配置融资权利，让有限公司乃至合伙企业等各种企业组织形式可以直接公开发行上市，在公开发行成功之后，直接变更或转换为股份公司。①

党的十七大报告首次提出“创造条件让更多群众拥有财产性收入”，引发了学界关于财产性收入与收入分配问题的热烈讨论。法学意义上的财产性收入，是指财产所有者通过投资、借贷、租赁和行使用益物权的行为所产生的经济上收入。② 金融与财产性收入之间的关系非常密切，如提高存款利率可以提高利息收入，“藏汇于民”的政策有助于提高居民的外汇收入，小额信贷能够帮助弱势群体摆脱财产权利的贫困等。尤其值得关注的是，资本市场是增加广大群众财产性收入的重要平台，保护投资者因参与资本市场而形成的各类财产权利不仅必要而且正当。资本市场视域下财产权的法律配置，需要进行的制度努力包括：严厉打击内幕交易等不法行为，完善民事赔偿机制，强化监管措施，更充分地维护投资者的合法权益；加快发展多层次资本市场和金融创新，丰富债券基金、货币基金等基金产品，为投资者提供多元化的投资渠道，支持有条件的企业实施员工持股计划；健全上市公司治理结构，强化信息披露监管，积极推动优质公司上市，落实上市公司分红制度，构建和谐的资本市场秩序；不断改善金融服务，构建收入来源多元化、风险结构异质化、资产存量组合化的理财平台，为广大群众增加财富、拥有更多的财产性收入创造条件。由于农村是收入分配的重灾区，应当将赋予农民更多的财产性权利作为“创造条件让更多群众拥有财产性收入”这一政策语境的考量重心。为此，应强化传统农村金融机构支农服务、大力扶持农村金融机构的发展，合理布局农村金融服务网络，创新服务手段，丰富金融产品供给，转变农民理财

---

① 蒋大兴：“公司组织形态与证券（融资）权利——摒弃有限公司‘改制上市’的法律习规”，载《现代法学》2013年第1期。

② 林发新：“论法学的财产性收入与法律保护”，载《东南学术》2008年第2期。

观点,提高他们的理财素质。[①]

2. 金融法赋能与收入分配改善

20世纪80年代以来,"激发权能"开始成为社会学、教育学、政治学、社会学等学科的新兴核心概念,亦成为精神健康、公共卫生、人文服务、政治与经济发展等实践领域的热门话语。[②] 在这一话语体系下,权能是一种权利或者能力,申言之是拥有或获取某种资源的能力。激发权能则是指通过某种途径、手段或策略,增加处在弱势地位的个体或群体的权能,包括获取处理问题和压力的知识、技能和能力,在更大程度上控制自己生活的能力等,以促进共同目标的实现。[③] 上述途径、手段或策略多种多样,而法律作为其中一种,在激发权能上扮演着重要的角色。

通过法律激发权能,即"法律赋能"。根据贫穷人口法律赋能委员会和联合国开发计划署的定义,法律赋能是使穷人受到保护并运用法律来推动其在国家和市场中的权利与权益的过程。[④] Stephen Golub 认为,法律赋能是指利用法律服务及其相关活动增进弱势人群掌控自己生活的能力的超越传统法治(rule of law orthodoxy)的另一种范式。[⑤] 他认为在很多发展中国家的现实状况是,本意在于提升弱势人群的法律往往停留在纸面而未付诸实施,除非弱势人群自己去推动。法律赋能这种范式正是依靠弱势人群的自觉,优先经由市民社会提升他们在法律上的能力,自下而上地将个人或团体层面的需求或活动转化到国家或政府层面。与法律赋权相比,法律赋能强调权利与能力的动态实现,侧重于能力的发展与提升,关注权利的实现和维护的机制。区别于传统法治进路,法律赋能通过调整法律的侧重点和立法理念,强调弱势人群和市民社会团体的身份、能力和权力;强化与穷人的实际需要和偏好

---

① 陈晓枫著:《中国居民财产性收入理论与实践研究》,经济科学出版社2014年版,第224页。

② Edward W, Schwerin, "Mzediation, Citizen Empowerment and Transformational Politics", *Westport*, 1995, p. 72.

③ Bong-Ho Mok, Yuet W. Cheung, Tak-sing Cheung, "Empowerment Effect of Self-help Group Participation in a Chinese Context", *Journal of Social Service Research*, Volume 32, Issue 3, 2006, pp. 87–108.

④ "Making the Law Work for Everyone", Report of the Commission on Legal Empowerment of the Poor, Volume 1, 2008.

⑤ Stephen Golub, "Beyond Rule of Law Orthodoxy: The Legal Empowerment Alternative", *Carnegie Endowment for International Peace Working Paper*, No. 41, October 2003.

的互动而非一味侧重政府机构自上而下的关注；超越司法和行政之外更多地关注与肯定非正式司法体系、媒体、社团组织等在增进穷人权利与福利上的角色与作用；更加关注本土的理论和实践以及发展中国家的经验而非单纯移植发达国家做法。法律赋能的具体实现手段包括法律服务和相关活动，法律服务包括法律咨询、调解仲裁、公益诉讼、法制宣传和法律援助等；相关活动是指本质上并非基于法律但能有效补充法律服务以激发权能的活动，如结社、动员以及舆论等。法律服务与相关活动相互配合，完成法律赋能的过程和实现。法律赋能概念的厘清及其内涵的认识，为我们提供了一种新的视角。通过审思法律赋能的内容、过程、目标和手段，我们不难发现法律赋能的逻辑在于增进弱势人群的能力，促进其自下而上地实现其权益。笔者认为，法律赋能的本质实际上是对于"权利自觉"①的追求，法律赋能就是通过法律创建一种机制，确认弱势主体的权利，并促进弱势主体认识并积极地自我实现这种权利。

通过法律赋能来改善收入分配的关键在于强化弱势市场主体的博弈能力。由于资金、信息和知识水平等禀赋差异，金融市场主体的博弈能力也各有不同，这就导致参与金融市场活动的各类主体实力悬殊。传统金融法中营利至上理念的存在，很大程度上就是强势市场主体通过游说和绑架法律制度，确认和维持了利于其实现高额利润的制度环境，进一步加剧了金融不公。解决这一问题的根本在于强化弱势市场主体的博弈能力，以实现金融市场的能力平衡。具体而言可以从以下几个方面实现转变：(1)要对弱势市场主体进行立法上的偏重保护。弱势市场主体往往是受金融排斥最直接的对象。例如，根据中华全国工商联统计的数据显示，我国规模以下企业中有90%的企业没有和银行发生过任何借贷关系，而小微企业中95%没有和银行发生过任何借贷关系。小微企业贷款难的特殊之处还在于，在信贷紧缩中小微企业往往是首当其冲的被挤出对象。② 这就是小微企业因其自身能力欠缺而引

---

① 费孝通先生提出了"文化自觉"的概念，即文化的自我觉醒、自我反省和自我创建。参见费孝通著：《费孝通论文化与文化自觉》，群言出版社2007年版，第190页。在法学语境中，各类主体认识并积极地自我实现权利，亦可谓之"权利自觉"。权利自觉一方面意味着正确地认识权利，另一方面也意味着能够正当地主张、维护和实现权利。

② 巴曙松："服务'小微'，促金融转型"，载《财经》2012年第3期。

发的信贷权无法得到实现。金融法可以通过制度上对弱势主体的倾斜性保护，增加其制度禀赋以强化其参与市场的能力，提高金融资源的可获得性，进而促进其金融权利的自我实现。(2)要对弱势市场主体提供有效且易得的法律服务。法律服务是法律赋能最重要的手段，可以有效地激发金融市场弱势主体对抗强势主体的能力，通过获取法律资源增进其获取金融资源的能力。法律服务的提供一方面表现为法律救济途径的提供，即通过诉讼、仲裁和调解等法律裁判的获取来对抗强势主体。目前在金融领域并非所有的纠纷都能进入诉讼，譬如在证券侵权中只有因虚假陈述引发的纠纷法院才予以受理，而因市场操纵和内幕交易引发的纠纷却迟迟未能通过诉讼解决，这实际上影响了弱势主体权利的实现。法律服务的另一方面表现为法律知识的普及，即通过法律咨询、普法教育等促进弱势主体的权利觉醒，有利于其通过法律武器实现自身权利，这实际上也是投资者教育的应有之义。(3)要为弱势市场主体结社提供制度便利。弱势群体权利表达渠道的缺失和表达手段的缺乏是制约其权利实现的主要障碍，在制度上便利弱势主体的结社，确保其有序参与金融市场活动，能够提高其自身追求和实现权益的能力。① 尽管宪法确认了公民结社的权利，但其在很大程度上只是一种宣示，并无下位实体法的有效保障，尤其是在金融市场上，弱势市场主体结社在制度和实践上都并不尽如人意，这就需要金融法制对此作出有效的回应。只有强化了弱势市场主体的博弈能力，才能抑制金融排斥，实现金融资源的优化合理配置，确保金融发展的福利共享。

三、金融利益表达与博弈机制的扭曲

在过去的30多年中，经过持续不断的金融体制改革，中国金融业以空前未有的速度与规模在成长，由此累积了可观的金融财富。然而，与此相配套的金融利益均衡机制却迟迟没有建立起来，导致的结果是金融领域利益格局的严重失衡以及各种社会矛盾的涌现。金融利益失衡在外观上表现为效率价值与公平价值之间的失衡、个体利益与社会整体利益之间的失衡、强势群

---

① 王建芹:“从弱势群体结社权看我国结社自由宪法权利的实现”，载《社会科学论坛》2006年第6期。

体与弱势群体之间的失衡,从理论根源上则是自由主义与国家干预主义之间的失衡、自由市场与福利国家之间的失衡、自生自发的市场秩序与人为建构的秩序之间的失衡,从本质上都可以归结为权力与权利之间的失衡。因此,金融法必须对权力和权利进行合理配置,其中的关键是给权力和权利打上社会化的烙印,赋予权力和权利一定的社会化内涵,使得权力和权利的行使必须背负一定的社会责任与义务。① 金融利益失衡的背后,实质上反映出的是金融利益表达与博弈机制的扭曲。因此,矫正失衡的金融利益格局,畅通金融利益表达的渠道,成为突破收入分配改革困局的关键一步。

无论是财富还是资源,在法律看来都是一种利益形态,因此收入分配的实质是一种利益分配,收入分配失衡实际上是一种利益分配失衡,收入分配改革困局的金融法根源可以从利益的视角加以探寻。② 收入分配语境下的金融利益指向的是金融改革发展成果,主要表现为经济成果与社会成果两种形式。从总量上看,中国当前的金融改革发展成果相当庞大。据估算,2012 年年末中国居民金融资产总量已达 50 多万亿元,年均增长率远高于 GDP 和居民收入的平均增速。但从这些财富的分享来看,却存在严重的不公平。以机会融资利益为例,③自 1978 年至 2005 年,由于机会融资利益分享的不均等,城乡之间以及城乡内部的收入差距不断拉大。具体来说,机会融资利益分享的不公平主要表现在:其一,信贷市场融资机会利益分享不公平,这主要是借款人与贷款人之间由于信息不对称而产生的机会利益分享不公平;其二,证券市场中融资机会利益分享不公平,这主要是因为证券市场的有效性与规范性原因所产生的机会利益分享不公平;其三,非正式金融中的融资机会利益分享不公平,这主要是由于非正式金融在规范化的过程中所产生的机会利益分享不公平;其四,金融体制变迁中的融资机会利益分享不公平,这主要是国

---

① 李昌麒主编:《经济法理念研究》,法律出版社 2009 年版,第 111 ~ 112 页。

② 法律与利益之间关系异常紧密。利益冲突是权利产生的直接原因,它使人满足需要的行为与满足需要的社会客观可能性条件联系起来。但并非一切利益冲突都能导向权利,只有经过利益主体选择后由社会加以认可的利益才能成为权利,所以主体的选择行为是利益转化为权利的重要环节。参见程燎原、王人博著:《权利论》,广西师范大学出版社 2014 年版,第 59 ~ 60 页。

③ 机会融资利益是与存量融资利益、增量融资利益相并列的一种融资利益,是主体在不对称信息条件下利用其信息优势所提供的机会而获取的经济净收益。参见李昌麒主编:《中国改革发展成果分享法律机制研究》,人民出版社 2011 年版,第 788 页。

有专业银行改革所产生的机会利益分享不公平。① 这些金融利益分享的不公平加剧了社会转型时期的利益分化,收入分配差距扩大的金融法成因也由此凸显。

与前文提及的城乡收入分配差距、地区收入分配差距、行业收入分配差距相对应,金融利益在城乡之间、地区之间、行业之间的分享存在严重的不平衡问题,城市、东部地区和垄断性行业控制着大量金融利益,农村、西部地区与非垄断行业享有的金融利益却非常少,这必然会激发利益受损者强烈的利益表达愿望。然而,现实的一个悖论在于,在目前失衡的社会利益格局中,强势群体掌握着充足的资源,可以为其利益表达提供足够的利益支持,有着强大的影响社会公共舆论和话语形成的能力,而弱势群体由于社会经济地位低下,自身既没有资源,也没有能力利用各种资源,缺少各种正常有效的途径和通道来诉求其利益。政府本来肩负着保障弱势群体利益表达诉求和消除收入分配鸿沟的使命,但由于收入分配政策调节的滞后性与偏差性,政府在信息非完善的条件下给出的政治决策和公共政策难以矫正社会利益格局的失衡,造成了当今社会严重的分配不公和贫富分化现象。② 对于这种“利益表达失衡—政策调控不力—收入差距过大”的逻辑演绎,孙立平教授指出:“问题的关键是建立起一种相对平衡的、有制度保障的利益表达机制。建立有效的利益表达机制,实际上是构建相对完善的市场经济体制的一个不可缺少的组成部分。市场经济从本质上说是一种建立在利益主体分化基础上的博弈经济,较为完善的市场经济中有一种不同利益主体之间的良性博弈。在这样的体制中,利益表达是博弈的基础。”③在应然意义上,在金融法中构建均衡的利益表达机制,需要从规范强势群体的利益表达行为、提高弱势群体的利益表达能力、培育利益表达的组织载体、构建有效的利益表达渠道、健全利益表达的回应体系等方面入手,实现金融财富分配的合理化与金融改革发展成果的惠益分享。由于民主是解决公共性问题的主要手段,而金融利益分配失衡又是一个典型的公共性问题,所以在金融法中引入以协商民主为中心的利

---

① 李昌麒主编:《中国改革发展成果分享法律机制研究》,人民出版社 2011 年版,第 795 页。

② 吴群芳著:《利益表达与分配——转型期中国的收入差距与政府控制》,中国社会出版社 2011 年版,第 28 ~ 29 页。

③ 孙立平著:《重建社会——转型社会的秩序再造》,社会科学文献出版社 2009 年版,第 248 页。

益博弈机制势在必行。建立这种机制的目的在于重视民主之于分配问题解决的根本性——着眼于经由政治权利获得经济权利，通过利益博弈来实现群体间的利益均衡。[①] 关于金融民主问题，后文将有专门论述，在此不作过多展开。

① 李永成著：《社会分配法研究》，法律出版社2014年版，第84页。

第三章　金融资源公平配置：收入分配改革的关键议题

随着金融工具观到金融资源观的嬗变，金融资源配置日渐成为金融法的核心概念范畴。如果深入分析收入分配与金融法之间的逻辑关联，可以发现，无论是收入分配差距扩大的金融法观念诱因与制度诱因，还是收入分配改革困局背后的金融权力异化、金融权利贫困、金融能力孱弱以及金融利益表达机制的扭曲，均或多或少、或隐或现地与金融资源配置的不公平有关。因此，金融资源的公平配置事实上构成了收入分配改革的关键议题。

一、金融资源配置的法理基础

金融资源配置并不是一个陌生的概念，但该语词主要是在经济学和金融学的语境下使用，法学语境下探讨金融资源配置问题的论著并不多见，置于金融法立场研究金融资源配置与收入分配改革的关系更是处于文献及话语缺失状态。本书既然是围绕着"金融资源的公平配置"这一中心来研究收入分配调整与金融法制变革，就有必要从法理上澄清一些金融资源配置的基础性问题。

（一）金融资源的界定及其特殊性

据考证，"金融资源"这一概念最早出现在由西方学者戈德史密斯于1955年出版的《资本形成与经济增长》一书。[①] 但金融资源在这本书中只是一个被顺便提及的概念，其理论内涵并不清晰，以至于在其后的几十年，该概

---

① 杨涤著：《金融资源配置论》，中国金融出版社2011年版，第13页。

念并没有引起学界的关注。国内学术界最早开始关注和研究金融资源的学者当属辽宁大学的白钦先教授。在1998年5月的一次国际学术会议上,白钦先教授公开提出了“金融是一种资源,是一种社会资源,是一国的战略性稀缺资源”的命题,并在2001年出版的《金融可持续发展研究导论》一书中将金融资源概括和抽象为三个紧密相关的资源层次,即基础性核心金融资源、实体性中间金融资源和整体功能性高层金融资源。① 其中,基础性核心金融资源即广义的货币资本或资金,实体性中间金融资源包括金融组织体系和金融工具体系,整体功能性高层金融资源是货币资金运动与金融体系、金融体系各组成部分之间相互作用、相互影响的结果。② 金融资源理论第一次把金融科学地定义为资源,揭示了金融的一般资源属性和特殊资源属性。该理论的提出不但从更高的层次、更广的视野揭示了金融的本质,使人类对金融的认识达到了一个新的阶段和高度,以金融资源理论为基础的金融可持续发展理论被学界认为是面向21世纪知识经济时代的新金融观。③ 所谓金融可持续发展,是指在遵循金融自身发展的内在客观规律和兼顾长远发展的前提下,建立与健全金融体制、发展与完善金融体制、提高和改善金融效率,合理有效地配置金融资源,从而达到质性金融与良性金融的良性协调发展,达到经济和金融在长期内的有效运行和稳定、持续、健康发展。④

当然,尽管上述观点影响最大,却不是学界关于金融资源的唯一界说。如陆家骝教授认为,一个国家或一个经济的金融体系就是这个国家或经济拥有的金融资源,金融资源包括以下几个层次的内容:(1)货币资产和货币制度;(2)金融产业,包括金融机构、非货币金融资产和金融从业人员;(3)金融管理组织和管理体制;(4)金融意识。⑤ 崔满红教授根据金融资源的层次属性把金融资源划分为以下几个层次:(1)货币资源,是基础性的金融资源,意指货币发行机构依据社会、经济发展需要发行后贮存于经济生活和再生产之中的货币总量,即货币化的社会资财。(2)资本资源,特指货币资源的价值

① 白钦先著:《金融可持续发展研究导论》,中国金融出版社2001年版,第70~77页。
② 张荔等著:《金融资源理论与经验研究》,中国金融出版社2011年版,第24页。
③ 同上,第7页。
④ 白钦先:“建立面向21世纪的金融可持续发展观”,载《城市金融论坛》1998年第8期。
⑤ 白钦先著:《金融可持续发展研究导论》,中国金融出版社2001年版,第347页。

形态,是在货币资源的基础上为满足生产和流通的需要对货币资源进行再开发后形成的金融资源。(3)体制资源,包括金融机构、金融政策、金融法规、金融市场等。(4)商品资源,是金融资源开发的“产品”,包括传统金融商品和金融衍生商品。① 何风隽教授则将金融资源划分为三类:金融资源Ⅰ——金融资金,包括债权资金、股权资金和保险资金;金融资源Ⅱ——金融机构,是配置货币资金使用权的组织资源;金融资源Ⅲ——金融制度,是金融资源Ⅰ、Ⅱ有效配置的支持和保障资源,包括正式制度和非正式制度。② 此外,曾康霖、江其务、谭庆华、吕孟仁、王广谦、王振山等学者从不同侧面研究了金融资源配置,取得了较为丰硕的成果。③ 上述这些观点本身并无对错之分,只是在基本内容一致的基础上有所增减而已。本书认为,将金融资源划分为金融资金资源、金融机构资源、金融工具资源和金融制度资源具有相对的周延性,尤其是作为资源配置核心的金融制度,构成了金融资源配置的“顶层设计”,其配置金融资金、金融机构和金融工具的功能对于现代经济增长不可或缺。正如有学者所言,当前中国社会贫富差距过大的深层原因之一在于公平合理的市场规则与法律制度的不健全,一部分人正是利用各种规则的漏洞,通过权钱交易、化公为私等手段谋取个人财富,从而导致社会贫富差距急剧拉大。因此,致力于公平的市场规则和法律制度的完善对政府而言是比二次分配更为紧要、更为根本的问题。④

与其他资源相比,金融资源具有特殊性。⑤ 首先,金融资源具有自身配置与配置其他资源的双重性,这是金融资源不同于其他资源的最为突出的属性,可称之为金融资源的配置性特征。一方面,金融自身是一种资源,具有自我配置的功能,该属性决定了对金融资源的开发、管理、配置和使用具有相对的独立性。这种独立性随着经济金融的快速发展,表现得越来越明显,甚至日益脱离实体经济,“虚拟化”现象与日俱增。另一方面,金融资源又有配置其他资源的属性,它可以对包括自然资源和社会资源在内的其他资源进行再

---

① 崔满红著:《金融资源理论研究》,中国财政经济出版社2002年版,第100~101页。

② 何风隽著:《中国转型经济中的金融资源配置研究》,社会科学文献出版社2010年版,第31~33页。

③ 唐青生著:《西部农村金融资源配置研究》,经济科学出版社2010年版,第11~12页。

④ 贾可卿著:《分配正义论纲》,人民出版社2010年版,第265页。

⑤ 田春雷:《金融资源配置公平及其法律保障研究》,武汉大学2012年博士学位论文。

配置。金融资源的流向引导着自然资源和社会资源在各部门、各行业、各地区之间的配置,从而调整金融资源的流向,可以在一定程度上协调地区发展和促进产业结构优化。金融资源的配置性向人们揭示了金融发展的新含义——金融发展的关键在于金融"质"的提高,在于质性金融发展,这与戈德史密斯、麦金农、肖等学者关于金融发展的定义均不同,并启示我们,合理地进行金融资源配置是实现质性金融发展,进而实现金融可持续发展的必经途径。① 其次,金融资源的客观性与配置的主观性。就金融资源的内容与实质而言,金融资源具有客观性。例如,基础性金融资源典型地代表着人类价值贮藏与累积的特性,它的特定质与量的贮藏与积累首先是以往历史长期积累的结果,不可能是人为设计决定的,是其本身固有的而非人为"赋予"的或强行"嵌入"的,只是在特定科技与社会条件下才可能被发现和认识。而金融资源的外在表现形式却往往可能有某种主观性,如金融机构类型、金融制度的人为选择。但这种主观选择的自由度是建立在尊重金融资源客观属性的前提下,金融资源配置的主观性不意味着金融资源可以任意创造,随意安排,它受社会历史和经济发展条件、经济发展规律的制约。脱离金融资源客观性进行的任意配置,只可能导致对客观经济发展规律的违背,造成经济发展效率的低下。再次,金融资源具有稀缺性。金融资源的稀缺性不仅要从"量"上来理解,更要从"质"上来理解。"量"上的稀缺性是指金融资源的数量有限而资源的需求却无限,无限需求与有限供给形成了金融资源的稀缺性;"质"上的稀缺性是指它对人类生产和生活的极端重要性、不可或缺性。② 金融是社会财富的索取权,是货币化的社会资财,其量的积累和功能累积程度完全决定于社会财富的累积过程和累积规模,不论这种索取权集中程度如何,掌握在谁的手中或如何流动,索取权的行使过程只能依据社会财富的累积过程,索取权的再分配规模也不能超过社会财富的累积规模,这正是金融资源的有限性所在。③ 这要求金融资源配置主体遵循各自的分工谨慎地进行资源配置,以实现效率与公平。最后,金融资源具有社会性。金融资源与土地、阳光等自然资源有很大区别,它不是自然界与生俱来的,而是人们在长期

① 杨涤著:《金融资源配置论》,中国金融出版社 2011 年版,第 56 页。

② 白钦先著:《金融可持续发展研究导论》,中国金融出版社 2001 年版,第 123 页。

③ 崔满红著:《金融资源理论研究》,中国财政经济出版社 2002 年版,第 97 页。

的生产劳动过程中创造出来的,有的直接来自生产经营过程中,如货币资金;有的来自管理过程中,如金融制度、金融政策、金融机构。① 因此,金融资源带有明显的社会性。金融资源的社会性还体现在金融资源配置质量的提高,受制于一定的社会环境。金融资源配置的初始条件是它所依赖的历史沉积的、不断变化着的、复杂的经济状态和社会环境,这要求主体在进行金融资源配置前,尽可能充分地分析特定时点的社会条件,以特定社会条件为基础的决策才有可能更客观、更有针对性。

(二)金融资源观的法律意义

"金融资源观"认为金融不再仅仅是单纯的符号、服务、中介,而是人类社会一切资财之源,是人类核心性资源、战略性资源。这一开创性理论的重要意义在于:为认识现代经济条件下的金融本质属性提供了一个新的视角。迄今为止国内外诸如"资金融通说"、"货币化产权说"、"融通的工具、机构与市场的中介说"等学说对金融本质的揭示,虽然都从特定的角度揭示了金融的某些本质特征,有其合理性,但又带有局限于时代的工具性、技术性倾向,其实质是将金融定位为经济的从属,在经济发展中处于被动性地位。随着近年来金融与经济日益相互渗透和融合,经济金融化与金融全球化趋势逐渐加深,金融已经从实体经济的背后进入了经济活动的前台,金融不只是作为工具来运用,而是作为一种直接追求的目标。金融资源理论的提出,转化了金融分析的视角,使人们对新经济条件下的金融属性有了更深层次的认识,金融不再是实体经济的面纱而是现代经济资源。② 这在一定程度上使金融超越了单纯的货币银行业务部门的微观性特征,提升了金融的全局性、宏观性、战略性、全球性地位,③这是金融理论的创新与发展。

与传统经济学的"金融工具观"相对应,已有的法学研究也有把金融作为一种工具的简单化倾向。在目前主流的经济法基础理论中,金融法的作用被归纳为国家宏观调控机关(主要是中央银行)运用货币政策工具对宏观经

---

① 付一书:"金融资源的流动与行政壁垒的约束",载《金融理论与实践》2005 年第 7 期。

② 崔满红著:《金融资源理论研究》,中国财政经济出版社 2002 年版,第 26 页。

③ 白钦先:"论以金融资源学说为基础的金融可持续发展理论与战略——兼论传统金融观到现代金融观的变迁",载《广东商学院学报》2003 年第 5 期。

济运行进行调控，其定位是宏观调控法的一个组成部分。[①] 应当看到，宏观调控近年来被过度强化，并且出现了明显的“泛化”现象。一方面，宏观调控的空间被不合理地扩大，甚至与“政府干预”相等同；另一方面，宏观调控的作用时间被不合理地延长，甚至长期被视为政府的首要工作。[②] 在这样的理论判断中，金融被定义为货币政策工具，是国家宏观调控的手段，仅具有工具意义。如果说中央银行的货币政策工具运用和风险防范还属标准意义上的宏观调控的话，商业银行的市场准入、证券法中政府对证券交易的监管，市场秩序维护的意图很突出；政策性银行的组织与运行的目的主要是矫正金融市场的单纯逐利倾向，参与金融市场的意图很突出，将这两部分内容仍列为宏观调控法的范畴就有些牵强。认为金融仅是宏观调控的一种方法，直接导致金融法定性上的片面与偏差。如果把金融资源观应用到金融法领域，就会发现，金融资源配置市场具有相对的独立性。作为在一定程度上自成体系的市场，它与普通市场一样，需要解决市场自发运行带来的三大问题：运行不稳、运行无序、无法实现公平。金融市场自身也需要通过调控，熨平市场波动；通过反垄断和反不正当竞争，维护市场秩序；通过政策性金融等实现金融资源配置公平。至此，金融法研究的视角从单一的宏观调控角度拓宽至金融市场调控、金融市场监管、金融市场扶持的多维视角。[③]

（三）金融资源配置中市场与政府的关系

1. 政府主导型金融资源配置模式的有效性分析

市场与政府的关系是一个老生常谈却历久弥新的话题，在经济学、政治学和法学的知识谱系中占据着异常重要的地位。党的十八届三中全会审议通过的《中共中央关于全面深化改革若干重大问题的决定》指出：“经济体制改革是全面深化改革的重点，核心问题是处理好政府和市场的关系，使市场在资源配置中起决定性作用和更好发挥政府作用”。这一表述不仅明确了未来全面深化改革的重点所在，更对市场的地位和作用进行了重新定位，是市场与政府关系认识上的一次重大理论突破。然而，这种市场与政府之间的理想分工在金融资源配置的现实语境中却遭遇着严峻挑战，这是因为中国一直

① 漆多俊著：《经济法基础理论》（修订版），武汉大学出版社 1998 年版，第 82 页。

② 刘剑文：“财税法功能的定位及其当代变迁”，载《中国法学》2015 年第 4 期。

③ 田春雷：《金融资源配置公平及其法律保障研究》，武汉大学 2012 年博士学位论文。

实行的是政府主导型的金融资源配置模式，政府牢牢控制着金融资源，市场与政府的良性互动关系难以形成。众所周知，受苏联模式的影响，中国自1953年起就建立了“大一统”的高度集中的国家银行体系，形成了一种“计委请客、财政点菜、银行买单”的资金供给体制。这种政府垄断金融资源配置权并在资金使用上实行供给制的传统金融体制，作为制度变迁的初始条件，必然因路径依赖产生自强化的机制甚至某种锁定状态，从而使金融制度的变革过程依从于政府主导型金融资源配置模式就是其必然的逻辑起点。[①] 1978年以后，经过持续不断的金融体制改革，尽管市场在金融资源配置中发挥的作用越来越大，但政府主导型的金融资源配置模式从未发生过根本性改变。

政府主导型金融资源配置模式在过去的制度变迁中为中国的改革与发展发挥过积极作用，但随着时代的发展，其有效性日渐式微，面临着愈发严重的正当性考问与合法性危机。政府在配置金融资源的过程中，刻意采取了重视城市忽视农村、重视东部地区忽视西部地区、重视国有企业忽视民营企业的态度，导致金融资源分配的严重失衡。从理论上讲，政府作为市场的干预主体除了追求公共利益外，应该没有自己的特殊偏好，但“在政府中，一种不断重复的倾向是保住自己的权力范围，拒绝变革，建立各种独立王国，扩大自己的控制地盘，不管是否需要都要保住项目和计划”。[②] 金融实践中确实可以普遍性地看到，政府权力与金融资本联盟的现象屡禁不止，政府本应该消解金融不公却在事实上加剧了这种不公。正如有学者所言，政府一方面在维护社会公平上发挥了重大的作用；另一方面又导致了社会严重的不公，从而印证了政府公平悖论，即政府既可能是维护社会公平的关键力量，也可能因诸多原因导致不公平的产生和蔓延。[③] 某种意义上可以说，当前中国金融资源配置中出现的诸多问题，固然有市场失灵的原因，但更多的是政府干预失败的产物。中国既然要发展市场经济，就需要一个适应市场经济体制的金融体制，推动“政府垄断金融”到“市场金融”的转型，形成一种“市场机制为主，

---

① 何风隽著：《中国转型经济中的金融资源配置研究》，社会科学文献出版社2010年版，第93～94页。

② ［美］戴维·奥斯本著：《改革政府：企业家精神如何改革着公营部门》，周敦仁等译，上海译文出版社1998年版，第19页。

③ 陈国权、王勤：“论政府公平悖论与社会责任”，载《政治学研究》2008年第1期。

政府机制为辅”的金融资源配置机制，已经成为金融体制变革的紧迫任务。

2. 市场与政府关系的结构性失衡及其纠偏：以政府投融资为分析对象

财政是包括金融风险在内的一切公共风险的最终承担者，某种意义上，金融资源配置不公与失衡背后的矫正成本最终是由财政来承担。正如金德尔伯格所指出的：“历史事实证明，在处理得最为成功的历次恐慌中，几乎毫无例外地在价格跌到毁灭性水平前均有某些现金来源缓解资产清偿。重要的是谁负责提供这笔现金。危机当中可能出现僵局，一般为时较短，在此期间，中央银行、财政部及其他机构就它们中间谁有责任从公共利益出发提供清偿能力的问题展开讨论时，财政部扮演了最后贷款人的角色，而不是中央银行。”①因此，纠偏金融资源配置中失衡的市场与政府关系，需要金融与财政的双重视角。政府投融资是一个横跨财政与金融的复杂问题，涉及财政资源与金融资源的组合配置。作为政府治理的重要手段，政府投融资在提供公共产品和服务、实现政府职能等方面发挥着积极作用，规范政府投融资行为是公平分享融资利益的关键。② 我国目前的政府投融资体制在市场深化下存在明显的不适应性，本书旨在考察政府投融资体制的演化及其困境，求解变革之道，以期实现政府投融资行为的法治化、目的的公益性、手段的市场化以及平台的规范化。

（1）政府投融资体制的演化进路

政府投融资体制的演化是因应经济体制和财政管理体制改革的不断深化而进行的，在这一过程中经历了政府投融资和企业投融资的分离、中央政府投融资和地方政府投融资的划分以及财政投融资向平台投融资的变迁。从这个意义上说，政府投融资体制的变革也是政企分开、中央与地方财权和事权划分、地方支出责任变迁的集中体现。③ 申言之，与政府投融资体制变革相伴的是计划经济体制向市场经济体制的转型，财政管理体制由“统收统支”到“财政包干”再到“分税制”改革的推进，政府和市场间角色定位的日益

---

① ［美］查尔斯·金德尔伯格著：《西欧金融史》，徐子健等译，中国金融出版社 2010 年版，第 295～296 页。

② 李昌麒主编：《中国改革发展成果分享法律机制研究》，人民出版社 2011 年版，第 845 页。

③ 财政部财政科学研究所课题组：“城镇化进程中的地方政府融资研究”，载《经济研究参考》2013 年第 13 期。

明晰,以及中央和地方政府间关系的不断理顺。

在计划经济体制下,中央政府全面控制经济社会的方方面面,呈现出无限政府和全能政府的形态,地方政府缺乏自主权,企业的主体地位也没有得到体现。这一时期,财政管理体制上实行的是中央政府"统收统支",投融资体制上则是由中央政府统一决策、统一拨款、统一管理。在投融资体制中,财政扮演着"大管家"的角色,银行则是财政的"出纳",财政和银行的关系被形象的喻为"连裆裤"关系。[①] 随着中央政府全盘掌控下的投融资体制弊端日趋凸显,1979 年开始实行"拨改贷"试点,即企业基本建设投资资金由财政拨款改为银行贷款。"拨改贷"打破了政府对基本建设投资无偿拨款的计划经济模式,重新定位了政府和企业在投融资体制中的关系,树立了企业的投融资主体地位,实际上预示着政府投融资和企业投融资的分离。1988 年,国务院颁布《关于投资管理体制的近期改革方案》,提出扩大企业的投资决策权,使企业成为一般性建设的投资主体。1993 年十四届三中全会通过的中共中央《关于建立社会主义市场经济体制若干问题的决定》中将投资项目划分为竞争性项目、基础性项目和社会公益性项目,竞争性项目投资由企业自主决策、自担风险,基础性项目鼓励和吸引各方投资参与,社会公益性项目由政府通过财政统筹安排,这为政府和企业投融资划分奠定了基调。2004 年国务院《关于投资体制改革的决定》则是对投资体制改革的进一步深化,要求确立企业在投资中的主体地位,按照"谁投资、谁决策、谁收益、谁承担风险"的原则,落实企业投资自主权。同时,将政府投资限定在关系国家安全和市场不能有效配置资源的经济和社会领域,包括加强公益性和公共基础设施建设,保护和改善生态环境,促进欠发达地区的经济和社会发展,推进科技进步和高新技术产业化。

几乎与"拨改贷"同时,我国的财政管理体制开始由"统收统支"、"吃大锅饭"向"分灶吃饭"转变,从 1980 年到 1993 年间,我国的财政管理实行"划分收支、分级包干"体制。财政包干制主要是为了理顺中央和地方关系,解决中央集权和地方分权的问题,调动地方政府积极性。随着中央政府向地方分

---

① "连裆裤"是对计划经济时期财政和银行关系的形象说法,认为财政和银行是国家集中分配资金的两条渠道,两者休戚与共、不可分割,是一条裤子两条腿的关系。参见陈雨露、郭庆旺主编:《新中国财政金融制度变迁事件解读》,中国人民大学出版社 2013 年版,第 2 页。

权和财政包干制的深入,地方政府逐渐成为具有相对独立经济利益和经济权力的"经济人"。[①] 在此背景下,中央集权的政府投融资体制被打破,地方政府在政府投融资中的自主性得到显现,中央政府投融资和地方政府投融资得以分离。但是,财政包干制在唤醒地方政府自我利益意识的同时,也激发了地方政府对狭隘地方利益的追逐,并引发预算外资金膨胀、基本建设盲目扩张、计划外项目遍地开花等恶性竞争行为。[②] 因此,虽然财政包干制为地方政府投融资创造了条件,但却以牺牲中央政府的投融资能力为代价,造成中央和地方财政收入严重失衡,这也为后来的分税制改革埋下了伏笔。在此基础上,国务院《关于投资管理体制的近期改革方案》划分了中央和地方的投资范围,要求加重地方的重点建设责任,面向全国的重要的建设工程由中央或中央为主承担,区域性的重点建设工程和一般性的建设工程由地方承担。中共中央《关于建立社会主义市场经济体制若干问题的决定》明确了地方政府负责地区性的基础设施建设,国家重大建设项目由国家开发银行等政策性银行,通过财政投融资和金融债券等渠道筹资;社会公益性项目建设则根据中央和地方事权划分,由中央或地方政府财政统筹安排。国务院《关于投资体制改革的决定》则是对中央和地方政府投融资的进一步界定,提出合理划分中央政府与地方政府的投资事权,中央政府投资除本级政权等建设外,主要安排跨地区、跨流域以及对经济和社会发展全局有重大影响的项目。

在政府投融资体制改革深化的进程中,地方政府的投融资作用日益凸显,而投资事权的扩大需要有相应的财权和财力做支撑。但是,1994 年开始实行的"分税制"财政管理体制改革,仅仅解决了中央和地方的财权划分问题,省以下政府间财权没有规范划分,而且与之相对应的事权也没有规范划分,从而造成了"财权层层上移、事权层层下放"的矛盾,背离了"财力与事权相匹配"的原则。[③] 自分税制改革以来,地方政府的财政收入比重基本维持在 45% ~50% 之间,而财政支出比重则高达 70% ~80%,地方政府财政的入不敷出严重制约了其投资事权的行使。加之中央财政转移支付的不完善以及我国《预算法》对地方政府发债的限制,迫使地方政府不得不需求预算外

① 张建辉:"转型期地方政府投资行为与经济增长",载《经济体制改革》2008 年第 1 期。
② 王绍光著:《分权的底线》,中国计划出版社 1997 年版,第 36 ~39 页。
③ 刘剑文著:《中央与地方财政分权法律问题研究》,人民出版社 2009 年版,第 58 页。

的资金渠道,由此形成了政府投融资体制从财政投融资向平台投融资变迁的制度诱因。地方政府融资平台是由地方政府及其部门和机构等通过财政拨款或注入土地、股权等资产设立,承担政府投资项目融资功能,并拥有独立法人资格的经济实体。在实际中主要表现为地方政府组建的城市建设投资公司、城建开发公司和城建资产经营公司等多种形式。地方政府融资平台产生于20世纪80年代末,但直到分税制改革之后其作用才真正得到重视,1997年亚洲金融危机后开始实施积极的财政政策和宽松的货币政策是其稳步发展的重要契机,而2008年国际金融危机则为地方政府融资平台的快速发展提供了又一次良机。[①] 2009年3月,中国人民银行与银监会联合发布了《关于进一步加强信贷结构调整促进国民经济平稳较快发展的指导意见》,明确提出"支持有条件的地方政府组建投融资平台,发行企业债、中期票据等融资工具,拓宽中央政府投资项目的配套资金融资渠道",由此推动了地方政府融资平台的急剧扩张。中国人民银行公布的《2010年中国区域金融运行报告》指出,截至2010年年底,全国共有地方政府融资平台1万余家。地方政府融资平台的扩张也带来地方政府债务的居高不下,国家审计署2013年《全国政府性债务审计结果公告》显示,截至2013年6月底,地方政府性债务余额达到17.89万亿元,融资平台公司负债比重占39%左右,其中政府对其负有偿还责任的债务40,755.54亿元,负有担保责任的债务8832.51亿元,可能承担一定救助责任的债务20,116.37亿元,这也引发了地方政府债务危机的隐忧。对此,2010年国务院出台了《关于加强地方政府融资平台公司管理有关问题的通知》,对地方政府融资平台公司按照是否承担公益性项目融资、是否有稳定的经营收入、是否依靠财政性资金偿债进行分类清理规范。

(2)政府投融资体制的多维视角审视

政府投融资体制的复杂性决定了对其多维度审视的必要性。本书认为,从公共财政、财政分权、法治政府三个维度检讨和审思政府投融资体制,有助于厘清法律迷雾,揭示体制背后的深层问题。

第一,公共财政理念视角的审视。从政府与市场在资源配置中的关系来

---

① 唐洋军:"财政分权与地方政府融资平台的发展:国外模式与中国之道",载《上海金融》2011年第3期。

看,政府投融资主要源于公共产品的存在。根据萨缪尔森的经典定义,公共产品指的是"每个人对这种产品的消费,并不能减少任何其他人对于该产品的消费"。[①] 公共产品理论认为,公共产品消费的非竞争性和非排他性会引起市场失灵,从而产生市场资源配置过程中的"搭便车"现象,这决定了公共产品只能由政府提供。公共产品理论为公共财政理论奠定了基础,为了供给公共产品而进行的公共收入和公共支出活动,是市场经济条件下财政的"公共性"之所在和存在的必要性。[②] 张馨教授指出:"公共财政指的是国家或政府为市场提供公共服务的分配活动或经济活动,它是与市场经济相适应的一种财政类型和模式。"[③]换言之,"所谓公共财政,其实就是一种服务于市场的财政。"[④]因此,公共财政的三大职能:配置职能(提供公共产品)、分配职能(调整收入分配)和稳定职能(稳定与增长),[⑤]都应当服务于市场,弥补市场缺陷,而不能僭越市场在资源配置中的决定性作用。但在实践中,我国的政府投融资存在公共领域缺位和竞争性领域越位并存的现象。在"唯 GDP 论"的扭曲的地方官员晋升激励机制下,政府在公共卫生、基础教育、环境保护和农村基础设施建设方面的投入明显不足,而在竞争性领域和经营性项目中的投资规模偏大,其中不乏盲目投资所带来的投资结构不合理问题,以及重复建设和"政绩工程",造成了公共财政资源浪费,更会导致对市场资源配置的"挤出效应",从而与公共财政理念背道而驰。以 2008 年推出的 4 万亿元投资计划为例,其中 15,000 亿元用于铁路、公路、机场、水利等重大基础设施建设和城市电网改造,而用于医疗卫生和教育文化等事业的投资仅为 1500 亿元。2013 年《全国政府性债务审计结果公告》显示,一些地方政府违规将债务资金投入资本市场 22.89 亿元、房地产市场 70.97 亿元和用于修建楼堂馆所 41.36 亿元。特别是在平台投融资体制下,地方政府融资平台也呈现出

---

① Paul A. Samuelson, "The Pure Theory of Public Expenditure", *The Review of Economics and Statistics*, 1954, 36, (4), pp. 387 – 389.

② 刘剑文主编:《财政税收法》,法律出版社 2004 年版,第 7 页。

③ 张馨著:《公共财政论纲》,经济科学出版社 1999 年版,第 5 页。

④ 熊伟著:《财政法基本问题》,北京大学出版社 2012 年版,第 1 页。

⑤ [美]理查德·A. 马斯格雷夫、佩吉·B. 马斯格雷夫著:《财政理论与实践》,邓子基、邓力平译校,中国财政经济出版社 2003 年版,第 1 页。

"商事化"趋势，背离了其公益性的本源定位。[①] 事实上，在现代社会，政府（或国家）是个双重主体：既是一个经济主体，也是一个公共主体。[②] 作为政权组织者和社会管理者身份出现的政府是公共主体，以公共利益为目的，提供公共产品和服务，满足公共需要；而作为资本所有者身份出现的政府则是经济主体，以营利性为目的，参与市场资源的直接配置和竞争，追求自身的经济利益。在公共财政理念下，要求政府投融资活动中应淡化其经济性而强化其公共性，明晰政府与市场的关系，划清政府投融资与企业投融资的界限，防止政府"与民争利"和"国进民退"。

另外，传统的公共产品理论局限于"纯公共产品"和"纯私人产品"非此即彼的框架中，但实际生活中还存在大量介于公共产品和私人产品之间的"准公共产品"（quasi-public goods）。其特征主要表现为不完全的非排他性和非竞争性，往往只具有非排他性和非竞争性之一或者程度不充分，如铁路、高速公路等基础设施和公用事业等。布坎南在1965年发表的《俱乐部经济理论》中提出了具有部分排他性的"俱乐部产品"或"拥挤性公共产品"，[③]从而标志着公共产品理论开始转入对准公共产品的研究。准公共产品的提出为市场化机制的引入、公私合营以及多中心治理（polycentric governance）提供了潜在可能性。例如，奥斯特罗姆针对"公共池塘资源"提出了超越政府集中控制和私有化之外的自主治理理论。[④] 又如，在新公共管理运动发祥地的英国，积极鼓励私人资本参与公共投资计划，于1997年创新发展出公私合作制（Public Private Partnership，PPP）模式，通过政府公共部门和私人部门合作，让私人部门、民间资本参与公共产品和服务的提供。然而，我国目前的政府投融资活动暴露出投资方式单一、融资渠道狭窄的缺陷，对市场化机制和公私合作等方式的运用不足，对私人部门和民间资本的重视不够，制约了政府投融资的效率，挤占了市场资源配置的空间，也使得政府财政背负了不可承受之重。

第二，财政分权视角的审视。公共产品除了因公共性强弱有纯公共产品

---

① 胡改蓉："回归地方政府融资平台公司的公益性定位"，载《法学》2012年第10期。
② 刘尚希："财政风险：一个分析框架"，载《经济研究》2003年第5期。
③ James M. Buchanan，"An Economic Theory of Clubs"，*Economica*，1965，32，pp. 1–14.
④ ［美］埃莉诺·奥斯特罗姆著：《公共事物的治理之道》，上海三联书店2000年版，第1~60页。

和准公共产品之分,根据受益范围的不同,还有全国性公共产品和地方性公共产品的层次划分。公共产品的层次性决定了不同受益范围的公共产品应当由不同层次的政府提供,这构成了财政分权理论的重要支柱。1956 年蒂布特发表的《地方公共支出的纯理论》一文中提出了"用脚投票"理论,认为居民在不同辖区间的自由流动可以显示其对于公共产品的偏好,地方政府间为了吸引选民就会展开竞争,这样由地方政府提供公共产品能够像市场资源配置一样达到帕累托最优。[①] 地方政府提供公共产品需要有相应的财力作为保障,由中央和地方提供不同层次公共产品的事权分配需要对财权作相应的划分,达到财权与事权、财力与支出责任相匹配。奥茨在蒂布特的理论基础上延伸出了财政联邦主义(fiscal federalism),构筑了财政分权的经典模型。[②] 事实上,在财政分权的制度实践中,不同国家一直存在经济联邦主义、协作联邦主义和民主联邦主义的分野。[③] 可见,虽然财政分权已经日渐成为各国的普遍共识,但不同国家因政治体制、经济体制等制度环境的不同,在财政分权的理念和模式上也有所区别。分税制改革是我国财政分权的制度实践,但与财政联邦主义的分权模式存在很大差异。我国的财政分权是在中央集权下实施的,某种程度上说分税制改革只是在中央与地方政府间分税而不分权,地方政府缺乏财政自主权。况且,我国的财政分权没有建立在事权规范划分的基础上,造成了财权与事权不匹配的困局。在我国,不仅是作为事权初次界定的政府与市场间存在越位和缺位并存的现象,作为事权二次界定的政府间事权界定也同样存在严重错位。[④] 也正是由于我国中央与地方财政分权的不完善,造成了政府投融资体制的多重困境。在政府投融资体制变迁过程中,地方政府逐渐承担起主要的政府投资职责,但却没有相应的财政收入和规范的融资渠道作保障,从而诱发了地方政府融资平台的产生和扩张。

除此以外,财政分权的不完善以及预算软约束机制还助长了地方政府投

---

① Charles M., Tiebout, "The Pure Theory of Local Expenditures", *The Journal of Political Economy*, 1956, 64, (5), pp. 416 - 424.

② [美]华莱士·E. 奥茨著:《财政联邦主义》,陆符嘉译,译林出版社 2012 年版,第 1 页。

③ 时红秀著:《财政分权、政府竞争与中国地方政府的债务》,中国财政经济出版社 2007 年版,第 221 页。

④ 冯兴元著:《地方政府竞争:理论范式、分析框架与实证研究》,译林出版社 2010 年版,第 176 ~ 189 页。

融资活动中的“财政机会主义”(fiscal opportunism)行为。① 地方政府为了满足政府投融资活动的资金需求,广泛借助地方政府融资平台寻求预算外的资金渠道,承担了大量的或有债务和隐性债务。这样,就在地方政府融资平台、地方政府和中央政府之间形成了双重软预算约束和风险传递机制:地方财政为融资平台风险兜底;中央财政为地方债务风险兜底。这极易滋生融资平台和地方政府的道德风险,引发融资平台运作和地方政府投融资行为中的机会主义倾向。不仅如此,政府投融资活动中的机会主义行为还带来了财政风险与金融风险的相互交织与转化。我国虽然已经基本摆脱了计划经济时期财政与银行之间的“连裆裤”关系,但是财政与银行之间的功能交叉和异化现象仍然没有根除,财政风险金融化和金融风险财政化依旧存在。② 在政府投融资体制中,中央政府、地方政府、融资平台和商业银行等主体都被捆绑在政府投融资的风险矩阵当中,任何一方都无法独善其身。除了“融资平台—地方政府—中央政府”的风险链条外,在商业银行市场退出机制不健全和维持金融稳定的政策目标下,财政往往会为商业银行危机纾困,而财政风险本身则又会通过商业银行贷款或倒逼中央银行货币发行而向金融转移。这其中复杂的利益关系和风险传递机制不仅是政府投融资体制困顿之所在,更是财政和金融体制中亟待破解的核心命题。

第三,法治政府视角的审视。十八届三中全会提出建设“法治中国”,其中法治政府是法治中国建设的核心部分。法治政府的基本理念和要求在于维护宪法和法律权威,尊重宪法和法律的至上性。宪法作为国家根本大法,是法治政府的根本准绳。我国《宪法》第 5 条第 1 款规定:“中华人民共和国实行依法治国,建设社会主义法治国家。”因此,依法治国首要的在于依宪治国。法治政府是权力受到制约的有限政府,是保障公民权利和服务于市场的服务型政府,也是违法行政要承担法律责任的责任政府。政府投融资作为政府治理和实现政府职能的重要手段,也必须以法治政府为导向,以宪法和法

① “财政机会主义”是世界银行高级经济学家汉诺提出的,指的是政策制定者通过预算外政策“过度积累或有财政风险的偏好”。See Hana Polackova,“Contingent Government Liabilities: A Hidden Risk for Fiscal Stability”,*The Word Policy Research Working Paper*,1989.

② 肖俊涛:“关于我国财政风险的金融化与金融风险的财政化”,载《经济研究参考》2006 年第 93 期。

律为依据。政府在投融资活动中要坚持依法行政，即政府在哪些领域提供公共产品，提供什么公共产品，以及如何提供，都取决于宪法和法律的授权，不能越权和滥权。在宪法层面上审视政府投融资体制，我国《宪法》中关于国家在科教文卫事业、生态环境保护、社会秩序、国家安全等方面的职责性或义务性规定，以及对公民社会保障权、教育权等基本权利的规定，都可视作对政府投融资的宪法授权和限权；而《宪法》第 89 条关于国务院行使职权的规定，第 107 条关于地方政府依照法律规定权限管理本行政区域内的经济、科教文卫体、城乡建设和财政等行政工作的规定，则可视为是中央和地方政府投融资体制划分的宪法依据。但是，由于《宪法》没有对中央和地方政府间财权和事权划分做出明确规定，特别是财政分权体制规定的缺失，地方政府财政自主权没有在宪法中得到体现，直接导致了我国政府投融资体制的宪法困境。另外，从微观层面的政府投融资相关法律角度检视，也可以发现其中存在的诸多法律困局。

首先，政府投融资专门立法缺位。目前指引政府投融资活动的主要是《国务院关于投资体制改革的决定》，以及《预算法》等政府投融资相关法律中的有关规定，专门的政府投融资立法严重缺失。有限的政府投融资立法主要表现为部门规章、地方性法规和地方政府规章，如审计署《政府投资项目审计规定》、《深圳市政府投资项目管理条例》、《重庆市政府投资项目管理办法》等。自 2010 年以来，一些地方政府相继出台了规范融资平台的地方性立法，如《河北省地方政府融资平台管理办法（试行）》、《海南省地方政府融资平台公司管理暂行办法》等。从中可以看出我国政府投融资立法存在立法空白、立法分散和立法层级低三个主要问题。既表现为专门政府投融资法律的空白，也表现为政府投融资综合性立法的缺失。目前的政府投融资立法都主要是针对政府投融资中的某个环节立法，如审计监督、项目管理、招投标、项目融资和资金管理等，缺乏统筹的立法考量和制度安排。正如刘剑文教授所言，政府投资对于弥补市场失灵、发挥财政对资源的积极配置，实现经济社会的稳定、持续和协调发展有着重要意义，然而我国至今尚未制定一部有关财政投资的综合性法律，甚至连一部综合性的行政法规都没有。[①] 政府投融资

---

① 刘剑文著：《重塑半壁财产法——财税法的新思维》，法律出版社 2009 年版，第 91 页。

的立法缺位其背后深层次的根源在于"权利逻辑的缺位",①政府投融资活动中的政府权力意志处处得到彰显,而作为政府经济行为所应有的权利义务观念则被刻意淡化,政府投融资行为的法治化被束之高阁,这也是一直以来我国政府投融资治理难以逾越的障碍。

其次,政府投融资的财政法困局。财政分权的不完善是我国政府投融资体制的一大问题根源,而这很大程度上又根植于财政法律制度的不健全。一是财政分权缺乏法治化约束,财政分权没有在宪法和法律层面得到确认,作为财政分权基础的《关于实行分税制财政管理体制的决定》只是国务院的规范性文件,造成财政分权欠缺规范化和稳定性,违背财政法定主义原则。二是没有制定《财政收支划分法》对中央与地方的财政收支进行明确划分,造成中央和地方之间财权和事权错位。在政府投融资体制中,地方政府承担了与其财政收入不相符的投资事权。三是没有针对中央政府对地方政府的财政转移支付制定《财政转移支付法》进行规范化、法治化,导致财政转移支付资金计算标准的不科学和转移支付不透明等问题,影响了财政转移支付在调节财政收入分配和公共服务均等化方面的有效性,反倒诱发了地方政府"跑部钱进"所带来的权力寻租现象。以上财政法制困局促使地方政府投融资体制由财政投融资向平台投融资的变迁,但地方政府融资平台本身也面临公司法、预算法、担保法等多重法律困局。②

最后,政府投融资的担保法困局。《贷款通则》第 17 条第 1 款前半段规定:"借款人应当是经工商行政管理机关(或主管机关)核准登记的企(事)业法人、其他经济组织、个体工商户或具有中华人民共和国国籍的具有完全民事行为能力的自然人。"这意味着政府不能够直接从商业银行贷款,而只能通过设立地方政府融资平台"借道"融资。实践中,地方政府融资平台通常使用市政公用事业不动产收益、土地出让收益经营权、特许经营权、道路建设车辆通行费收费权等进行权利质押贷款,但这些是否属于依法可质押的权利,在《物权法》和《担保法》中并无明确规定,因而其中蕴含着法律风险。③ 虽然

---

① 孙放著:《中国政府投资法律制度研究——回归权利的视野》,立信会计出版社 2012 年版,第 61 页。

② 冯果、李安安:"地方政府融资平台的财政法救赎",载《法学》2012 年第 10 期。

③ 杨利华、朱键:"地方政府融资平台权利质押的法律风险防范",载《甘肃金融》2010 年第 1 期。

《物权法》第223条和《担保法》第75条都对权利质押做了兜底性规定,最高人民法院《关于适用〈中华人民共和国担保法〉若干问题的解释》第97条也规定了公路桥梁、公路隧道或者公路渡口等不动产收益权出质,但地方政府融资平台的权利质押方式仍然存在法律上的困惑。为此,商业银行在向地方政府融资平台贷款时往往还会要求地方政府出具担保函、承诺函、宽慰函等,为融资平台贷款提供政府信用担保。然而,《担保法》第8条也规定了"国家机关不得为保证人,但经国务院批准为使用外国政府或国际经济组织贷款进行转贷的除外",因此地方政府为融资平台提供的担保是违反法律规定的,并不具有法律效力。

(3)政府投融资体制变革的路径展望

第一,政府投融资行为的法治化与政府投融资立法。基于法治政府的立场,政府投融资行为的法治化要求以宪法和法律至上为基点,包括政府投融资职权法定、依法投融资、违法投融资行为承担相应责任以及接受社会公众、人民代表大会和司法监督等内容。鉴于我国政府投融资专门性和综合性法律供给不足的问题,应当加快推进政府投融资立法,为政府投融资体制的法治化变革奠定基础。建议制定《政府投资法》,对政府投资原则、投资主体、投资范围、投资决策、投资审批、项目融资、资金管理、投资监管及法律责任等基本问题做出明确规定。特别是针对目前政府投资决策中的"一言堂"和"拍脑袋"决策现象,应通过立法对政府投资决策进行规范化,提高决策的科学化、民主化和法治化。应当建立"公共权力向公众回归"[①]的政府投资决策机制,既要充分发挥人民代表大会在政府投资决策中的作用,通过对政府投资规划、计划以及财政预算的审批和监督,实现人民代表大会对政府投资决策权的制约;又要在政府投资决策中保障社会公众参与,利用项目公示制度、专家评议制度和项目听证制度等实现公众的知情权和参与权。再者,对于政府投融资行为的监督管理,除了上级政府和相关主管部门的直接监管外,还应强化人民代表大会的预算监督、审计机关的审计监督以及社会公众监督机制,防止政府滥权。此外,在责任政府理念下应强化对政府投融资行为的问

① 宏观经济研究院《政府投资的管理体制研究》课题组:"完善政府投资管理体制的总体构想",载《宏观经济研究》2005年第2期。

责,建立政府投融资责任制度,将政府投融资责任的问责重心由项目法人责任向出资人责任和决策者责任转移。除了在政府投融资立法中明确规定政府投融资的法律责任,以实现对政府投融资行为的法律约束,还可通过扩大公众参与加强对政府投融资行为的社会问责(social accountability)。① 应当对政府投融资行为的问责主体、问责对象、问责方式和问责程序等作出明确规定,依法追究政府人员的法律责任或政治责任。② 同时,应制定《财政收支划分法》和《财政转移支付法》,与政府投融资立法相互配合,既借助财政立法为政府投融资提供财政支持,又可规范政府投融资行为。其中,通过制定《财政收支划分法》对中央和地方的财政收支进行规范划分,有助于建立财权与事权、财力与支出责任相匹配的财政分权体制,保证各级政府在投融资体制中的投资事权与其财政收入相适应。通过制定《财政转移支付法》对中央向地方的财政转移支付进行规范化,明确一般性转移支付为主、专项转移支付为辅的转移支付方式,以基本公共服务均等化为目标,科学构建财政转移支付的计算标准,提高财政转移支付的透明度。通过财政转移支付提高地方财政收入的均衡性,进而提高地方政府投融资能力的均衡性,促进基本公共服务均等化目标的实现。③

第二,政府投融资目的的公益性与政府投资范围界定。首先,对于政府和企业投资范围的划分应秉持公共财政理念,确立与市场经济体制相适应的政府投资范围。公共财政理念要求将政府投资限定在公共领域,用于矫正市场失灵,提供公共产品,这已经被成熟的市场经济国家奉为圭臬。例如,法国将社会投资分为政府主导的公共投资和企业主导的生产投资,其中公共投资占全社会投资的30%,生产投资占70%。政府主要投资于公路、桥梁、通信等公共基础设施,教育、科研、医疗、文化体育等社会服务和福利设施,以及军队、司法、监狱、警察等国家政权机关建设。④ 因此,基于公共财政理念,我国的政府投资应以公共利益为目的,主要用于关系国家安全和市场不能有效配

① “社会问责”由世界银行提出,指的是一种依靠公民参与来加强行政问责的问责途径,它通过普通市民或公民社会组织,以直接或间接的方式来推进行政问责。参见世界银行专家组著:《公共部门的社会问责:理念探讨及模式分析》,宋涛译,中国人民大学出版社2007年版,第20页。

② 顾功耘:“亟需对政府投融资行为立法”,载《上海金融报》2009年6月30日版。

③ 熊伟:“预算法应成为管理政府的工具”,载《社会观察》2012年第9期。

④ 李俊元著:《投融资体制比较》,机械工业出版社2003年版,第62页。

置资源的经济和社会领域,包括基础性项目和社会公益性项目。根据纯粹公共产品和准公共产品的结构划分,还可对政府投资范围作进一步明确界定,如国防、外交、司法、公共安全、科教文卫、生态环境保护、农林水利、城市道路、消防等非竞争性、非排他性、非营利性的公共产品领域,应主要由政府投资;而对于铁路、机场、高速公路、地铁、高新技术等具有一定排他性、竞争性、营利性的准公共产品领域,应引入社会资本投资,创新多种投融资方式,降低政府投资比重。我国正处于经济转型期,政府仍然通过国有资本控制着电力、通信、能源、金融等领域,介入一般竞争性项目,参与资源的直接配置。随着市场经济体制改革的深化,政府应逐步退出竞争性领域,强化其社会管理和公共服务职能,提高在公共服务、环境保护、社会福利等社会公共领域的投资力度。其次,对于中央政府和地方政府投资范围的划分应以财政分权为基础,在财权和事权相匹配的原则下,按照中央和地方政府职能划分以及公共产品受益范围等因素,合理界定中央和地方的投资事权。具体来说,与分税制改革后中央和地方的财权和财力相适应,要适度加强中央的投资事权和支出责任,国防、外交、国家安全、关系全国统一市场规则和管理等作为中央事权,部分社会保障、跨区域重大项目建设维护等作为中央和地方共同事权,区域性公共服务作为地方事权。在事权明晰的基础上,中央和地方应按照事权划分承担和分担相应的支出责任。以德国为例,州和地方政府的投资比重高达80%,为了引导和促进地方政府投资,联邦财政对州财政实行投资补贴政策。鉴于我国目前中央和地方财权和事权不匹配的现状,应尽快建立起规范透明的财政转移支付体系。一方面,中央可通过安排转移支付将部分事权支出责任委托地方承担;另一方面,对于跨区域且对其他地区影响较大的公共服务,中央可通过转移支付承担一部分地方支出责任。

第三,政府投融资手段的市场化与政府融资渠道拓展。政府投融资中市场化手段的引入及其限度在于准公共产品领域,对于此类具有一定程度排他性、竞争性和营利性的公共产品,引入市场机制可以发挥政府公益性和市场效率性的优势互补。在这个层面上,政府投融资目的的公益性和手段的市场化是可以并行不悖的,市场化的政府投融资手段可以提高投融资效率,更好地提供公共服务,实现政府职能。而对于国防、外交、警察、司法等纯粹公共性的领域则应严格限制市场机制的进入,要依靠政府财政支持。自20世纪

70年代末以来,西方政府治理经历了一场革命性的变化,即新公共管理运动,其内涵包括政府职能的市场化、政府运行的市场化和计算机化、政策执行的自主化。[①] 新公共管理运动作为对政府失灵的回应,其核心就是将市场机制引入政府治理,将部分政府职能通过合同等市场机制转移到第三部门,甚至返还给市场和社会。概言之,作为新公共管理的治理就是将市场的激励机制和私人部门的管理手段引入政府的公共服务,实现"无需政府统治的治理"。[②] 在十八届三中全会提出围绕使市场在资源配置中起决定性作用深化经济体制改革,以及推进国家治理体系和治理能力现代化的背景下,应当充分发挥市场机制在政府投融资中的作用,建立规范透明的市场化政府投融资机制。首先,通过特许经营等方式引入社会资本参与政府投融资。PPP是随着新公共管理运动而盛行起来的政府投融资机制,在公共利益的考量下,通过特许经营方式,鼓励社会资本参与基础设施建设、公共服务提供和公用事业经营等领域,利用市场机制优化公共资源配置。PPP以公共部门和私营部门的伙伴关系、风险共担和利益共享为基础,可以有效弥补政府和市场缺陷,提高公共资源的配置效率。在我国政府投融资活动中,应充分利用PPP的优势,采用BOT(建设—经营—转让,build-operate-transfer)、BBO(购买—建设—经营,buy-build-operate)、BTO(建设—转让—经营,build-transfer-operate)、BOO(建设—拥有—经营,build-own-operate)等多种项目融资模式参与基础设施投资和运营。[③] 其次,发挥政策性金融和开发性金融在政府投融资中的作用。从政府融资结构来看,银行贷款、BT(build-transfer)融资、债券融资、信托融资等商业性金融占据很大比重,而政策性金融和开发性金融的作用没有得到充分展现。事实上,政策性金融和开发性金融在政府投融资中的作用不仅体现在融资上,还在于重要的导向性作用。因此,要积极利用国家开发银行和农业发展银行为国家和农村的基础设施建设提供资金支持,并引导社会资金流向。还可以建立城市基础设施和住宅政策性金融机构,为新型城镇化建设中的政府投融资提供政策性金融支持。

---

① 毛寿龙、李梅、陈幽泓著:《西方政府的治道变革》,中国人民大学出版社1998年版,第12页。

② R. A. W. Rhodes, "The New Governance: Governing without Government", *Political Studies*, 1996, 44, p. 655.

③ 贾康、孙洁:"城镇化进程中的投融资与公私合作",载《中国金融》2011年第19期。

第四,平台投融资的规范化与地方政府融资平台治理。在我国财政分权体制尚未完善,地方政府投资事权过重,以及地方政府融资渠道狭窄的背景下,平台投融资依旧会是地方政府投融资的重要机制,地方政府融资平台在一定时期内仍将继续存在。但是,目前地方政府融资平台数量多、债务规模大且发展良莠不齐,很多融资平台公司治理结构不健全,徒有公司之名,却无公司之实。2011 年《全国地方政府性债务审计结果公告》显示,大量融资平台公司存在虚假出资、注册资本不到位、地方政府和部门违规注资、抽走资本等问题,并且由于融资平台公司举借的债务主要投向回收期较长的公益或准公益性项目,盈利能力较弱,有 26.37% 融资平台公司出现亏损。因此,亟待对地方政府融资平台进行分类治理,以实现平台投融资的规范化运作。首先,对于承担无经营性收入的纯公益性项目融资的融资平台公司,不得再承担融资任务,此类公益性项目应通过财政预算或引入社会资本投资;对于兼有前述公益性项目融资和投资职能的投融资平台公司,应剥离其融资业务。其次,对于承担有稳定经营性收入的准公益性项目融资任务并主要依靠自身收益偿还债务的融资平台公司,以及承担非公益性项目融资任务的融资平台公司,要按照《公司法》等有关规定,完善公司治理结构,落实责任承担机制,实现市场化运作;要通过引进民间投资等市场化途径,促进投资主体多元化,改善融资平台公司的股权结构;应逐步摆脱对商业银行贷款的单一依赖,利用资产证券化、信托融资、股权融资和产权交易等方式多渠道融资;要强化融资平台公司的信息披露要求,包括公司资产、负债规模、投资项目、资金使用等信息,以便于监管。最后,要严格执行《担保法》等有关法律法规规定,除法律和国务院另有规定外,地方政府不得以财政性收入、行政事业等单位的国有资产,或其他任何直接、间接形式为融资平台公司融资行为提供担保和承诺。

二、金融资源公平配置的规范解释

作为本书的一个核心概念,金融资源公平配置有着丰富的内涵与外延,具有机会公平、竞争公平、规则公平、结果公平、发展公平的不同面向。在市场经济条件下,效率的维护主要仰仗市场机制,公平的缔造则必须依靠代表社会整体利益的政府,这决定了金融资源公平配置需要坚持维护社会整体利益的原则立场,并以政府责任的落实与回归作为实现路径。

(一)金融资源公平配置的多维面向

公平是一个容易引起争议的概念,一般意义上是指对特定社会共同体或社会合作体系中人们利益关系的规范、度量、评价和感受。[①] 由于公平的度量、评价与感受较多地带有主观色彩,这决定了金融资源公平配置对于不同的社会主体而言内涵不尽相同。[②] 首先,对市场主体而言,金融资源公平配置意味着机会公平与竞争公平。所谓机会,是指社会成员扩大自己生存与发展空间,追求自己的利益和幸福的可能性条件。机会公平虽然不一定必然导致结果公平,但没有机会公平就必定没有结果公平。机会公平之所以重要,就在于一个人如果失去了它,便会因为这种失去而在以后的发展中拉大与其他人的差距,从而形成一种恶性循环。[③] 因此,机会公平是实现公平的首要前提。对机构性金融资源的配置主体——商业性金融机构、企业、其他经济组织、个人而言,首先必须获取主体资格,也即在市场准入阶段被公平对待才有可能谈到竞争公平与结果公平,如果机会不公平,竞争公平、结果公平就会流于口号和形式。机会公平要求设立金融机构的机会同时向所有的出资者开放,除了这种活动本身所必然需要的条件外,没有任何其他附加条件加以阻止。这意味着,在设立金融机构时,出资人不因非公有制的身份受到歧视和限制,具有平等进入金融领域的权利,在符合法律规定条件的情况下,设立金融机构,从事金融活动,凭借其自身的能力按共同认可的规则进行竞争,从而获得其相应的回报。有了机会公平,现在处于非法状态的民间金融才有可能拥有平等参与金融活动的权利。金融机构在进行市场竞争的过程中遵循相同的竞争规则,并受相同市场秩序的约束。[④] 这种公平性表现在:一是参与市场竞争的金融机构,不考虑规模、所有制形式、地域上的差别,具有平等的法律地位;二是金融机构遵守相同的竞争规则,在享有同等权力和承担同等义务条件下展开竞争,竞争规则不因金融机构的差异而有所差别;三是金融机

① 杜帮云著:《分配公平论》,人民出版社2013年版,第17页。

② 田春雷:《金融资源配置公平及其法律保障研究》,武汉大学2012年博士学位论文。

③ 贾可卿著:《分配正义论纲》,人民出版社2010年版,第90页。

④ 由于制度上鼓励自由竞争是导致贫富差距拉大的一个重要原因,解决贫富差距问题需要深入思考公平竞争的地位问题。参见陈少峰著:《正义的公平》,人民出版社2009年版,第265页。

构间竞争的核心应该是各机构提供的金融服务质量高低,而不是各个机构获得的国家保护的多少。金融机构应该依靠高质量的金融服务争取优势地位,而不是依靠国家的过度保护获取垄断地位。金融机构竞争核心的明确可以使竞争成为可预期、可信任、有理性的行为。

其次,对国家而言,金融资源配置公平意味着规则公平和结果公平。规则公平也可以称之为制度公平、环境公平,是指规则的制定者必须秉持公正不偏的态度,平等的对待各类金融市场参与者,特别是公平的对待不同所有制性质的金融机构。金融机构的客观能力是不相同的,但法律赋予其行使客观能力的资格与前提必须是平等的,尤其是不同所有制的出资人应该具有同等的进入金融市场的资格,不能因成分而异。也就是说国家制定行业准入的标准,应该主要考虑行业要求的资本、人员、组织机构、办公场所等条件,而不是出资人的所有制身份。规则公平还要求规则制定者为各类金融机构设立公平竞争的规则,使其受同样的行为规范的约束,在同一起跑线上进行竞争。不应过分排斥非国有经济成分进入金融领域,不应给予符合其意图的国有金融机构过多的保护。实践中,不同地区、不同产业、不同群体获取金融资源的机会、能力有显著差异,如果国家对这些先天性不平等的现象视而不见,依然对所有人一视同仁,只能使"不平等变得天经地义,甚至加剧这种不平等"。[①]结果公平正是为矫正这种不平等而生。国家应站在维护社会公平的角度采用适当的差别待遇对在金融资源获取过程中处于不利地位的人予以一定补偿或救济,以实现大体公平。所谓适当的差别待遇,是指在公平赋权的基础上,依据不同市场主体的能力差异,给予其鼓励或者限制的差别对待。公平赋权基础上的差别待遇,强调对强势群体的适度限制和对弱势群体的倾斜性保护,这有利于矫正形式公平名义下造成的实质不平等,避免了法律公平观念理解的僵化,为实质公平的实现奠定了基础。适当差别待遇规则的运用应考虑以下因素:"既有利于调动不利者的积极性,使其看到通过自身努力达到目标的可能性,又不至于过于平等到使人们缺乏竞争的动力。"结果公平在认同资源获取能力差异具有合理性的同时,追求社会意义上的公平,可以说是

---

① [美]彼德·斯坦著:《西方社会的法律价值》,王献平等译,中国人民大学出版社 1990 年版,第 84 页。

以不平等追求公平，立足于部分地域、行业、群体的不平等追求整体平等。

最后，对于金融资源需求者而言，金融资源公平配置意味着发展公平。金融资源的需求者存在于不同的地区、不同的行业、不同的群体中。在一国范围内，不同地区之间的地理位置、自然资源、生态环境，不同群体间的财产、身份、地位、能力，不同产业的定位、作用等因素的差异在优胜劣汰的市场竞争中将直接转为市场参与者金融资源竞争能力的差异，并因此导致金融资源的非均衡配置，影响了经济的协调发展。另外，在某些特殊历史时期国家为了实现特定目的，会专门制定一些政策或法律来照顾某些地区、行业、群体，这进一步加剧了金融资源配置的不公平。金融资源在某个地区、行业、群体过度集中，会遏制其他地区、行业、群体的发展，引发恶性循环。面对已经存在的金融资源配置非均衡，发展公平的提出很是必要。发展公平是指一切有金融需求的地区和社会群体，包括落后地区、贫困群体、弱势行业作为整个社会的组成部分，都是金融体系的服务对象，都有平等获取金融资源的权利。发达地区、富裕群体、优势行业金融资源的获取不应以减少甚至是牺牲其他区域、群体、行业的发展为代价，发展公平追求的是平衡、协调、可持续的发展。只有将包括贫困群体、落后地区、弱势行业在内的金融需求者都纳入金融资源配置的视野，才能使过去被排斥于金融服务之外的大规模弱势客户群体获益，才能使社会中的绝大多数人，包括过去难以到达的更贫困和更偏远地区的客户的金融需求有机会得到满足，才能有实现社会协调发展的可能。

（二）金融资源公平配置的原则立场

当前，金融资源配置的严重不公成为加剧贫富悬殊和两极分化的重要因素，各群体间金融利益分配的不均导致了严重的利益对立。贫富悬殊和两极分化不仅损害国家利益与个人利益，更主要的是损害社会利益或者社会整体利益。基于整体主义的立场和考量，社会利益就是社会作为有实质意志的独立存在的有机整体的利益，它是在社会互动的历史过程中形成的，独立于个体但又同时为处于该社会中的每一个个体成员需求和意欲的，并在一定程度上给予这些需求和意欲以满足的存在。着眼于社会利益的要素分析，它同时具有不可分割性、受益的不可排他性及非竞争性、受益的开放性及对象的不确定性、生成的历史积淀性、主体的历史延续性、表现形式或载体的状态性、代表的组织性及机制的复杂性等多方面的特征和属性。[①] 转型时期的社会变革从本质上讲是利益再分配的一个过程,在此过程中,各方通过利益诉求的表达、博弈实现共赢,构建一个有效的实现社会整体利益的机制是切实解决经济发展中出现的社会经济问题,推进改革向纵深发展的制度保障。因此,金融资源公平配置必须坚持维护社会整体利益的原则立场。这里的社会整体利益,不是个人利益的简单加减,不是个人利益的共性提炼,而是在衡量社会权利成员的共同要求基础上,依据公平正义理念由各方利益博弈形成的最终利益形态。

金融资源公平配置所追求的社会整体利益,包含三个方面的价值旨趣:首先,摆脱国家主义。所谓国家主义,是指以国家权力为核心,以权力至上为价值基础的一种普遍存在于社会意识形态领域的观念体系,其精神集中表现为"重国家,轻社会;重权力,轻权利;重人治,轻法治;重集权,轻分权;重集体,轻个体;重实体,轻程序"等方面。[②] 金融法作为经济法的一个部门法,从其诞生之日起,就以"社会本位"作为其思想基础,旗帜鲜明地追求社会整体利益,以维护社会正义、追求社会进步为己任,代表着人类社会的超越和进步。但遗憾的是,在过去相当长的时期内,金融法的社会整体利益观一直受到各种各样的"误读",社会整体利益往往被混同为国家利益,而对立于个体利益,金融法也就被视为"国家主义法",这些"误读"造成人们对金融法产生抵触和排斥心理,金融法难以为世人所理解和接受,导致了金融法的"工具主义"色彩浓厚。因此,金融法的社会整体利益观必须摆脱国家主义的阴影,回复到社会本位的起点,否则,不仅金融法自身的价值不能得以弘扬,反而会助长国家权力的膨胀,成为扼杀个人权利和自由的魁首,助纣为虐的工具。

其次,弘扬和凸显社会本位。从社会本位的利益观出发,国家权力或政府权力的行使不过是社会利益的代表形式,而不是社会利益本身,且这种权力的行使必须以社会整体利益为价值取向或终极关怀。[③] 金融资源公平配置要保障的社会整体利益是符合社会全体成员的共同要求的利益,高于个人利益,在当今这个"社会性"价值张扬的时代,此观念早已为人们接受。社会整

① 刘水林著:《经济法基本范畴的整体主义解释》,厦门大学出版社 2006 年版,第 153 页。
② 吕世伦、贺小荣:"国家主义的衰微与中国法制现代化",载《法律科学》1999 年第 3 期。
③ 李昌麒主编:《经济法理念研究》,法律出版社 2009 年版,第 157 页。

体利益要符合社会整体的发展方向和目标,这个发展方向和目标往往基于人们对现实的认识而确立,人类社会的发展最终要走向的是物质的丰富、社会的平等、社会生存环境的优越等,金融法要保障和增进的是社会整体的经济利益。所谓社会整体的经济利益就是社会整体的物质财富得以合理高效的增加,同时,社会财富的增进的最终目标是使社会中绝大多数个体获益,这就涉及社会财富须合理地分配到社会成员手中。所以金融法要达到的社会总目标就是实现社会财富的"总量增进,合理分配",这也是金融法律制度建立的宗旨。

最后,尊重个体利益。金融资源公平配置所强调的社会整体利益绝不是将社会整体利益与个体利益相对立,正如有的学者所指出的那样:"社会整体利益与个体利益有区别,有矛盾,但并不是绝对对立的。社会整体经济利益的源泉和动力在于个体私利的激励与追求,即使于二者背离之处,国家对于社会公益的自觉推进和维护亦不能不以个体私利的弘扬为其价值基础,界定依据及逻辑规定"。[①] 金融资源公平配置所追求的社会整体利益首先是经济总量的增长,同时还要让所有的人都参与到经济增长中,为经济增长做出自己的贡献,能够分享经济增长的成果,通过社会整体经济利益的增进最终实现个人经济利益的增进。表面来看,实现社会整体利益的出发点是为了"社会"这一主体的利益,但实际上"社会"享有的利益最终是由组成"社会"的每一个成员承载的,所以说社会整体利益是一个惠及社会中绝大多数人甚至所有人的利益形式。[②]

(三)金融资源公平配置的实现路径

前文指出,政府在资源配置与财富分配中存在公平悖论——政府既是维护和实现分配公平的主体,又是分配不公的一个重要根源。在中国这样一个有着强大政府传统的国家,离开政府,很多社会问题不仅得不到解决,还有可能加剧问题的严重性。正如有学者所指出的,当前的社会转型和政治改革,包括宪政和法治的进程,有着强烈的政府主导和理性建构的色彩,正在进行

---

① 刘红臻:"经济法基石范畴论纲",载《法制与社会发展》1999 年第 4 期。

② 冯果、戚莹:"社会整体利益实现机制研究",载《武汉理工大学学报》(社会科学版)2012 年第 4 期。

的法制建设也是一种政府推进型法制。① 在市场日益拓展和深化的今天，政府已愈来愈明显地内生于市场，其对经济增长举足轻重的影响更是有目共睹。② 因此，兴利除弊，存益祛害，合理定位政府的角色，规范和约束政府的行为，强化政府的责任，是促进分配公平的关键。③ 在路径依赖的背景下，政府主导型的金融资源配置模式不可能短期内发生显著变化，让市场在金融资源配置中发挥决定性作用将是一个渐进性的实现过程，这决定了现阶段由政府承担起公平配置金融资源责任的必然性。政府承担起这种责任既是必要的也是可行的，因为政府的公共财政收入使其具备承担这种责任的能力，政府的政治经济社会职能决定了政府必须承担起金融改革发展成果公平分享的责任，金融资源配置中出现的种种社会矛盾也决定了政府必须承担调节这些发展矛盾的相应责任。④ 由于金融资源主要包括资金资源、机构资源、工具资源和制度资源，金融资源公平配置至少体现为金融资金资源公平配置、金融机构资源公平配置、金融工具资源公平配置和金融制度资源公平配置四个方面。需要注意的是，金融资金、金融机构与金融工具都是金融市场的构成要素，且金融资金、金融机构、金融工具三种金融资源的公平配置都须臾离不开金融制度的保驾护航。鉴于此，本书后文将从金融资金的公平分享、金融机构的合理布局、金融工具的组合配置、金融市场的功能优化四个层面来分析金融资源公平配置的法律路径，以此作为收入分配改革的金融法进路。

三、中国现行金融资源配置模式对公平的背离及其影响

将金融资源公平配置视为收入分配改革的关键议题，事实上隐含着一个重要命题：中国现行的金融资源配置模式严重背离了公平的价值取向，是造成贫富悬殊、两极分化等收入分配难题的罪魁祸首。尽管前文已经数次触及了该命题，但该命题的最终证成无疑需要进一步的理论推演与实证检验。

---

① 蒋立山："中国法制现代化特征分析"，载《中外法学》1995 年第 4 期。

② 管斌著：《混沌与秩序——市场化政府经济行为的中国式建构》，北京大学出版社 2010 年版，第 24 页。

③ 杜帮云著：《分配公平论》，人民出版社 2013 年版，第 205 ~ 206 页。

④ 李昌麒主编：《中国改革发展成果分享法律机制研究》，人民出版社 2011 年版，第 123 ~ 127 页。

(一)现行金融资源配置模式的三重偏向

金融是现代经济的核心,金融资源是资源配置的核心资源。只有金融资源的规模与结构与实体经济规模和结构相匹配,才能适应金融发展的"适度状态",才有可能实现经济资源的最佳配置,进而实现经济最优增长。[①] 然而,由于政府错误的金融政策与不当干预,金融资源配置时常出现失误,由此引起的金融危机会给一个国家或地区的经济造成灭顶之灾。如果检视中国现行的政府主导型金融资源配置模式,不难发现,金融资源配置存在极为突出的城市偏向、东部偏向、所有制偏向问题,导致金融发展处在严重的结构性扭曲状态。

1. 金融资源配置的城市偏向

中国经济具有十分鲜明的二元性特征,比较发达的城市与依旧不发达和比较贫弱的农村之间,无论是在经济增长水平和增长速度,还是收入水平和生活状况等方面均存在巨大差距。[②] 改革开放以后,国家意识到二元经济体制带来的种种问题,为此进行了一系列改革,但并没有从根本上动摇二元经济体制的根基。[③] 固化二元经济体制的背后力量,金融资源配置的城市偏向是一个不得不提及的因素。城市偏向的金融资源配置主要体现在城乡金融供给主体的差异、城乡逆向资金调剂模式、城乡金融工具设计的差异等方面,这种金融制度安排不但阻碍了农业部门的发展,减少了农村居民来自农业的收入,而且阻碍了农村非农业产业的发展,制约了农村居民来自非农产业收入的增加,最终扩大了城乡居民金融资产收入的差距。[④] 以金融机构的分布为例,在四大国有商业银行撤离后,农村金融市场上的正规金融机构只剩下农村信用合作社、农业发展银行和邮政储蓄银行。作为政策性银行,农业发展银行资金来源渠道狭窄,能力有限,同时由于其资金运作定位不清且支农力度不够,难以满足农村金融需求。邮政储蓄银行只吸收储蓄存款而不发放贷款的方式,实质上只是农村资金不断流向城市的一台"抽血机"。真正意

---

① 杨涤著:《金融资源配置论》,中国金融出版社 2011 年版,第 164 ~ 165 页。

② 邹薇等著:《中国经济增长与收入差距:理论与实证研究》,武汉大学出版社 2011 年版,前言第 3 页。

③ 田卫民等著:《中国金融发展的收入分配效应》,中国金融出版社 2013 年版,第 83 页。

④ 胡晶晶著:《改革开放以来中国城乡居民收入差距研究》,人民出版社 2013 年版,第 134 ~ 140 页。

义上完全服务于农村的农村信用社,也不能满足农村的金融需求,农民无法获得所需生产资金使得收入减少。从资金配置来看,从1994年到2004年,承载了农村居民收入来源的农业所获得的贷款仅占贷款总额的4% ~5% 。[①]有学者统计,投资1000多亿元的三峡工程相当于整个"九五"期间财政支农的资金,而城市每年用于基础设施的投资达数千亿元,人均投入量是农村的几十倍,且档次和规模远远高于农村。[②] 在机构单一、资金外流、投入不足等因素的综合作用下,农村成为了金融排斥的重灾区,深陷金融压抑的制度困境。

2. 金融资源配置的东部偏向

中国是一个国土辽阔且各地区经济社会发展严重不均衡的国家,东部、中部与西部在自然条件、资源禀赋、文化积累、发展基础等方面存在明显差异。[③] 改革开放以来,为了配合国家不均衡发展战略的实施,政府优先将金融资源配置给东部地区,在金融资金、金融机构、金融工具甚至金融制度方面对东部进行倾斜,这构成了东部地区经济快速发展的强大动力,但也造成了西部地区金融发展的长期滞后。有文献研究表明,金融资源丰富的地区,经济总量将以更快的速度发展,如果地区间拥有的金融资源存在差异,那么这些地区间的经济增长也必然存在差异,从而在一定程度上扩大地区收入差距,我国不断扩大的地区收入差异与区域间金融发展不平衡之间必然存在深刻的内在联系。[④] 一个地区,经济要发展,资金是关键,资金是国民经济的"血液",货币资金是经济发展的第一推动力和持续推动力。我国西部地区经济之所以长期落后,最重要的原因就是资金短缺及由此反映出来的金融资源供给的严重不足和资源配置失衡且效率低下。[⑤] 以融资总额为例,西部地区2005年的投资总额为14,736.84亿元,东部地区2005年投资总额为

---

① 喻平著:《金融发展与居民收入差距的理论与实证研究》,中国经济出版社2012年版,第115~116页。

② 刘家伟:"我国农村基础设施投融资模式研究",载《中央财经大学学报》2006年第5期。

③ 东部、中部和西部的划分,是政策上、经济发展程度上的划分,而不是行政区划和地理概念上的划分。东部地区包括北京、天津、河北、辽宁、山东、江苏、上海、浙江、福建、广东和海南11个省市;中部地区包括河南、湖北、湖南、安徽、江西、山西、吉林和黑龙江8个省;西部地区包括内蒙古、云南、贵州、广西、四川、重庆、陕西、宁夏、甘肃、青海、新疆和西藏12个省市区。

④ 田卫民等著:《中国金融发展的收入分配效应》,中国金融出版社2013年版,第103页。

⑤ 唐青生著:《西部农村金融资源配置研究》,经济科学出版社2010年版,第2页。

34,264.26 亿元。如果再考虑到西部地区本来就地广人稀且基础设施远远落后于东部地区的历史现实,那西部地区基础设施吸引的资金就显得相对更少。[①] 这种地区间的金融发展鸿沟背离了公共服务均等化的价值理念,加剧了经济发展的社会裂痕。

3. 金融资源配置的所有制偏向

在金融资源配置权掌握在政府手中而非市场手中的背景下,国有企业融资容易和民营企业融资难已经成为不容置疑的经验事实,难易之间彰显出金融资源配置的所有制偏向。事实上,中国的金融体系在整体上都鲜明地体现出为国有企业"保驾护航"的特征,诚如何风隽教授所言:"为支持国有经济的转型和发展,由政府控制国有金融机构,并通过金融机构的数量扩张来动员社会资金就是政府主导型金融资源配置的必然逻辑。不仅如此,政府还通过资本市场的准入限制,为国有经济开辟了新的融资渠道。"[②]林毅夫教授认为,一个有效的金融体系必须把有限的金融资源配置到经济回报率最高的产业和相应产业中最有企业家才能又无道德风险的企业家手中。[③] 国有企业明显不属于"经济回报率最高的企业",其经营管理者更非"最有企业家才能又无道德风险的企业家"。自 2004 年的"郎顾之争"后,国有企业存在的效率低下、治理结构失灵、"内部人控制"、腐败等问题深受人们诟病,将大量金融资源配置给国有企业,其实不过是把社会财富从全社会手中转移到国有企业的手中,从根本上看并没有给社会创造新的财富,反而对国民福利总量和市场经济秩序造成了实实在在的伤害,表现为损害公共福利、影响社会稳定、妨碍社会公正和进步。[④] 由于所有者利益的虚化以及激励约束机制的不健全,国有企业的经营管理者几乎不可能成为具有"企业家精神"的企业家。对此,张维迎教授指出,只要不改变企业财产的国家所有制本身,就不可能有真正的所有权约束,不可能使经营者真正具有以财产增值为目标的长期行为,不可能从根本上改变企业预算约束软化问题,不可能真正理顺经营者与职工

① 李昌麒主编:《中国改革发展成果分享法律机制研究》,人民出版社 2011 年版,第 816 页。

② 何风隽著:《中国转型经济中的金融资源配置研究》,社会科学文献出版社 2010 年版,第 96 页。

③ 林毅夫著:《解读中国经济》(增订版),北京大学出版社 2014 年版,第 198 页。

④ 贾可卿著:《分配正义论纲》,人民出版社 2010 年版,第 76 ~ 77 页。

的关系，从而也不可能造就真正的企业家。①

（二）现行金融资源配置模式对收入分配的影响：以“农村系统性负投资”为例

不难发现，收入分配的城乡差距、地区差距、行业差距与金融资源配置的城市偏好、东部偏好、所有制偏好具有极高的契合性，据此可以得出一个结论：金融资源配置的扭曲是造成收入分配鸿沟的根本性原因之一。在三种收入分配差距中，城乡收入差距是居民收入差距的主要来源，甚至左右了全国居民收入差距的变动趋势。② 与城乡二元经济结构相对应，中国也存在城乡二元金融结构，即城市与农村金融体系的二元对立。相比于城市金融体系而言，农村金融体系发展非常滞后，农村信贷供给和农民信贷可及性低，农村金融剩余向城市净流出，这种现象被称为“农村系统性负投资”。金融发展惠及穷人、调节收入分配的基础在于金融深化过程中贫困居民能够获得更多的金融服务，并且最直接地体现为信贷资源的获取。③ 但由于信贷歧视，农民的储蓄没有用于农村地区的发展而是被输送到经济发达地区，银行等金融机构成为了农村地区的“抽血机”，极大地阻碍了农村经济的发展和农民收入的提高。农村系统性负投资意味着金融资源的畸形配置，导致了二元经济结构的持续和加重，不利于城乡差距的缩小和收入分配的优化。鉴于这些分析，本书以农村系统性负投资为例，来论证现行金融资源配置模式对收入分配的影响。④

1. 农村系统性负投资的成因

学界对于农村系统性负投资的监测与度量方法存在较大的争议，一种方法是审查银行对农村地区的贷款储蓄比率，另一种方法是审查银行在农村地区的市场份额，还有一种方法是检测银行在农村地区发放贷款占贷款总额中的比例。⑤ 不论监测和度量方法存在何种差异，有一点共识是谁都不否认的，即农村系统性负投资的实质是银行性金融机构在发放贷款时对于农村地区

---

① 张维迎、盛斌著：《企业家：经济增长的国王》，上海人民出版社 2014 年版，第 267～268 页。

② 陈宗胜、周云波：“体制改革对城镇居民收入差别的影响”，载《中国社会科学》2011 年第 6 期。

③ ［美］罗纳德·I. 麦金农著：《经济发展中的货币与资本》，卢骢译，上海三联书店 1991 年版，第 146 页；［美］爱德华·肖著：《经济发展中的金融深化》，邵伏军等译，上海三联书店 1992 年版，第 214 页。

④ 袁康：“金融公平视角下农村系统性负投资的法律矫正”，载《湖北社会科学》2013 年第 5 期。

⑤ ［美］博特赖特著：《金融伦理学》，北京大学出版社 2002 年版，第 105～112 页。

的歧视态度。我们探究农村系统性负投资的成因,即是在讨论银行性金融机构对于农村地区在发放贷款中存在歧视的原因,可以从经济、伦理和制度三个层面进行分析。

农村系统性负投资的存在有着其自身的经济根源。首先,城乡二元经济结构是农村系统性负投资产生的经济基础。长期以来城市作为经济发展的中心与重点,吸引和挤占了大量的金融资源,农村经济由于规模小、发展慢,对金融资源的依赖程度远不及城市地区,也得不到金融机构的充分重视。银行因此将信贷资源更多地投放于城市地区而非农村地区。可以说,二元经济结构催生了二元金融结构,进而形成了农村系统性负投资的状态。其次,市场行为的逐利性是农村系统性负投资产生的直接肇因。趋利避害是市场主体在参与市场活动中的天性。银行在开展信贷业务时必然会有效率和安全两方面的考虑,以最大程度实现利益最大化并降低信贷违约风险。农村地区经济发展相对滞后,且农业投资相比于其他领域而言周期长、收益低、风险大,银行将信贷资源投放至农村地区,既不能实现信贷资源的快速流转以实现利润的最大化,又容易因农村地区贷款人缺乏还款能力而形成坏账,故而农村地区当然地不能成为银行在发放贷款时的优先选择。最后,农村地区融资方式的非正规性是农村系统性负投资形成的另一个原因。由于农村乡土社会的特殊结构和风俗习惯,农村地区的资金需求者更多的是通过民间借贷等非正规途径获取资金,这在某种程度上既可以看作形成农村系统性负投资的现实原因,同时又不得不说是农村系统性负投资所蕴含的贷款歧视下的无奈选择。

农村系统性负投资的存在还可以在金融伦理上寻找原因。首先,对金融公平的漠视导致了农村系统性负投资产生。长期以来金融都是在一种工具理性的思维中运行,人们普遍以效率视作金融的唯一目标,将效率与安全的平衡作为金融资源优化配置的衡量标准。金融资源的公平配置被漠视甚至遗忘。这样一种唯效率论使得金融成为富人的游戏,穷人和欠发达地区获取金融资源的路径被阻断。在金融公平受到漠视的情况下,农村地区的居民不能公平地参加金融活动,将资金储蓄在银行却不能公平地从银行获得贷款,不能享受到信贷支持发展而形成的金融福利,农村居民在银行发放贷款时受到不公平的歧视,进而形成了农村系统性负投资。其次,银行性金融机构对社会责任的理解和履行存在片面性偏差也导致了农村系统性负投资。尽管金融机构的社会责任一直受到强调,但是银行性金融机构对于社会责任的理解更多的是着眼于慈善捐赠、环境保护以及对产业政策的支持,而对于避免选择性信贷等问题却一直未纳入银行性金融机构社会责任的评价体系中去。即便是在当前选择性信贷开始受到重视的背景下,人们更多地讨论的是对于中小企业尤其是民营企业的贷款问题,对于农村地区和欠发达地区的贷款仍然没有被视作银行性金融机构应当履行的社会责任。

农村系统性负投资的存在也与法律制度的缺位不无关系。就目前来看,尽管农村系统性负投资的问题已经开始被意识到,但是缺少具有强行性约束力的法律、法规或部门规章对于农村系统性负投资进行调整。具体而言,首先,矫正农村系统性负投资的政策并未落到实处转化成有效的制度。自2005年以来的几个中央一号文件中,都提出县域内银行业金融机构应明确新增存款投放当地的具体比例,《中国农村扶贫开发纲要》、中共中央《关于推进农村改革发展若干重大问题的决定》、《关于做好当前农村信用社支农工作的指导意见》、《关于加快农村金融产品和服务方式创新的意见》等也都作出了相应的规定。但这些原则性和宣示性的规定一直没有落实到具体操作层面。[①] 未法律化的政策缺乏强制力和可操作性,不足以对农村系统性负投资进行法律上的矫正和调整。其次,寥寥可数的制度并未实现对农村系统性负投资的有效调整。例如,为了鼓励县域法人金融机构将新增存款主要用于当地贷款,加大县域信贷资金投入,进一步改善农村金融服务,2010年人民银行会同银监会制定印发了《关于鼓励县域法人金融机构将新增存款一定比例用于当地贷款的考核办法(试行)》,但是该办法存在诸多问题:第一,主体适用范围仅限于"县域法人金融机构",也就是说仅在县域设立分支机构的全国性商业银行或区域性商业银行均不适用该办法。而县域法人金融机构吸收存款的规模和份额相比于大型商业银行的县域分支机构实际上是微不足道的,而后者才是造成农村系统性负投资的主力。第二,地域适用范围仅适用于部分省市自治区,并未涵盖全国,不足以解决全国范围内普遍存在的农

---

① 柴瑞娟:"村镇银行支农性制度构建研究",载《经济法论丛》2009年下卷。

村系统性负投资问题。第三，调整手段不够全面有效。法律通过强行性规范、任意性规范和提倡性规范来调整人们的行为规则，[①]但该办法的调整措施只限于提倡性激励，而无强行性约束。一旦因激励所获利益低于放弃信贷资源外流的机会成本，则农村系统性负投资将依然存在。概言之，针对农村系统性负投资并未有行之有效的制度措施进行调整，正是法律制度的缺位与乏力给农村系统性负投资的存在和延续提供了制度空间。

2. 农村系统性负投资的法律考问

农村系统性负投资是一种金融现象，但是这种现象的实质是信贷歧视，这既有违金融伦理，又与公平正义的法律价值相悖。要探寻矫正农村系统性负投资的法理基础，需要用法律眼光去审思和拷问农村系统性负投资。首先，农村系统性负投资妨碍了农村借款人信贷权的实现。信贷权即获取贷款的权利，穷人通过信贷资源的获取，可以促进其参与经济活动进而提高其收入并消除贫困，因此信贷权被视为发展权的具体类型而纳入基本人权的范畴之中。[②] 从另一个角度上来看，保障和实现穷人的信贷权可以使得穷人获得均等的减贫机会，进而分享减贫成果，因此信贷权也可以纳入"免于贫困的权利"这一新型的人权谱系之中。[③] 对于农村居民而言，充分保障其平等享有信贷权，是为其开展农业活动或从事其他经济行为提供资金支持，以促进其收入增长的重要途径，这既是公平参与金融活动的要求，也是获得均等发展机会和调整收入分配的基础。但是农村系统性负投资的存在反映出了一个现实，即正规的银行性金融机构更倾向于将信贷资源投放至城市等经济发达地区，农村居民尤其是农村地区的穷人很难从正规金融机构获取贷款。相比较而言，农村借款人与城市借款人不能享有均等的信贷机会，这种信贷歧视对于农村借款人的信贷权是一种人为的压制甚至是剥夺。农村借款人信贷权得不到保障，致使农村借款人难以通过正规通道参与金融活动获取金融服务，形成了机会上的不公平。农村系统性负投资所代表的信贷歧视不符合公平正义的法律原则，这种现象背后的农村借款人信贷权受到变相剥夺与漠视

---

① 漆多俊著：《经济法基础理论》，法律出版社 2008 年版，第 143 页。

② Marek Hudon, "Should Access to Credit be a Right?" *Journal of Business Ethics*, 2009, No. 84, pp. 17 - 28.

③ 汪习根："免于贫困的权利及其法律保障机制"，载《法学研究》2012 年第 1 期。

也反映出了法律制度的缺位。一方面,信贷权的概念尤其是农村贫困居民信贷权在我国法律中并未得到确认,理论界和实务界对于农村贫困居民的信贷权认识尚不充分且无明确的法律依据和保护机制,使得农村系统性负投资缺乏有效的法律制度进行调整。[①] 另一方面,农村借款人由于其禀赋差异并不能与城市借款人相提并论,在完全市场化的信贷投放中农村借款人必定处于弱势地位,因而需要法律对其进行倾斜性的特殊保护,以确保其信贷权的实现。但农村借款人获取信贷资源只是被作为一般的金融活动受到民商法的调整,而没有得到经济法、社会法思维逻辑下的倾斜保护,农村借款人信贷权的保护缺乏切实有效的制度保障。

其次,农村系统性负投资导致了金融交易权利义务不公平配置。银行性金融机构在农村地区吸收存款发放贷款,应当遵循地位平等、权利义务对等的原则。尽管发放贷款并不是吸收存款的附随义务,但是银行性金融机构对农村这一存款来源地存在信贷歧视却是不合理不公平的。农村系统性负投资所反映出来的状况是银行性金融机构在农村地区吸收存款,片面地享受了吸收存款的权利,却拒绝或怠于履行在农村地区发放贷款的义务,这实际上就是权利义务的不对等和不公平配置。黑格尔在《法哲学原理》中指出:"一个人负有多少义务,就享有多少权利,他享有多少权利,也就负有多少义务。"[②]在金融交易中各方当事人缔结的契约所分配的权利和义务应当是对等的,享受了权利的一方应当承担相应的义务。如果权利义务的配置失衡或不对等,这就违背了社会公平的基本原则,那么就需要及时地对权利义务关系的配置进行调整和修复。这种修复主要有两条路径,一条是社会惩罚原则,即对侵犯对方权利的一方采取惩罚措施以达到平衡;另一条是社会补偿原则,即通过某种社会机制或制度设计而对契约关系中权利受损的一方进行补偿。[③] 在银行性金融机构与储蓄者之间,银行从储蓄者那里吸收存款并向相应的资金需求者发放贷款,从某一特定的交易来看,因为其已向储蓄者支付利息作为获取资金的对价,故而向储蓄者发放贷款并非其义务。但是如果将吸收存款和发放贷款提升到整个金融系统的宏观层面来看,吸收存款的权

---

① 左平良:"贫困农户信贷权及其实现的经济法分析",载《政治与法律》2010 年第 11 期。

② [德]黑格尔著:《法哲学原理》,范扬、张企泰译,商务印书馆 1962 年版,第 652 页。

③ 王曙光著:《金融伦理学》,北京大学出版社 2011 年版,第 81 页。

利与发放贷款的义务应当是银行开展业务的一体两面，既然享受了吸收存款的权利，即应履行发放贷款的义务作为补偿。另外，由于银行是无差别地从城市储蓄者和农村储蓄者处获取资金，因此基于公平原则，亦应无差别地向农村借款人和城市借款人提供信贷资金。农村系统性负投资，即是银行性金融机构从农村储蓄者处获取了资金，却未如对城市借款人一样同等地履行发放贷款的义务，这实际上反映了银行性金融机构在农村开展金融交易中权利义务的不公平配置。

最后，农村系统性负投资阻碍了农村居民公平分享金融福利。金融发展不仅能够促进经济的增长，还有助于调节收入分配，减少收入差距。[①] 金融福利即指居民通过金融发展而实现收入的增加。金融福利主要通过两种方式来实现：一方面，随着金融部门的深化，金融部门会扩大其服务范围，直接为更多的居民提供金融服务；另一方面，金融发展促进了整体经济绩效的提高，进而带来居民收入的增长。这种金融福利公平分享的前提在于信贷资源的公平分配。因为在金融抑制条件下，取得信贷方面的不同待遇会导致二元经济结构，社会收入分配也无法达到公平。[②] 在农村系统性负投资的情况下，农村地区由于受到区别对待而较难获得银行信贷，农村借款人实际上被正规金融体系排斥在外，这既不能通过为农村主体提供金融服务而改善农村居民获取收入的条件和机会，又未能推动农村经济的提高而带来农村居民收入的增长。因此由于农村系统性负投资的存在，农村居民难以公平地分享金融发展所带来的福利。上述情况在法理上是足以质疑和否定的。一方面，农村居民不能公平分享金融福利不符合收益分配公正的分配正义原则。收益公正分配与人权保护、社会稳定等息息相关，蕴涵分配正义的理念。[③] 金融资源尤其是信贷资源能够促进经济增长和收入提高进而形成金融福利，而金融福利作为金融发展所带来的收益和成果，尽管在分配中应当坚持最符合市场规律的效率优先，但亦不宜否认其应在全社会公平分配。在农村系统性负投资的语

① Clarke, George, Lixin Colin Xu, Hengfu Zou, "Finance and Income Inequality: Test of Alternative Theories", *World Bank Policy Research Working Paper*, No. 2984, March, 2003.

② 郑长德著：《中国转型时期的金融发展与收入分配》，中国财政经济出版社 2007 年版，第 12 页。

③ 张东："分配正义与收益分配公正"，载《法学论坛》2012 年第 1 期。

境下,农村居民分享金融福利的路径被阻断,与分配正义原则不相符合。另一方面,农村居民不能公平分享金融福利将影响社会稳定,不利于社会控制。因为如果一个社会的经济发展成果不能分流到大众手中,发展福利不能共享,那么它在道义上是不得人心的,而且是有风险的,因为它会威胁到社会的稳定。① 作为公共产品的法律制度未能就金融福利的公平分享提供制度供给,这将造成因利益分配失衡产生的不稳定而不能实施有效的社会控制。

通过用金融公平的维度对农村系统性负投资进行审思,不难发现农村系统性负投资在公平参与金融活动、公平进行金融交易、公平享受金融福利上均与金融公平的要求背道而驰,也与人权保护、交易公平以及利益分配的基本法理相去甚远。但是从我国的金融法制来看,金融公平目前仅处在金融伦理的范畴之中,缺乏强制力的法律规范作为保障。要使金融公平的理念贯穿到金融活动中去,并用金融公平的理念影响和规制农村系统性负投资,需要将金融公平的理念融入金融法律制度中,使金融公平这一伦理原则具有“牙齿”。只有将金融公平从道德价值、伦理价值上升到法律价值,利用确保金融公平的法律制度规范金融行为,才能做到对农村系统性负投资的有效治理。

3. 农村系统性负投资的法律矫正和制度构建

市场调节机制的缺陷、金融公平理念的不彰以及法律制度的缺位导致了农村系统性负投资的形成,前两个原因都可以归咎于法律制度的不完备,并且通过构建相应的法律制度,一方面通过国家调节手段弥补市场调节的失序;另一方面通过制度约束促进和保障金融公平理念的落实。因此法律制度的完善是治理和矫正农村系统性负投资的必要路径。法律对经济的介入和调整主要是通过强制性规范、任意性规范和提倡性规范实现,调整方法不外乎强制、引导和激励。② 矫正农村系统性负投资的法律制度亦应遵循这种制度逻辑,通过设定相应的权利义务,强制、引导和激励银行性金融机构向农村地区发放贷款。事实上,对于农村信贷投放的制度保障方面的研究与实践从来没有停止,也取得了相应的成果,但是正如前文所言制度仍然有失完善并缺乏实效。本书认为有必要从以下几个方面作为切入点,探讨将过于原则的宣示性规范具体化。

---

① [英]亚当·斯密著:《道德情操论》,谢宗林译,中央编译出版社 2008 年版,第 79 页。

② 漆多俊著:《经济法基础理论》,法律出版社 2008 年第 4 版,第 147 页。

第一,借鉴美国的《社区再投资法》(The Community Reinvestment Act,CRA),规定强制性信贷义务。农村系统性负投资产生的直接原因是银行性金融机构只从农村地区吸收存款而不愿意向农村地区发放贷款。尽管从市场经济商业判断而言银行的自由选择具有其合理性,但是并不能否认法律可以基于公平的考量而对其进行限制和矫正。即使是崇尚自由主义的美国亦通过《社区再投资法》对金融机构课以强制性信贷义务。该法案中要求参加联邦存款保险体系的几乎所有银行机构都必须为其所在的社区提供信贷支持,其中一部分必须贷给社区的中低收入人群,而且明确规定金融机构有义务采取持续和积极的步骤以满足当地社区的信用需求,并就此规定了明确的适用范围、考核标准以及监督管理。可以说《社区再投资法》的核心就是通过规定强制性信贷义务来矫正信贷歧视和信贷资源配置不公的现象。

需要注意的是,这种强制性信贷义务并非是缺乏弹性的硬性规定,而是着眼于公平信贷目标的有针对性的义务安排。比如,在制定法层面,《社区再投资法》考虑到不同的资产规模,将考核测评对象分为大型金融机构、中小型金融机构和小型金融机构三种类型,对于不同类型的金融机构实施不同的考核标准。[①]通过这种分类和差异化标准,能够确保强制性信贷义务的承担更加合理,不至于太过影响金融机构的正常经营。另外在学理层面也有学者在探讨这种强制性信贷义务的多元化实现路径。比如有学者提出可以通过市场化的方法,即将对于贫困社区的强制性信贷义务作为总量控制与交易(cap-and-trade)制度下的可交易化义务(tradable obligation)。参照排放权交易方法,银行要么自行完成《社区再投资法》要求的放贷义务、放贷配额,要么付费给其他金融机构来替它完成任务。通过可交易义务方法,有些金融机构会以较低成本将《社区再投资法》规定的放贷义务转让给更有专业经验的机构。可以通过这个方法,与社区开发金融机构合作,完成《社区再投资法》配额。[②] 经

---

① FED. Annual CRA Asset-size Threshold Adjustments for Small and Intermediate Small Institutions 资料来源 http://www.federalreserve.gov/newsevents/press/bcreg/20091222c.htm,2009 年 12 月 22 日访问。

② Michael D Klausner,"A Tradable Obligation Approach to the Community Reinvestment Act"(May 19,2009). "Revisiting the CRA: Perspectives on the Future of the Community Reinvestment Act", *Federal Reserve Banks of Boston and San Francisco*, February 2009; *Stanford Law and Economics Olin Working Paper* No. 375.

历着理论的进化和实践的检验,美国《社区再投资法》也在不断趋于进步和完善。

中国人民银行、中国银行业监督管理委员会联合制定出台的《关于鼓励县域法人金融机构将新增存款一定比例用于当地贷款的考核办法(试行)》借鉴了《社区再投资法》的理念,鼓励县域法人金融机构将新增存款主要用于当地发放贷款,增加县域信贷资金投入,改善农村金融服务。但是该文件事实上还是与《社区再投资法》存在较大的差距。首先,在适用对象上,《社区再投资法》规制参加了联邦存款保险的存款机构,包括国民银行、储贷机构、州立特许商业银行和储蓄银行,其中不仅有地方性的金融机构,也有全国性的金融机构。而该文件的适用对象仅限于县域法人金融机构,这对于其他大型的金融机构并无约束力,这并未抓住存在农村系统性负投资现象的主流。其次,在调整方法上,《社区再投资法》明确地规定了强制性再投资义务,而该文件仅是对将新增存款主要用于当地发放贷款行为的激励,并未将其作为强制性义务进行规定,约束力明显不足。当前为了有效矫正农村系统性负投资,还需要广泛地吸取和借鉴美国《社区再投资法》的有益经验,尤其是应确立强制性信贷义务,并且探索合理有效并具有一定制度弹性的实现路径。

第二,强化银行业竞争制度,引导银行业进入农村开展业务竞争。由于信贷歧视很大程度上可以归因于银行性金融机构基于其市场优势地位,因此银行业竞争制度的完善和强化可以作为矫正农村系统性负投资一个突破口。一方面,在金融供给端即提供金融服务的主体竞争不充分的情况下,习惯于采用传统信贷技术发放贷款的正规金融机构已经形成了“创新惰性”,缺乏开发专门服务于低端市场的金融技术的动力和积极性。[①] 我国目前银行性金融机构因缺乏竞争而在信贷市场上处于主导地位,其开展信贷业务时所采取的风险测算体系和信用考核方法都是简单地采取统一标准,并未就农村地区信贷的特殊情况作出特殊处理,在统一标准下农村地区获取贷款自然存在较大难度。另一方面,由于银行业竞争程度不足,银行性金融机构的竞争压力并不大,城市地区信贷市场足以消化这种竞争压力,故而银行性金融机构形成了“拓展惰性”,缺乏将信贷业务拓展至农村地区以谋求生存和发展机会

① 陈雨露、马勇著:《中国农村金融论纲》,中国金融出版社2010年版,第7页。

的压力和积极性。在这一背景下,银行性金融机构将主要精力和资金都投放在城市,农村地区获取信贷资源更为艰难。因此,通过银行业竞争制度的完善和强化,引入竞争主体、优化竞争环境、引导竞争活动、规范竞争行为,构建具有竞争性的信贷市场,可以在一定程度上缓解银行性金融机构的创新惰性与拓展惰性,促使其更多地从农村地区寻求生存空间与业务增长。首先,强化银行业的竞争,适当增加银行性金融机构的竞争压力,可以引导银行性金融机构为了获取和拓展生存空间而进入农村开展业务竞争。其次,强化银行业的竞争,可以引导其开展业务创新和市场细分,引导银行性金融机构将农村信贷市场作为一个重要的细分市场,结合其特殊性而采取特定的信贷技术。在具体的制度实现上,一方面赋予城市里的中小型非正规金融机构合法地位,以此打破正规银行性金融机构的垄断地位,使得正规金融机构在其业务范围和市场份额受到威胁的情况下不再"嫌贫爱富"地选择交易对象和信贷区域,[①]引导信贷资源投向农村以获得发展。另一方面通过在农村设立村镇银行等农村金融机构,强化金融机构在农村吸收存款上的竞争,并通过支持这类农村金融机构将资金留在农村地区,以在一定程度上缓解农村系统性负投资。

第三,实施倾斜性财税金融制度,激励银行向农村地区发放贷款。由于禀赋差异,银行性金融机构向农村地区发放贷款的效益不如向城市地区发放贷款,基于成本收益率的考量,在同等条件下农村地区获取信贷资源支持的难度相比于城市地区而言难度更大。因此通过倾斜性的财税金融制度为银行性金融机构向农村地区发放贷款时获得一定的制度红利,能够改善其向农村地区发放贷款的成本收益率,进而激励银行性金融机构向农村地区发放贷款,缓解和矫正农村系统性负投资。2008 年中共中央、国务院《关于切实加强农业基础建设进一步促进农业发展农民增收的若干意见》中明确提出的"加强财税、货币政策的协调和支持,引导各类金融机构到农村开展业务"即是通过倾斜性的财税金融制度来激励银行向农村地区发放贷款。《关于鼓励县域法人金融机构将新增存款一定比例用于当地贷款的考核办法(试行)》第 13 条规定:"达标县域法人金融机构,存款准备金率按低于同类金融机构

① 冯果、袁康:"反垄断视域下的金融资源配置与社会公平",载《法学杂志》2011 年第 8 期。

正常标准1个百分点执行。达标且财务健康的县域法人金融机构,可按其新增贷款的一定比例申请再贷款,并享受优惠利率。"正是具体地落实了倾斜性金融制度,通过货币政策工具的优惠待遇来对农村系统性负投资进行矫正。但是该"办法"对于倾斜性财税金融制度的安排仅仅只是个开始和尝试,还需要进一步完善和加强。首先,差异化存款准备金率和再贷款优惠的适用范围应当拓展至所有可以向农村地区投放信贷资源的金融机构。将倾斜性制度局限在县域金融机构中,实际上是将具备信贷主力地位的大型金融机构排除在激励对象之外,这种片面的制度安排不利于从整个银行业系统性层面治理农村系统性负投资。其次,对于向农村地区发放贷款的金融机构进行一定的财政补贴和税收优惠。财政补贴不一定要局限于对借款人进行贴息这一种方式,除此之外既可以对向农村地区发放了一定比例贷款的金融机构进行一定的财政补贴,也可以对农村互助担保组织提供一定的补贴,以提高农村借款人的信用使其符合金融机构的信用要求。并且可以对向农村地区发放贷款达到一定比例的金融机构实行税收优惠。最后,对于向农村地区发放贷款达到一定比例的,可以探索允许其在农村地区进行混业经营。由于农村金融的规模和范围都比较小,风险相对可控,因此对于承担农村信贷达到一定比例的金融机构,放开准入限制,允许其开展多元化、多层次的金融服务,既可以减少金融机构的营业成本,又可以实现业务互补,还能发挥规模经济优势。[①] 这样既是对业务统合的一种试验,更是对金融机构加大对农村地区信贷投放的一种激励。

4. 小结

农村系统性负投资的存在是导致农村"失血"的直接原因,若不及时对其进行治理和矫正,城乡二元金融结构会愈发严重,农村会因为资金外流而失去发展的动力,这既与解决"三农"问题的发展方向大相径庭,又与金融公平的理念背道而驰。为了充分保障农村地区借款人的信贷权,促进信贷资源在城乡地区公平配置,确保金融机构与农村金融消费者之间权利义务公平分配,实现金融福利全民共享,我们需要完善相应的法律制度以对农村系统性

① 牛凯龙、张薄洋著:《金融抑制、金融改革与三农发展》,中国财政经济出版社2011年版,第254~258页。

负投资进行矫正。借鉴社区再投资法规定强制性信贷义务，强化银行业竞争制度引导银行业进入农村开展业务竞争，实施倾斜性财税金融制度激励银行向农村地区发放贷款等均为可行且必要的制度路径。唯其如此，才能将银行性金融机构从农村的“抽血机”转变成农村的“输血机”，为农村地区的持续发展和收入分配公平提供金融助力。

第四章　面向收入分配改革的金融法理念调适

著名经济学家弗里德曼曾经指出，法典背后有强大的思想运动，这种思想运动一方面是人类智慧的体现，是发现世界、解释世界、说明世界的产物，另一方面又是人类行动的指南和制度创新的先导。[①] 面向收入分配改革的金融法，既需要进行理念调适，又需要进行制度变革，而对金融法理念的重新审视其实就是对收入分配改革背后所蕴含的金融法思想的一种探寻。我们认为，与收入分配改革相契合的金融法理念，主要指向的是金融公平、金融民主和金融包容。

一、金融公平

公平源自人类共同体的自然权利观，带有普适性的法律价值。当公平与金融有机融合时，金融公平的理念便应运而生。所谓金融公平，是指在金融活动中，各类主体不因自身经济实力、所有权性质、地域和行业等因素而受到差别对待，能够公平地参与金融活动，机会均等地分享金融资源，形成合理有序的金融秩序，并通过金融市场实现社会整体利益的最大化。[②] 在本书作者提出并论证"金融公平"这一概念之前，学界对金融公平的认知极为有限，无论是研究文献还是学术话语均处于法律盲区状态，其内涵与外延仍需要作进一步的反思。

（一）金融公平的内涵厘定

人与人之间有贫富之分，却无贵贱之别；有强弱之异，却无高低之判。人

① 李昌麒主编：《经济法理念研究》，法律出版社2009年版，第1页。

② 冯果："金融法的'三足定理'及中国金融法制的变革"，载《法学》2011年第9期。

人平等正是现代社会获致认同、赖以存续的重要价值基础,公平的价值理念适用于社会生活的全部角落,金融领域亦无例外。[①] 在收入分配改革语境下,金融公平的内涵主要体现为三个方面:第一,公平参与金融活动。各类市场主体均能参与金融活动并获得相应的金融服务。一个公平的金融市场应该对不同的参与者同等地确保金融资源的可得性与易得性。在金融公平的要求下,金融市场的不合理门槛应该被逐渐降低直至消除。具体而言,民间金融应该获得相应的法律地位,使其能与正规金融同台竞争。中小型金融机构得到实质性的鼓励与扶持,从而填补被大型金融机构所遗弃的市场空白。国有大型金融机构的垄断地位应该被控制和破除,国家政策与法律对所有金融机构一视同仁。同时,政府应该鼓励金融机构在中西部地区以及农村地区设立分支机构或者成立专门服务于农村等欠发达地区的金融机构,使农民和中小型企业能够便利地获得金融服务。金融市场固有的逐利性和资本嫌贫爱富的特性应该由金融法制加以矫正和协调。

第二,公平进行金融交易。金融市场主体的交易活动均能公平地进行,金融秩序合理有序。在金融市场上,一方面,金融市场主体基于平等地位进行公平交易。金融服务的供给者不应具有市场支配地位,更不应凭借其优势地位倾轧和压榨金融服务的需求者。另一方面,金融市场受到有效监管。金融市场主体依法进行金融活动,金融秩序合理有序。具体而言,金融交易的公平要求通过合理的制度安排营造公平的市场竞争环境,改变金融机构的强势话语地位,金融消费者的权利得到良好保护。存贷款利差进一步缩小,信贷歧视逐渐消除,内幕交易、操纵市场、虚假陈述等违法行为能得到良好的控制和处理。信息披露更加及时公开,信息不对称得以显著消除,市场有效性进一步提高。金融衍生品的定价更加合理,风险提示更加明确有效。金融活动中的不公平待遇和不公平交易得以控制。

第三,公平享受金融福利。金融发展带来的经济增长和社会效益得为社会各类主体公平享受,金融发展也应立足于消除贫困、缩小收入差距和提高社会福利,金融与社会能够协调发展,实现社会利益的最大化。一方面,金融发展不能遗忘资金、技术等方面存在弱势的地区和主体。金融机构应该在欠

---

① 王怀勇著:《中国农村金融监管法律问题研究》,法律出版社 2012 年版,第 15 页。

发达地区设立分支机构,以使欠发达地区的个人和中小企业能够享受金融服务,从而赢得更多的发展机会。同时,金融机构应关注和加强对贫困人群的扶助力度,通过提供信贷资源等方式提高其收入。这是使社会各类主体公平享受金融福利的直接途径。另一方面,金融活动应突破经济利益的局限,更多地关注社会整体利益,强化金融机构的社会责任。金融机构和投资者在选择投资对象和投资方向时,更多地关注农业、交通运输、教育、环境保护等产业方向,促进这些可能经济收益不大或周期较长的产业的发展,同时适当限制不符合社会发展趋势要求的高污染、高能耗的产业获得信贷资源和上市资源的机会,以实现社会整体利益的提高。

在把握金融公平的上述内涵时,还需要注意几点:首先,金融公平是机会公平。机会均等是市场经济的本质要求,任何市场参与、进入机会上的不均等,都是与市场经济的要求相背离的。市场经济是通过市场进行资源配置的一种经济体制,市场是通过竞争得以存在和发展的,所以说,没有竞争就没有市场经济。机会公平强调的是在市场经济中给每一个市场参与者提供均等的参与资源配置竞争的机会。金融是现代经济的支撑,亦是现代社会中人们生产、生活所难以离开的凭借,这一重要资源的分配应针对所有阶层的群体,每一阶层、每一群体都应当公平地享有金融资源。[①] 其次,金融公平是相对公平。世界上并不存在绝对的公平或平等,任何绝对的公平或平等本质上相当于康德的绝对命令,不过是一种理想的形式标准,只存在于观念的追求之中,并不实际存在。所以金融公平是相对公平,不是绝对公平。最后,金融公平是有效公平。所谓“有效公平”:一是要保证公平进行金融资源分配时能有效提供这些具有稀缺性的资源。如果对金融资源的公平配置妨害了金融资源的有效利用和供给,那么就应当限制这种“公平”的分配方式。这是因为,如果金融资源的有效利用和供给不能实现,那么对这些金融资源的公平分配只能是“空中楼阁”的妄谈。二是要兼顾金融安全。由于金融交易的复杂性、金融资产的虚拟性、金融行业的关联性等特质,现代金融法律所关注的安全,已经不限于市场主体个别的财产保障与风险防范的能力,而是更多涉及区域的、主权国家范围的甚至超越一国领域的、蕴涵着多层次要素的综合性

---

① 王怀勇著:《中国农村金融监管法律问题研究》,法律出版社2012年版,第15页。

范畴。[①] 更为通俗的解释是，金融业是运作"他人的钱"的特殊行业，在一个陌生人社会中，要让"他人"有信心，唯一的方法就是保证"他人的钱"的安全。金融安全是金融稳定的基础，历次金融危机告诉我们如果金融安全不在，受到最大冲击的不是多少资金的蒸发而是人们对以信用为基础的金融市场犹如黄金般珍贵的"信心"。所以，如果金融资源的公平分配不能保证金融市场的稳定，则这种公平分配方式就必须加以变革。[②]

（二）金融公平对金融法价值体系的重塑

金融公平理念的提出，对于金融法而言不亚于一场"思想解放运动"。这是因为，当金融法纠结于金融安全与金融效率的"非此即彼"的价值目标选择时，金融公平弥补了片面强调金融安全或金融效率的局限，通过金融公平的指引与参照实现了金融安全和金融效率间的平衡，为金融法从根本上走出"治乱循环"提供了一条新思路。金融公平整合了金融消费者权益保护、金融活动的社会责任、确保市场公平透明和有效等方面的内容，内涵更加丰富和全面。金融公平不仅关注金融监管，还关注金融组织和金融交易；不仅关注金融消费者保护，还关注金融资源配置；不仅关注金融市场的经济功能，还关注金融市场的社会功能；不仅关注金融活动中的形式上的公平，还更为关注金融福利分配的实质上的公平。总体来说，金融公平可以作为与金融安全和金融效率并驾齐驱的金融法制的价值目标。我们认为，健康的金融市场离不开完善的金融法制，而完善的金融法制必须实现金融安全、金融效率和金融公平三个价值目标的良性互动，可以形象地将三个价值目标比作三个"足"，而这个论断也可以称作"三足定理"。[③]

在此之前，国内也有学者提出了金融法中的"三足定理"，即将消费者保护与金融安全、金融效率同时作为金融法制的三个足，认为金融立法、金融监管目标的设定、金融体制改革的指导原则都应该在这"三足"之间求得平衡。[④] 该观点尽管富有新意，但存在几点值得商榷之处：其一，"三足定理"的

---

① 盛学军等著：《全球化背景下的金融监管法律问题研究》，法律出版社 2008 年版，第 73 ~ 74 页。

② 戚莹："金融公平：金融法新理念——以金融包容为实现路径"，载《海峡法学》2012 年第 1 期。

③ 冯果："金融法的'三足定理'及中国金融法制的变革"，载《法学》2011 年第 9 期。

④ 邢会强："金融危机治乱循环与金融法的改进路径——金融法中'三足定理'的提出"，载《法学评论》2010 年第 5 期。

归纳与表述值得进一步推敲。所谓"定理",是已经证明具有正确性,可以作为原则或规律的命题或公式。一般而言,定理的逻辑结构是条件—结论,或者直接是结论。"三足定理"这个表述显然不具有结论性,与其说是"定理",倒不如说是一个"思路",从"思路"到"定理"还需要进一步的深化和凝练。其二,"三足定理"的论证基础需要进一步拓展。由于金融法制不仅包括金融监管法,还包括金融组织法和金融交易法,"三足定理"的论证始于金融危机治乱循环,却也止于金融危机治乱循环,单纯从金融危机治乱循环这一金融监管的范畴来论证显然并未涉及金融法制的全局,缺乏全面的理论论证与检验容易让定理出现以偏概全的问题。其三,"三足定理"对完善金融法制的衡量指标和实现途径的理解失之单一。"三足定理"恰当地选择金融安全与金融效率作为两足毋庸置疑,但将金融消费者保护作为第三足却值得商榷。完善的金融法制诚然是要确保金融安全与金融效率,但是金融安全与金融效率的实现并非单纯强调金融消费者保护便可实现,还需要保证金融市场主体能自由平等地参与金融活动以及金融资源得到合理配置。申言之,金融消费者保护只属于金融监管法的范畴,①而完善的金融法制必须确保金融组织法和金融交易法与金融监管法协调发展,并通过三者间的良性互动和密切配合来保证金融市场的完善。完善的金融市场固然是要求良好的金融消费者保护,但单单强调金融消费者保护,是无法实现金融市场的完善的。其四,"三足定理"对于金融市场功能的认识过于片面。学界对于金融市场功能的认识过于集中于经济功能,忽视了金融市场对于财富再分配和收入差距调节的社会功能。受限于此,"三足定理"片面关注了金融市场交易中处于相对弱势地位的金融消费者的保护、市场安全和效率等经济上的问题,而忽视了金融市场对于社会公平、收入分配的影响以及金融增长带来的福利的分享等社会问题。"三足定理"必须同时关注金融市场的经济功能和社会功能,才能从法律制度层面全面地规范金融市场的发展,充分发挥金融市场的作用。

综上所述,单纯局限于金融安全与金融效率之间的天平式平衡的金融法

① 王保树:"金融法二元规范的协调与发展趋势——完善金融法体系的一个视点",载《广东社会科学》2009年第1期。

制是不能涵摄金融市场发展全局的，必须强调金融公平以扩展金融法制的价值取向和规制范围。另外，只有建立在公平之上的金融效率才是正义的和可持续的效率，也只有建立在公平之上的金融安全才是恒久的安全。因此，金融公平应与金融安全和金融效率一起构成“铁三角”，作为金融法制的三“足”，共同支持金融法制和金融市场的稳定健康发展。从这个意义上讲，金融公平的提出事实上重塑了金融法的价值体系。

（三）金融公平的法律实现：以金融福利法的建构为中心

前文指出，金融公平的内涵主要表现为公平参与金融活动、公平进行金融交易和公平分享金融福利。金融公平的法律实现，需要从这三个方面进行制度设计。鉴于公平参与金融活动和公平进行金融交易比较容易理解而金融福利尚属于较为陌生的概念，我们特选取金融福利法的建构这一视角来探索金融公平的法律实现路径。所谓金融福利，是指金融体系运行所带来的福利效果。按照福利经济学之父庇古的理论，福利即人们对获得效用的满意感。广义的福利即包括正义、自由、愉快等内容的社会福利，而狭义的自由即经济福利，是指能由货币进行度量的社会福利。[①] 而当前学者对于金融福利的分析，更多地关注了以货币度量为基础的经济福利。[②] 对金融的经济福利的关注实际上是片面地认识金融功能、只强调金融经济功能的结果。但是福利并非仅仅是财富增长，个人幸福与人类福祉远非货币可以度量，而涉及包括政治权利、健康、机会、安全等各个方面。诺贝尔经济学奖获得者阿玛蒂亚·森认为自由是判定社会上所有人福利状态的价值标准，包括了政治自由、经济条件、社会机会、透明性保证和防护性保障等五种工具性自由。[③] 而这类福利并非与金融毫无关联，恰恰相反的是金融发展能够在某种程度上促进并实现这类福利。[④] 尤其是随着金融逐步渗透到人类社会生活的方方面面，其对整个社会所产生的作用会越来越深刻。另外，社会整体福利并不是个人福利的简单加总，社会整体福利直接依赖于福利

---

① [英]庇古著：《福利经济学》，金镝译，华夏出版社 2007 年版，第 9 页。

② 胡志强著：《金融系统的福利经济分析》，武汉大学出版社 2005 年版，第 235 页。

③ [印]阿玛蒂亚·森著：《以自由看待发展》，任赜、于真译，中国人民大学出版社 2012 年版，第 7 页。

④ Juan Piñeiro Chousa, Haider A. Khan, Davit N. Melikyan, Artur Tamazian, “Democracy, Finance and Development”, *CIRJE Discussion Paper*, *CIRJE-F* – 458, December 2006.

在个人中间如何平等分配,[①]平等分配能够让社会福利最大化。[②] 也就是说,单纯强调金融体系运行效率,只关注金融发展所带来的个人福利并不会有利于社会整体福利的提升。金融发展推动宏观经济增长固然会通过"涓滴效应"惠及穷人,[③]但若缺乏有效的分配调节机制,社会整体福利会在不平等日益扩大中不断减损。要实现金融的经济功能和社会功能的协调发挥,需要重视并全面认识金融福利。金融发展会带来福利的增加,但要确保金融福利的最大化,则必须处理狭义上的能用货币度量的经济福利与广义上的更为抽象宽泛的社会福利、个人福利与社会整体福利之间的协调与平衡。这一目标的实现有赖于有效的制度约束,通过以金融福利最大化为导向的金融法律制度进行引导与规制。

1. 金融法的二元属性及其对金融福利的保障

金融市场活动须臾离不开法律制度的规范,金融福利的实现也需要法律制度的保障。作为调整金融体系运行中形成的社会关系的法律规范,金融法的规制范围需要涵盖金融体系运行从组织、行为到结果的每一个环节。完善的金融法制可以而且应当为金融市场的健康发展提供强大的制度助力,促进和优化金融功能的发挥。

由于金融本身经济功能和社会功能的二元分野,既是资源禀赋又是制度结构的金融法相应地需要反映金融二元功能,一方面要实现确认金融市场主体的权利义务并规范市场交易行为等经济目标,另一方面还要实现确保金融运行的社会效果提升金融福利等社会目标。[④] 这样,金融法的调整对象和规制方法的多样性和差异化使得金融法的定位变得模糊和困难。有学者基于金融法对交易规制的弱化和日益显著的社会利益导向的特征认为金融法已经突破了传统民商法的领域,应当定位为经济法。[⑤] 王保树教授认为金融法包括了调整营利性交易的私法规范和实现公共性目标的强制性规范与公法

---

① [美]路易斯·卡普洛、斯蒂文·沙维尔著:《公平与福利》,冯玉军、涂永前译,法律出版社2007年版,第33页。

② Amartya Sen,"On Economic Inequality",Oxford University Press,1973,pp. 83 – 87.

③ P. Aghion, P. Bolton, "A Theory of Trickle-down Growth and Development", *Review of Economic Studies*, Vol. 64, 1997, pp. 151 – 172.

④ 冯果:"金融法的'三足定理'及中国金融法制的变革",载《法学》2011年第9期。

⑤ 张宇润:"金融法的定位及内在冲突的衡平",载《当代法学》2004年第1期。

规范的“二元结构”。[①] 本书认为金融法具有商法和经济法的二元属性，其调整金融市场交易主体及其交易行为、金融工具的权利义务配置等方面的规范系对平等主体的营利性活动进行调整，属于商法的范畴，而金融监管与调控以及着眼于金融社会功能实现等方面的规范则具有显著的维护社会整体利益的经济法属性。

无论是作为商法的金融法还是作为经济法的金融法都会产生一定的福利效果，但金融法本身并不能直接产生金融福利，而是需要通过调整金融关系分配金融福利并使之达到帕累托最优，进而实现社会整体福利的最大化。金融法保障金融福利的基本机制是通过法律制度合理配置权利义务，规范各类主体的行为，使其符合金融效率、金融安全和金融公平的价值目标。第一，金融法通过规范金融交易行为，能够降低交易成本，同时通过适度的金融监管，为金融创新创造一定的制度空间，进一步增强金融市场活力，从而提高金融效率。当金融效率得以提高，金融发展对经济增长的作用就会更加显著，单位资金的运用会产生更高的经济效益，社会财富由此得以增加，由此产生更高的经济福利。第二，金融法通过加强宏观审慎监管，防范和化解金融风险，维持金融市场稳定，减少市场波动，确保金融安全。金融安全能够确保金融市场的稳定，一方面为金融市场持续健康发展创造良好条件，促进经济增长提升社会福利；另一方面又能避免因金融危机和市场波动导致的财富流失和福利减损。第三，金融法通过权利义务的公平配置实现金融公平，使得在金融活动中各类主体不因经济实力、所有权性质、地域和行业等因素而受到差别对待，能够公平地参与金融活动，机会均等地分享金融资源，形成合理有序的金融秩序。当金融公平得以保证时，市场欺诈、金融排斥和金融抑制等现象能在某种程度上得以缓解，金融发展所带来的社会福利能够得到公平分配，从而提升社会整体福利水平。

尽管金融法在整体上能够保障金融福利，但作为商法的金融法和作为经济法的金融法在保障金融福利方面的作用机制和实际效果不尽一致。作为商法的金融法，侧重于保障金融交易秩序和促进交易达成，贯穿始终的是商

---

① 王保树：“金融法二元规范结构的协调与发展趋势——完善金融法体系的一个视点”，载《广东社会科学》2009 年第 1 期。

法思维。这种类型的金融法能够维护和促进金融市场的发达和金融交易的繁荣,有效配置风险和调剂资金余缺,推动经济增长和财富积聚。在这个层面上的金融法更加关注微观的、具体的交易行为,其所达到的福利效果更多的是对个体经济福利的增进。而作为经济法的金融法,则将维护社会整体利益这一经济法思维放在首位,[①]通过金融监管和调控一方面维护金融市场的稳定避免因金融风险积聚引发危机进而造成福利减损;另一方面提升金融效率促进经济增长以创造更多的福利。与此同时通过权利义务的倾斜配置,对投资者这类弱势群体予以特殊保护,以实现福利在不同能力的金融市场主体间进行分配。从这层意义上讲,作为经济法的金融法则超越了单一的经济福利,着眼于更为宏观的、整体的福利。将两者进行区别,不难发现前者所带来的金融福利的增加主要是经济福利的增加,且是促进金融交易所带来的副产品即被动的福利增加;而后者所带来的金融福利增加则是更加全面,而且是政府干预所带来的主动的增加。另外,具有商法属性的金融法更多的是关注市场运行过程中的金融福利形成即初次分配,追求福利分配过程的平等,而不论福利的分配是否均等或公正;而具有经济法属性的金融法虽然也会调节初次分配,但更多地关注金融福利在不同主体间的再次分配,追求福利分配结果的公平,强调自由市场与国家干预、程序正义与结果正义之间的协调。

反观当前的金融法学研究,似乎陷入了工具主义的怪圈中。学者们要么钟情于金融交易行为的规范,要么痴迷于金融监管的优化,而金融体系究竟为何存在、为谁服务等本源性命题,却在金融法制的研究中被有意无意地遗忘了。事实上,金融法学的研究不能只局限于对金融体系运行的现有规则进行制度确认,而应该上升到更高的价值层面,通过制度引导建立更好的金融市场,进而营造更好的社会。金融福利作为金融市场发展的结果,是金融市场和金融法律制度评估判断的指标。好的金融法制,必定是能够实现金融福利最大化的金融法制。而金融法学的研究,也应当超越金融市场规范的表层意涵,深入金融市场运行所带来的福利效果之中去。

2. 金融福利法:金融法体系的拓展

金融发展并不仅仅追求经济增长,而且要创造更好的社会。易言之,金

① 卢代富:"经济法对社会整体利益的维护",载《现代法学》2013 年第 4 期。

融不仅应追求经济福利，还应追求经济福利之外的社会福利；金融不仅应实现个体福利，还应实现社会整体福利的最大化。这一目标单纯依靠市场机制显然无法实现，还有赖于完善的金融法制引导和干预金融体系的运行。然而当前着眼于维持金融市场交易秩序，平衡金融安全与金融效率的金融法理论与实践在金融福利分配以及社会整体福利最大化方面显然捉襟见肘。我们不禁要反思：金融法除了在保障金融体系的有序运行之外，是否还应当发挥调整金融福利，实现社会整体福利最大化的作用？

事实上，金融福利进入金融法学的研究视野，是对金融的经济功能和社会功能的认识更加全面以及金融法的经济法属性进一步强化的必然结果。因此，金融法体系拓展到金融福利法，通过金融法制调节金融福利分配并发挥金融的社会功能，是金融市场发展和金融法制进化的现实需求和必然选择。所谓金融福利法，是立足金融体系运行与社会发展之间的互动，通过权利义务的倾斜配置调节金融福利的分配，实现社会整体福利最大化的法律规范的总称。金融福利法拓展了传统金融法的调整对象、价值理念和调整方法，是在传统金融法之外延伸出来的新领域。

金融福利法调整金融福利的分配，拓展了金融法的调整对象，从传统的金融主体、金融交易、金融工具和金融监管等对象延伸到了金融福利。金融福利法突出了从行为到结果的视角转化，更加关注金融体系运行所带来的福利效果。首先，金融福利法以金融福利为基础。金融福利以及金融市场结构和金融法律制度对金融福利的互动效应是金融福利法的理论基础。金融福利在金融体系运行过程中形成，是金融发挥其经济功能和社会功能的具体表征，能够衡量金融体系的优劣，判断金融体系是否在经济社会发展中发挥着积极作用。金融福利的形成以及金融福利效果与金融市场结构密切相关，而金融法虽然不能直接形成金融福利，但却能通过优化金融市场结构间接地提升金融福利。传统金融法过于侧重金融体系运行本身而未将金融福利纳入考量范畴，在一定程度上会影响金融法提升金融福利效果的实现。而金融福利法直接着眼于金融福利，能够对传统金融法体系形成有益补充。其次，金融福利法以金融福利的分配与再分配为内容。金融法并不能直接形成金融福利，而是通过金融福利在各类主体间的分配和再分配以达到金融福利的最优化。在完全市场环境下，强势主体会基于逐利动机和优势地位获取更多的金融福利,弱势主体并不能同等地享受相应的金融福利。由此造成的金融福利分享的差异化一方面会加剧不平等,另一方面会降低整体福利效果。基于此,金融福利法通过相应的权利义务配置和制度安排,完善金融市场结构以优化金融福利的分配,与此同时通过国家干预和调节优化金融福利的再分配,以实现最优福利效果。最后,金融福利法以社会整体福利最大化为目标。金融市场除了经济功能外还具有社会功能,金融福利亦不只是经济福利而且包括社会福利。金融福利法不仅着眼于经济增长和市场繁荣,而且更加重视经济社会的全面协调发展。也就是说,金融福利法的目标是通过法律规制促使金融发挥更好的社会效果。同时,金融福利不仅指金融发展带来的个体福利,而且包括社会整体福利。金融市场主体的个体福利在金融交易过程中即可实现,金融福利法更加注重的是个体福利的矫正和分配以实现整体福利的最大化。

金融福利法以金融公平为核心,拓展了金融法的价值理念。金融危机的治乱循环实际上反映了金融市场在追求金融安全与金融效率之间的摇摆徘徊,如何平衡金融安全与金融效率成为了金融市场和金融法制长期以来一直致力于解决的命题。[①] 传统金融法也一直以金融安全与金融效率为价值追求,并沿着寻求两者之平衡的路径踽踽独行。事实上,片面强调金融安全与金融效率的平衡将金融法的作用局限在了金融市场本身,仅仅关注了金融体系的经济功能,不能充分发挥金融体系的社会功能。金融福利法则以金融公平为核心价值追求,通过金融福利在不同主体和不同领域的分配与再分配,实现金融福利的公平分享。金融福利法一方面强调各类金融市场主体不论资金、地区、技术等方面的禀赋差异,都应该同等地享有获得金融服务的机会,以提升相应主体的金融福利;另一方面强调金融活动应当突破经济利益的局限,更多地关注社会整体利益,即金融活动不能片面地追求经济福利,而且应当将社会福利水平纳入金融活动的考量体系之中。[②] 金融福利法所遵循和确立的金融公平理念,是对传统金融法简单且对立的金融安全和金融效率价值理念的拓展,进而形成了金融法有机互动

---

① 邢会强:"金融危机治乱循环与金融法的改进路径——金融法中'三足定理'的提出",载《法学评论》2010 年第 5 期。

② 冯果:"金融法的'三足定理'及中国金融法制的变革",载《法学》2011 年第 9 期。

的“三足”,既可以通过金融公平的引导和参照实现金融安全与金融效率之间的平衡,又能突破金融安全与金融效率的局限促进金融市场社会功能的发挥,从而确保金融体系遵循着有利于经济社会协调发展的路径发挥最大效用。

金融福利法所强调的权利义务倾斜配置,拓展了金融法的调整方法。金融福利法调整金融福利分配的方式,主要是对金融主体的权利义务进行倾斜配置。金融福利法的基本逻辑是略有偏重地赋予和保障金融市场弱势主体的金融权利,确保其能公平地参与金融活动,公平地进行金融交易,与此同时对金融市场强势主体课以更多的义务,约束和规范其行为,防止其凭借强势地位以排斥和损害弱势主体利益为代价攫取利益,在尊重市场机制的前提下通过法律的介入适当限制强势主体的金融福利,提升弱势主体的金融福利。概言之,金融福利法通过倾斜性保护的方式,调节了金融福利在不同主体间的分配。这种调整方法与作为商法的金融法具有明显差异。后者基于金融交易的参与者都是平等市场主体的逻辑前提,着眼于促进交易和保护交易安全,对各类主体的权利义务同等保护。金融福利法则是遵循经济法的逻辑,贯穿着保护弱势群体的旨向,在区分了金融市场主体能力的基础上给予不同主体差异化的权利义务配置。这种权利义务配置模式有两种:第一种是从形式正义的角度出发,通过法律赋予和确认金融市场主体的权利,并构建有效的权利实现机制,提升弱势主体参与金融市场活动的机会和实现自身发展的能力,①使得弱势主体能够自主地利用市场机制提升其金融福利。第二种则是从结果正义的角度出发,利用国家干预调整金融福利的分配,一方面强行地对强势主体课以额外义务,平抑金融福利过度集中,将部分金融福利转移至弱势主体,以实现整体福利的最大化;另一方面通过政府的规制、参与和引导,对市场障碍造成的金融结构畸形进行合理矫正,优化金融资源配置,促进金融福利的合理分配。

金融福利法的提出,是对现有金融法体系的完善和补充。当前金融法学者根据所调整的法律关系的差异将金融法划分为金融主体法、金融交易法、

① 冯果、袁康:“从法律赋能到金融公平——收入分配调整与市场深化下金融法的新进路”,载《法学评论》2012 年第 4 期。

金融工具法和金融监管与调控法。[①] 厘清金融福利法与上述金融法体系的各个分支之间存在何种关系,即金融福利法究竟是作为金融法体系的独立分支存在,抑或是融合在上述四大分支中,是确定金融福利法在整个金融法体系中地位的前提。不可否认,这些金融法体系的分支或多或少会对金融福利的变动产生一定的间接影响,无论是金融市场主体准入门槛的调整,还是金融交易中的倾斜性保护,抑或是创新型金融工具,乃至相应的金融监管和调控措施,都能够起到调节金融福利的效果。但是,简单地将金融福利法的内容划入传统金融法的分类之中,并不足以体现金融福利法的全貌,金融福利法具有独立的调整对象和思维范式,具有区别与传统金融法既有分支的显著特征。首先,传统金融法的四个分支均未将金融福利的分配与调整作为直接的研究对象和制度目标,并非直接关注金融福利效果。而金融福利法则直接以金融福利为调整对象,专门调节金融福利分配。其次,传统金融法的四个分支所贯穿的思维范式主要是商法思维,即便是具有经济法属性的金融监管与调控法,也只是立足于平衡金融效率与金融安全。而金融福利法则追求金融公平,遵循了经济法思维强调权利义务的倾斜配置和社会整体福利最大化。因此,金融福利法不仅仅是在现有金融法体系框架下的深化,而是金融法体系的拓展。

3. 金融福利法的范畴

金融福利法的外延比较广泛,立足于金融福利分配,着眼于通过金融体系运行促进社会整体福利的法律制度均可纳入其中。从消除贫困到收入分配调整,从环境保护到民主平等,都是金融福利法所致力于实现的社会整体福利的具体表现。如何通过有效的制度设计促进和引导金融体系运行促进金融福利的合理分配,正是金融福利法研究的核心内容和基本范畴。而这一

---

① 强力教授认为金融法由金融组织法、金融工具法、金融合同法构成。参见强力主编:《金融法》,法律出版社 2004 年版,第 22~27 页。岳彩申、盛学军认为金融法的体系包括金融机构组织法、金融业务法、金融调控法和金融监管法。参见岳彩申、盛学军主编:《金融法学》,中国人民大学出版社 2010 年版,第 24 页。李有星教授认为金融法的体系包括金融主体法和金融行为法。参见李有星主编:《金融法教程》,浙江大学出版社 2006 年版,第 9~10 页。吴弘教授将金融法的体系概括为金融调控法、金融监管法和金融业务法。参见吴弘编著:《金融法》,格致出版社 2011 年版,第 28~33 页。徐孟洲教授将金融法的体系分为金融主体法、金融规制法、金融监管法和金融调控法。参见徐孟洲著:《金融法》,高等教育出版社 2007 年版,第 13~14 页。尽管学者们对金融法体系构成的表述各异,但基本上都遵循了主体、交易、工具和监管的分类逻辑。

内容涵盖面之广，涉及问题之多，使得对金融福利法范畴进行完全列举比较困难，只能就其可能的范围略举要点。具体而言，金融福利法包括但不限于以下内容：

其一，金融资源优化配置。合适的金融结构能够有助于金融体系最大效率地发挥其基本功能，促进经济的可持续的、包容性的发展。[①] 充分发挥金融的经济功能和社会功能以实现金融福利最大化，有赖于金融结构因时制宜的调整，而金融结构最优化的过程，实际上就是金融资源配置最优化的过程。法律制度在这一过程中扮演着举足轻重甚至是决定性的角色。[②] 随着经济社会的发展变化，金融政策与法律制度应当及时调整金融资源配置，以确保金融结构的最优化。[③] 因此，金融资源的优化配置，是金融福利法的重要内容。我国当前的金融资源的畸形配置，造成金融福利分配的失衡。一方面由于二元经济结构导致了金融市场主体基于逐利动机对地域和交易对象的逆向选择，产生了比较严重的"金融排斥"现象。农村地区和经济欠发达地区居民几乎被排斥在金融体系之外，不能得到有效的金融服务，农村资金大量外流造成农村失血严重。由此农村居民难以利用金融体系增加收入，不能享受相应的金融福利。另一方面由于监管中的管制思维根深蒂固和市场化水平不足，由此形成的"金融抑制"使得正规金融体系能够基于其垄断地位攫取大量的金融福利，而非正规金融体系则缺少合理的发展空间而阻碍了草根主体分享金融福利的路径。金融排斥和金融抑制，归根结底是金融资源配置不均衡，这不仅造成了收入分配差距的进一步扩大，而且容易造成地下金融所带来的风险累积甚至爆发。[④] 这不仅不利于促进金融福利的整体提升，而且在某种程度上会造成金融福利的减损。金融福利法的使命，正是通过优化金融资源配置，消除金融排斥实现金融包容，突破金融抑制走向金融深化，以实现

---

① 林毅夫著：《新结构经济学——反思经济发展与政策的理论框架》，苏剑译，北京大学出版社2012年版，第246页。

② Rafael La Porta, Florencio Lopez-de-Silances, Andrei Shleifer, Robert Vishny, "Investor Protection and Corporate Governance", *Journal of Financial Economics*, Vol. 58, 2000, pp. 3 – 27.

③ 林毅夫著：《新结构经济学——反思经济发展与政策的理论框架》，苏剑译，北京大学出版社2012年版，第259页。

④ 田春雷："金融资源公平配置的法学分析——兼论中国金融法的新价值"，载《法学评论》2013年第3期。

金融福利公平分享,进而实现社会整体福利的最大化。具体而言,首先要改革金融市场准入制度,放宽市场准入限制,形成丰富多元有层次的金融服务供给,既为各类主体提供有针对性且有实效性的金融服务,又为民间资本参与金融市场竞争提供机会,使其能够充分利用金融市场提升其金融福利。其次要引导金融市场的差异化竞争,既要引导金融市场主体发挥优势寻找相应的增长点,避免竞争过度集中造成整体福利减损,又要进一步改善金融市场竞争环境,弱化强势金融机构的支配地位,实现各类市场主体金融福利的均衡分配。最后,要探索普惠性金融体系的建设,打破城乡二元金融结构,实现金融资源配置的区域均衡,进一步加大金融基础设施建设,引导和鼓励金融机构向弱质产业、落后地区和弱势群体提供金融服务,进一步提升全民享受现代金融服务的机会和途径。

其二,弱势市场主体的倾斜保护。金融市场运行所形成的金融福利面临着在各类主体中进行分配的问题。在完全市场机制下,强势市场主体凭借其优质资源禀赋能够更有效地利用金融市场增进金融福利,与此相反的是弱势市场主体由于能力不足或机会缺乏导致其所享受到的金融福利有限,甚至其本就有限的金融福利被强势市场主体所掠夺。金融福利法就是通过国家干预对弱势市场主体进行倾斜性保护,保障并促进弱势市场主体的金融福利。尽管金融交易法和金融监管法中也有对弱势市场主体倾斜保护的内容,但金融福利法语境下的弱势市场主体倾斜保护与前两者具有一定的差异。前两者主要是从金融市场活动的角度对强势主体课以强制性义务并保护弱势主体利益的实现,例如,法律规定了上市公司的信息披露义务、禁止内幕交易和市场操纵等损害广大投资者特别是中小投资者利益的交易行为、设立投资者保护基金以及规定民事责任优先等制度,[①]此外还有投资者适当性制度等约束强势主体的行为。这些着眼于平衡金融交易过程中权利义务的平衡的制度,都偏重于微观具体层面。而金融福利法则更加强调在宏观层面上营造出倾斜保护弱势市场主体的金融结构,保障弱势主体的融资权,畅通弱势主体接近并利用金融服务提升福利的途径。例如,银行性金融机构在农村地区或"描红"地区吸收大量存款但怠于在该地区发放贷款,尽管其在经济效率的

① 周友苏主编:《新证券法论》,法律出版社 2007 年版,第 115～116 页。

考虑上具有形式合理性,然而该地区的储户却只是作为资金提供者而不能获取信贷支持,储户提升金融福利的机会被不公平地剥夺了。然而其作为弱势市场主体,难以通过常规金融法的途径获取救济,传统金融法律保护弱势群体的制度也只能保护其作为交易对手所享有的权利,而不能保障其获得信贷交易对手的机会。金融福利法则向弱势市场主体适当倾斜,通过对银行性金融机构规定强制性信贷义务来为特定区域居民争取信贷支持。① 再以银行存贷款为例,长期畸低的存款利率一方面会在通货膨胀中导致储户资产的缩水;另一方面则会形成较大的存贷款利差而给银行带来巨额的息差收益。银行存贷款利率错配造成了金融福利分配的不公,而作为一般储户又缺乏相应的谈判能力与银行协商确定存款利率,这同样超出了金融交易法所能规制的范围。而金融福利法则可以通过推动利率市场化,并适当倾斜保护储户提高银行存款利率,在一定程度上可以为增进储户金融福利创造有益的制度环境。

其三,金融机构的社会责任。金融机构不仅仅是作为营利性组织存在,而是具有"准公共机构"的属性,②在其经济功能之外还具有相应的社会功能,包括满足市场需要、价值创造、提供就业和社会发展等。因此,金融机构在从事金融活动获取利润的同时,还需要承担促进经济增长、消除贫困和增进社会整体福利等社会责任。③ 作为强势市场主体的金融机构,在金融福利分配的过程中往往具有优势地位,而强调金融机构的社会责任,正是要求金融机构一方面适当让渡金融福利实现金融福利的公平分享,另一方面通过调整其参与金融活动的方式和理念增进其他市场主体乃至整个社会的金融福利,最终实现社会整体福利的最大化。随着企业社会责任理论的不断发展和企业社会责任的法律化,④作为企业的金融机构不再只是在道德义务层面承担社会责任,而是上升到了法律义务的层面。由于金融机构承担社会责任能

---

① 例如,美国的《社区再投资法》要求参加联邦存款保险体系的所有银行机构必须为其所在的社区提供信贷支持,而且其中一部分必须贷给社区的中低收入人群。参见袁康:"金融公平视角下农村系统性负投资的法律矫正",载《湖北社会科学》2013 年第 5 期。

② 周仲飞:"提高金融包容:一个银行法的视角",载《法律科学》2013 年第 1 期。

③ Francesc Prior, Antonio Argandoña, "Best Practices in Credit Accessibility and Corporate Social Responsibility in Financial Institutions", *Journal of Business Ethics*, Vol. 87, 2009, pp. 251 – 265.

④ 冯果、袁康:"浅谈企业社会责任法律化",载《湖北社会科学》2009 年第 8 期。

够对金融福利分配产生积极的效果,其自然也能够纳入金融福利法的研究范围。金融福利法通过金融机构的社会责任的法律化,对金融机构课以强制性义务,直接调节金融福利在金融机构及其客户之间的分配,以实现整体金融福利最大化。这实际上与对弱势市场主体倾斜保护是一个硬币的两面,后者是从弱势主体的角度出发,而前者则是从金融机构这类强势主体的角度去实现。金融机构履行这类强制性社会责任,最直观地体现为对金融消费者的保护。金融机构通过及时、准确和充分的信息披露减少信息不对称,并对金融消费者充分履行告知说明义务,尽可能地将金融消费者的利益纳入金融交易的考量因素之中,是金融机构履行社会责任的核心。[①] 由此可以尽量避免金融机构以损害金融消费者福利为代价换取自身金融福利的增加,也可以防范因信息不对称造成的金融消费者自身金融福利的减损。另外,金融机构尤其是大型金融机构,需要保持合理的治理结构和高管薪酬激励机制,尽可能维持金融市场的安全与稳定,并在其金融产品或交易可能造成金融市场波动甚至系统性风险时及时向社会披露。[②] 通过要求金融机构履行维护金融市场稳定的社会责任,可以防范金融福利因市场波动和金融危机出现减损。另外,金融福利法还可以通过金融机构社会责任的法律化,引导金融机构从事金融活动的方式和理念,间接地维护社会整体利益。金融机构承担这类社会责任最典型的就是"赤道原则"在项目融资中的引入。作为判断、管理和评估项目融资中的环境和社会风险的基准,[③]赤道原则将项目融资中的环境目标和社会目标予以明确化和具体化,使得项目融资会充分考量该项目对于环境和社会的影响。当金融机构能积极承担类似的社会责任,按照符合社会整体利益的方式和理念开展金融活动,则由此形成的金融福利不仅是该金融机构和融资方享受,而且会惠及整个社会,有利于社会整体利益的提高。

其四,福利性金融创新。金融创新同样具有一定的福利效应,合理的金融创新能够增进金融福利,不合理的金融创新则会减损金融福利。假如金融

---

① 朱慈蕴:"论金融中介机构的社会责任——从应对和防范危机的长效机制出发",载《清华法学》2010 年第 1 期。

② Z. Jill Barclift,"Too Big To Fail,Too Big Not To Know: Financial Firms and Corporate Social Responsibility",*Journal of Civil Rights and Economic Development*,Vol. 25,2011,p. 449.

③ L. E. Loiselet,"Investissement Socialement Responsible: Genèse,Méthodes,Enjeux",*L'économie Politique*,Vol. 7,2000,pp. 6 – 31.

创新能够降低交易成本,合理配置风险,且能正向引导金融行为,则该金融创新是有利于提升经济福利和社会福利的。反之,若金融创新只是为了寻求套利并且容易造成市场逆向选择的,则该金融创新不仅不利于福利提升反而会损害社会整体福利。[①] 例如,尤努斯博士创办的格莱珉银行在小额信贷领域的创新,允许缺乏私人财产的穷人通过熟人圈的联保代替抵押担保,使缺乏抵押品的穷人能够获得信贷服务进而取得增加收入的发展机会。这种金融创新既能够消除贫困,还能促进经济的发展,具有较好的金融福利效果。而像信用违约互换这类金融衍生品,其以债务违约为基础,尽管金融机构和部分投资者可能暂时在交易过程中有套利机会,但最终会激励违约行为的发生,由此而来的投资损失和衍生出的金融风险给个体和社会均会造成金融福利的减损。基于金融创新的福利效果,金融福利法能够在鼓励和引导福利性金融创新、严格限制有损整体福利的金融创新方面有所作为。金融福利法可以建立金融创新的评估和测试机制,以交易成本变动和风险配置改善作为标准对金融创新的福利效果进行衡量,[②]对于具有正向福利效果的金融创新通过放松监管等一系列制度优惠予以激励,对于有损社会整体福利的金融创新则予以禁止或加强监管。与此同时,应该为福利性金融创新的适用和推广创造良好的法律环境和制度保障,充分发挥福利性金融创新在增进社会整体福利上的积极作用。例如,排放权交易即为一种福利性金融创新,将排放权作为金融交易标的,允许排污者将排放指标打包成金融商品进行交易,从而在一定程度上能对排污者减少污染物的排放形成正向激励,优化资源配置,减少环境污染,增进社会整体福利。[③] 对于排放权交易,金融福利法并不关注金融交易本身的权利义务结构,而是关注如何为建立和活跃该金融创新所依托的交易市场提供有利的法律政策环境。除此之外,未来有可能会出现专门为应对经济不平等而开发的金融产品和服务,[④]金融福利法所需要做的就是确认和保障这类产品和服务,并尽可能地促进这类福利性金融创新。

---

① Andrew William Mullineux, "Financial Innovation and Social Welfare", *Journal of Financial Regulation and Compliance*, Vol. 18, 2010, pp. 243 - 256.

② A. W. Mullineux, "Financial Innovation, Banking and Monetary Aggregates", *Edward Elgar*, 1996, pp. 13 - 38.

③ 朱家贤著:《环境金融法研究》,法律出版社 2009 年版,第 48 ~ 50 页。

④ [美]罗伯特·希勒著:《金融与好的社会》,束宇译,中信出版社 2012 年版,第 xxxiii 页。

4. 小结

正如罗伯特·希勒所言：金融所要服务的目标都源自民众，这些目标反映了我们每一个职业上的抱负、家庭生活中的希望、生意当中的雄心、文化发展中的诉求，以及社会发展的终极理想。金融并非“为了赚钱而赚钱”，金融的存在是为了帮助实现其他的目标，即社会的目标，如果它能正常运转，金融就能帮助我们走向前所未有的繁荣。① 在金融体系运行过程中，我们除了关注其经济功能之外，还需要强调其社会功能，通过金融福利的合理分配，实现社会整体福利的最大化。金融这部形成于人类智慧的机器，需要进行驯化以创造更多的人类福祉。完全依赖市场机制，难以将具有极强逐利动机的金融维持在符合社会整体福利的轨道上，而是需要以法律为套索与缰绳，通过国家干预确保整体福利最大化目标的实现。金融福利法，对于金融法理论而言可能是被遗忘的世外桃源，但对于未来金融体系和人类社会，怎么不是一座引航的灯塔？

二、金融民主

我国金融市场自产生之初就充斥着浓厚的政府主导色彩，金融发展也是在政府管制和金融抑制下匍匐前行。在此背景下，我国的金融发展呈现出金融权力高度集中和金融资源高度垄断的特征。这不仅制约了我国金融市场的效率，也造成了金融资源配置的严重失衡，从而在国有企业和民营企业、城市和农村、东部地区和中西地区之间形成了严重的金融排斥现象。在经济金融化程度日益加深的今天，社会金融化也在不断拓展，金融资源的扭曲配置将导致富者愈富、贫者愈贫的“马太效应”，进而也影响到社会公平和稳定。因此，有必要对我国金融体系进行民主化改造，扩大社会公众的金融权利，保障多元利益主体在金融活动和金融公共决策中的平等参与，打破高度集中的金融权力结构和既得利益集团对金融资源的垄断，以促进金融改革和发展的成果惠及最广大人群，特别是长期被排斥在金融体系之外的弱势群体，最终实现金融公平和社会公平。

---

① ［美］罗伯特·希勒著：《金融与好的社会》，束宇译，中信出版社 2012 年版，第 10 页。

（一）金融民主的提出

金融民主（democratization of finance）的概念最早由罗伯特·希勒（Robert J. Shiller）提出，他认为解决次贷危机的关键在于使金融走向民主化，并利用现代信息技术把那些合理有效的金融原则扩展到更广阔的社会层面，应当鼓励一种真正民主化的方式推动金融市场发展，让金融管理那些与个人有着根本性关系的风险。① 希勒所提出的"金融民主"是以美国高度发达的金融体系为背景的，金融体系的民主化侧重微观层面的改造，即利用现代信息技术推动金融创新，为普通民众提供更好的金融服务，更加有效的分散和管理风险。"金融民主本身不仅仅是目标，还是实现其他目标的手段——通过金融工具的推广和普及来实现经济的稳定和繁荣。"②而在我国，金融民主的提出则有着特殊的背景，主要表现为政府主导下的金融权力过度集中以及金融资源高度垄断，而这也势必将赋予我国金融民主更丰富的内涵。

1. 金融权力过度集中

我国当下的金融市场带有非常强烈的国家引导、甚至国家主导的色彩，因而它并不属于那种自发生成的秩序（spontaneous order）类型。③ 我国政府长期以来存在着"父爱主义"思想，对市场和社会充满了不信任，在过去的计划经济时期对资源集中统一分配，把自己塑造成无所不包、无所不能的全能政府，即便是在向市场经济转型的今天，政府仍然掌控着绝对的权力，职能庞杂、机构臃肿，政府的"有形之手"触及经济生活的方方面面。在金融领域，大到全局性的金融改革，小到金融机构的日常经营，政府干预无所不在，金融市场和金融机构却始终未能发育成熟。具体而言，我国金融权力的过度集中体现在两个层面。

首先，从中央和地方的金融权力配置来看，金融权力过度集中于中央。《立法法》第 8 条规定了基本经济制度以及财政、税收、海关、金融和外贸的基本制度只能制定法律，第 9 条进一步规定了上述事项尚未制定法律的，全国人大及其常委会可以授权国务院根据实际需要，对其中的部分事项先制定行

---

① ［美］罗伯特·希勒著：《终结次贷危机》，何正云译，中信出版社 2008 年版，第 89 页。

② ［美］罗伯特·希勒："美国次贷危机的解决之道"，王燕燕译，载《经济社会体制比较》2008 年第 6 期。

③ 黄韬著：《"金融抑制"与中国金融法治的逻辑》，法律出版社 2012 年版，第 3 页。

政法规。这一规定实际上就将金融立法权集中在了中央，地方政府缺乏金融自主权。另外，我国金融调控权由中国人民银行行使，金融监管权则主要由“一行三会”行使，实行垂直化管理，地方政府的金融权力受到极大的压制。这主要是由金融在国民经济中的重要地位所决定的，是为了防止赋予地方政府过多金融权力后造成金融发展的失序以及削弱中央对地方的控制。但是，中央政府通过对金融权力的集中掌控，对金融资源进行集中分配，却在很大程度上降低了金融资源的配置效率，金融资源在不同地区间的分配失衡也加剧了地区间的金融发展不平衡。而地方政府为了争夺有限的金融资源，则展开了“金融竞赛”，进而引发监管套利（regulatory arbitrage）、监管竞次（race to the boom）和监管容忍（regulatory tolerance）等重重积弊。

其次，从政府和市场主体的权力（利）配置来看，政府金融权力过大，而市场主体的金融权利不足。我国的金融立法具有明显的管制法色彩，充斥着调整纵向管理关系的金融公法条款，而调整横向金融交易关系的金融私法条款则略显单薄，过于强调政府对金融市场干预和监管的权力，忽略了市场主体参与金融活动、从事金融交易和享受金融服务的权利。金融体系中的“群己权界”不清，政府权力边界过大，对金融市场的过度干预，导致金融价格双轨制，降低了金融资源的配置效率，造成金融资源配置的失衡。“实际上，由于政府对金融业的过度介入，已经导致了金融资源被异化为中央和地方政府的财政资金，金融业异化为‘第二财政’。”①这进一步降低了政府推进金融市场化改革和金融开放的动力，而金融市场中的弱势群体由于难以通过正规金融渠道获得融资，不得不求助于民间金融，从而在我国形成了一条体制外的资金循环机制。在金融权力（利）结构失衡，弱势群体融资权得不到保障的困境下，民间金融自下而上的突破了制度“瓶颈”并且“倒逼”政府的金融改革，但由于缺乏规范化的制度约束，民间金融也蕴含着巨大的风险和危机，亟待进行法制化改造。

2. 金融资源高度垄断

我国金融资源的高度垄断在很大程度上也是金融权力过度集中的结果。

---

① 周立、胡鞍钢：“中国金融发展的地区差距状况分析（1978—1999）”，载《清华大学学报》（哲学社会科学版）2002 年第 2 期。

政府控制金融权力,对金融机构的市场准入进行审批并且设置高门槛,导致金融资源主要集中在大型国有金融机构,民间资本很难进入金融领域,中小金融机构也无力与其竞争。以商业银行为例,《商业银行法》第 11 条第 1 款规定"设立商业银行,应当经国务院银行业监督管理机构审查批准",第 13 条第 1 款规定"设立全国性商业银行的注册资本最低限额为十亿元人民币。设立城市商业银行的注册资本最低限额为一亿元人民币,设立农村商业银行的注册资本最低限额为五千万元人民币。注册资本应当是实缴资本",这几乎就阻断了绝大多数民间资本设立商业银行的可能性。银监会年报显示,截至 2012 年年底,银行业金融机构资产总额为 133.6 万亿元,其中资产规模较大的依次为大型商业银行、股份制商业银行、农村中小金融机构和邮政储蓄银行,占银行业金融机构资产的份额分别为 44.9%、17.6% 和 15.6%。[①] 因此,我国金融市场的垄断主要是非市场化的,其背后体现着政府权力的意志。

与此同时,居于垄断地位的大型国有金融机构形成了我国金融市场的既得利益集团,垄断了我国绝大多数的金融资源,享受着政府优惠的金融政策,同时也利用其政治影响力影响金融立法和政策,抑制民间金融机构和外资金融机构的发展和竞争,并且缺乏推动金融改革的热情。拉古拉迈·拉詹(Raghuram G. Rajan)和路易吉·津加莱斯(Luigi Zingales)运用"利益集团理论"分析了 20 世纪金融发展进程中的"大逆转"(great reversals)现象,即金融市场中的既得利益集团由于垄断地位和经济实力而获得了实实在在的政治权力,从而可以决定一国经济中金融部门的发展,当金融发展和竞争损害其既得利益时,这些利益集团会抵制金融创新、开放和发展。[②] 因此,"金融发展的第一步是限制政府对于自己公民的专制权力;第二步就是限制小规模的利益集团操纵政府的权力。"[③]

以大型国有金融机构为代表的金融利益集团占据着金融市场的半壁江山,并且利用其政治影响力引导金融立法和政策维持其垄断地位,但却无法

---

① 中国银行业监督管理委员会办公厅编:《中国银行业监督管理委员会 2012 年报》,中信出版社 2013 年版,第 21 页。

② Raghuram G. Rajan, Luigi Zingales, "The Great Reversals: The Politics of Financial Development in the Twentieth Century", *Journal of Financial Economics*, Vol. 69, 2003.

③ [美]拉古拉迈·拉詹、路易吉·津加莱斯著:《从资本家手中拯救资本主义》,余江译,中信出版社 2004 年版,第 126 页。

满足我国经济发展中的金融需求,反而带来了金融资源配置的失衡。一方面,分业经营下我国商业银行等金融机构的业务受到极大的限制,所能够提供的金融服务和产品相对有限;另一方面,受到所有权性质、经济实力和地域等因素的影响,民营企业、农村和中西部地区遭受了严重的金融排斥,金融资源在国有企业和民营企业、城市和农村、东部地区和中西部地区之间的分配严重失衡。农村地区仍然存在大量的金融盲点,有限的金融机构也只是充当着"抽水机"的角色;"求钱若渴"的民营企业则遭受"嫌贫爱富"的金融机构的歧视,在金融资源配置中受到"非国民待遇"。加之在金融垄断的背景下,农村金融机构和中小金融机构发展缓慢,不仅无力同大型金融机构竞争,也难以满足农村地区和民营企业的融资需求。而民间金融则存在合法化危机,处于灰色地带,只能在法律边缘游走。如此,就在我国形成了金融垄断和金融资源配置失衡的恶性循环。

(二)金融民主的内涵

希勒在提出金融民主的同时并未对其内涵做系统阐释,但也描绘了金融民主的简单轮廓,即"对金融进行进一步民主化改造,意味着创造更多为民众所开发的金融方案,比如提供金融建议、法律建议以及金融教育,同时还要运用一些为全民化方案服务的技术,以保证所有人都能更明智地参与金融系统。"①金融民主强调公众对金融体系的参与,金融民主进程旨在改善公众参与金融活动的深度和广度。伊斯梅尔·厄尔图克(Ismail Erturk)等也明确指出,"金融民主化指的是扩大和深化普通的、中等收入的个人和家庭对金融市场的参与。"②可见,金融民主进程也是金融大众化和普惠化的进程。

更进一步地推敲,金融民主是经济民主理念在金融领域的延伸和具体化。经济民主理念强调民主不仅是一个政治现象,也是一个经济现象,民主至少应当包括政治民主和经济民主。经济民主是相对于经济集中或者经济专制而言的,其基本含义是指"在充分尊重经济自由的基础上,通过公众平等

① [美]罗伯特·希勒著:《金融与好的社会》,束宇译,中信出版社2012年版,第17页。

② Ismail Erturk, Julie Froud, Sukhdev Johal, Adam Leaver and Karel Williams, "The Democratization of Finance? Promises, Outcomes and Conditions", *Review of International Political Economy*, Vol. 14, No. 4, 2007.

参与、多数决定、保护少数的机制,在共同体内实现财富、机会、权力(利)的平衡。"[①]基于民主的自由、平等和共生理念,经济民主至少应包括市场主体自主、利益共享、合作参与和结构均衡等内涵。[②] 申言之,经济民主理念旨在保障多元利益主体在经济领域的自主性权利,[③]扩大其对经济活动和政府经济决策的平等参与,促进不同所有制结构、主体结构、利益结构、权力(利)结构以及价值目标结构的均衡,实现经济利益的共享。因此,金融民主化进程也应当体现对金融市场主体金融自主权的尊重、对金融市场主体金融参与权(包括金融活动参与权和金融公共决策参与权)的保障、对金融结构均衡的维持以及对金融利益共享机制的完善。

金融民主与金融公平是一脉相承的,金融民主是实现金融公平的一条可行进路。金融公平的实现,首先,要打破高度集中的权力结构,寻求"权力—权利"结构的适度平衡,减少公权力对金融市场的过度干预,通过法律制度确认金融市场主体的金融权利,促进市场主体的"权利自觉",增强其参与金融市场博弈和维护自身权益的能力。[④] 其次,金融公平重视金融市场主体对金融活动的公平参与,特别是保障弱势群体参与金融活动的权利。但是,仅仅保障其参与金融活动的权利是不够的,如果金融市场的规则不公正、制度不公平,金融立法和政策制定不能反映多元利益主体(特别是弱势群体)的利益诉求,那么公平的参与金融活动也就无法真正落实,因此必须要保障其对金融立法和政策制定的参与权。最后,金融公平的实现有赖于均衡的金融结构,保持大型金融机构和中小金融机构、国有金融机构和民营金融机构、城市金融机构和农村金融机构、正规金融机构和非正规金融机构之间的均衡和竞争,破除金融垄断,提升金融资源配置的效率和公平性。由此可见,金融民主与金融公平在内在逻辑上是相通的,金融公平的实现离不开金融管理体制的民主、金融立法和政策制定的民主、金

---

① 管斌著:《混沌与秩序——市场化政府经济行为的中国式建构》,北京大学出版社 2010 年版,第 109 页。

② 王全兴、管斌:"经济法与经济民主",载《中外法学》2002 年第 6 期。

③ 王慎之认为,经济民主不过是人们在一定的经济关系中享有的某种自主的权利,是人处于主人的地位分享经济利益。参见王慎之:"经济民主论",载《新华文摘》1987 年第 12 期。

④ 冯果、袁康:"从法律赋能到金融公平——收入分配调整与市场深化下金融法的新进路",载《法学评论》2012 年第 4 期。

融市场主体参与金融活动的民主以及金融资源配置的民主。

1. 金融管理体制的民主

首先，从中央和地方的金融权力分配上看，金融管理体制的民主化要求处理好集权和分权的关系。目前，我国的金融管理体制是在国务院领导下的、“一行三会”为主导的集中、垂直和分业管理体制，这一体制确保了金融调控政策和金融监管标准的统一，实行“全国一盘棋”的政策考量，但却难以兼顾地方金融发展的差异性，并且对于地方金融机构和民间金融的监管也显得捉襟见肘、鞭长莫及，降低了货币政策和金融监管的有效性。因此，金融管理体制上应坚持中央和地方集权与分权的平衡，中央金融集权必须尊重地方政府的自主权和能动性，地方金融分权则不能损害中央政府的有效控制能力。具体而言，应当理顺中央金融管理机构（“一行三会”）和地方金融管理机构（金融办）间的关系，划分各自的权力边界，在中央对金融立法和政策的统筹下，赋予地方更多的自主性和能动性。明确地方金融办的职能，负责贯彻执行中央的金融立法和政策，制定地方金融发展规划，维护地方金融秩序、防范地方金融风险，指导地方金融机构的发展，推进地方金融深化改革，填补“一行三会”的监管空白，对小额贷款公司和融资性担保公司等金融机构实施监管。

其次，就我国“一行三会”的金融管理体制而言，民主意味着转变目前各自为政的监管模式和安全至上的监管理念。“一行三会”的分业监管体制沿袭了“一个萝卜一个坑”的机构监管模式，相互缺乏沟通和协调机制，容易产生监管重叠和监管空白，无法有效应对金融混业化趋势以及游离于灰色地带的影子银行体系。[①] 这种僵化的金融监管体制，不仅降低了自身监管的有效性，更容易制约我国金融深化发展。因此，在监管体制层面，除了明确金融监管协调机构外，还应转变现有的金融监管模式，即逐步由单一机构监管模式向机构监管与功能监管并重模式过渡。相对于机构监管而言，功能监管依据金融功能设计监管制度，实现对金融业跨机构、跨产品和跨市场监管，其监管重心在于金融机构从事的经营活动而非金融机构本身，因为金融功能比金融

① 管斌、张东昌：“金融法面向风险的治道变革”，载漆多俊主编：《经济法论丛》（第22卷），武汉大学出版社2012年版。

机构更为稳定。[①] 引入功能监管可以减少监管真空和监管重叠现象,促进不同监管机构间的监管标准趋同化,防范监管套利风险。此外,在监管的价值目标上应追求安全、效率和公平三者间的平衡,对金融安全的追逐不应以过分牺牲金融效率和金融公平为代价,金融监管应当更具有包容性,对大型金融机构和中小金融机构、城市金融机构和农村金融机构、正规金融机构和非正规金融机构可以实行结构化和差异化监管,以增强中小金融机构、农村金融机构以及非正规金融机构的竞争力,促进其更好地为弱势群体提供金融服务。

最后,在政府监管、市场自律监管和社会监管的关系上,金融民主离不开三者间的分工与合作。政府监管难以覆盖金融市场的各个环节,监管权集中在政府手中也无法实现安全、效率和公平三个价值目标的平衡。因此,政府监管权应当适度外移,让市场的归市场、社会的归社会。这样,在政府、市场和社会三个监管力量间就形成了协作与制衡,既相互配合形成监管合力,又针对各自所代表的利益诉求以及对安全、效率和公平价值目标的不同偏好而形成监管制衡。其中,审计人、信用评级机构、律师、会计师等金融社会中间层主体对金融体系的社会监管尤其应当得到重视和加强,政府监管和市场自律监管在金融监管方面都有其固有的缺陷,而社会中间层主体则可以充分发挥其“看门人机制”,[②]平衡政府和市场的博弈,平衡国家利益、市场利益和社会公共利益,平衡安全、效率和公平价值。

2. 金融立法和政策制定的民主

决策的民主是经济民主的重要内涵,罗伯特·达尔在《经济民主序论》中指出,“经济民主指的是一个经济体内的所有利益相关者都应该享有平等参与其决策的权利”。[③] 保障多元利益主体对公共决策的参与权,使得公共决策的过程成为多元利益主体博弈的过程,将不同主体自身的利益问题转化为公共决策问题,能够保证公共决策更为公正合理,体现多方主体的利益诉

① Robert C. Merton, “A Functional Perspective of Financial Intermediation”, *Financial Management*, Vol. 24, No. 2, 1995.

② [美]约翰·C. 科菲著:《看门人机制:市场中介与公司治理》,黄辉等译,北京大学出版社 2011 年版。

③ 王绍光著:《民主四讲》,生活·读书·新知三联书店 2008 年版,第 252 ~ 253 页。

求。然而在现实生活中,金融立法和政策制定往往缺乏公众参与,实则闭门造车,"部门化"倾向严重,广大弱势群体的利益诉求难以得到回应,反而被既得利益集团所"绑架","在特殊利益集团和诸多政治因素的侵蚀之下,原本只是纯粹技术规则的金融监管法律,蜕变成一个充满不确定性的追逐利益的竞技场",[①]而在这一过程中特殊利益集团将获得更多的法律和政策优惠,从而维持其在金融体系中的优势地位。我国金融立法中缺乏对金融消费者权利保护的规定,也没有对公众获得金融服务的权利做出规定,反而通过立法对民间资本进入金融领域进行了极大的限制,民间金融的地位也莫衷一是,由此也导致了我国金融的异化发展,处处呈现出特权化倾向,金融资源配置严重失衡,制约了我国金融公平的实现。因此,我国的金融民主化进程以及金融公平的实现需要金融立法和政策制定的民主化做支撑,既要防止金融立法和政策制定中的政府"一言堂",又要约束特殊金融利益集团对金融立法和政策制定的影响。一方面,要保证金融立法和政策制定的公开化和透明化,这是决策民主化的前提,让社会公众有适当的渠道充分了解金融立法和政策内容,这是其参与决策过程并主张利益诉求的基础;另一方面,要借助于立法征求意见、听证制度等方式保障公众的参与权,为多元利益主体提供公开、公平、公正的话语平台,在金融立法和政策制定的程序中进行充分的沟通和商谈;此外,应当建立相应的公众监督机制,保证金融立法和政策得到有效执行。

3. 金融市场主体参与金融活动的民主

金融市场主体参与金融活动的民主指的是不同身份地位、性别、收入、地区和行业的群体都有机会公平地参与金融活动,要求克服金融市场中的金融排斥现象,消除弱势群体在获得和利用金融产品和服务方面的困难和障碍。这一目标的实现首先需要金融立法明确规定并保障公众参与金融活动、获得金融服务的权利,并且为权利的实现创造必要的条件,权利受到损害后能够得到相应的救济。特别是获得金融服务的权利应当被视作是在金融领域对宪法上平等权的践行,甚至被作为一项基本人权加以保障。诺贝尔和平奖得

① 罗培新:"美国金融监管的法律与政策困局之反思——兼对我国金融监管之启示",载《中国法学》2009 年第 3 期。

主、“穷人的银行家”穆罕默德·尤努斯就提出，“贷款的权利应被视为一种人权，贷款能够在全球摆脱饥饿方面起到一种极具战略性的作用。”①另外，金融民主进程应当消除对民间资本进入金融领域的限制，国有资本和民间资本在金融市场准入中应受到平等对待，破除大型国有金融机构对金融资源的垄断，建立竞争性的金融市场，对民间金融进行法制化改造，扶持中小金融机构，积极发展村镇银行、农村资金互助社等新型农村金融组织，保障其参与金融市场竞争和金融资源配置，从而形成均衡的金融结构，为遭受大型国有金融机构金融排斥的广大中小企业和农村地区的弱势群体获得金融服务提供更多可行的选择。

4. 金融资源配置的民主

首先，在金融资源的配置主体上应推动多层次的金融机构参与资源配置，改变大型国有金融机构垄断金融资源配置的现状。在正规金融、大型金融机构和商业性金融之外，积极推动民间金融、中小金融机构、政策性金融和合作金融参与金融市场竞争和资源配置，多元的金融资源配置主体不仅能够提升金融资源的配置效率，也有助于金融资源的配置更加大众化、普惠化。民间金融对于民间资本流向和民间融资至关重要，中小金融机构则契合了中小企业融资的需求，政策性金融能够引导金融资源向基础产业、支柱产业、农业和进出口等特定领域倾斜配置，合作金融则是农村金融的重要组成部分。

其次，在金融资源的配置手段上应创新多样化的金融产品和服务，以满足市场的融资需求。在分业经营和金融抑制的背景下，我国金融机构的金融创新能力不足，所能提供的金融产品和服务相对有限，融资渠道狭窄，商业银行贷款难以满足弱势群体的融资需求，影子银行体系也面临诸多法律障碍，资本市场直接融资的门槛过高，这直接制约了我国金融资源配置的有效性。因此，为了迎合不同市场主体的融资需求，应积极开发多样化、多层次的金融产品和服务。正在进行的如火如荼的地方金融改革试点已经试图对此作出回应，例如，《浙江省温州市金融综合改革试验区总体方案》提出创新发展面向小微企业和“三农”的金融产品与服务，探索建立多层次金融服务体系，培

---

① [孟]穆罕默德·尤努斯著：《穷人的银行家》，吴士宏译，生活·读书·新知三联书店2006年版，第125页。

育发展地方资本市场,积极发展各类债券产品。推动更多企业尤其是小微企业通过债券市场融资,创新发展服务于专业市场和产业集群的保险产品。深圳市《关于改善金融服务支持实体经济发展的若干意见》中也提出拓宽直接融资渠道,发展中小企业集合债券、集合票据等新型债务融资工具,探索适合小微企业融资特点的信贷产品和担保抵押方式。

最后,在金融资源的配置对象上应保障市场主体不论“贫与富”、“官与民”、“大与小”都能够公平地获得金融产品和服务,金融资源配置应惠及所有群体。“任何国家在构建金融体系的时候都要考虑到,金融发展不仅是一个金融深化(financial deepening)的过程,也是一个金融包容(financial inclusion)的过程。”①通过发展多层次和竞争性的金融机构、创新多样化的金融产品和服务,形成均衡合理的金融市场结构,消除金融市场中对弱势群体的歧视性待遇,最大限度地保障每个人都有机会获得其参与社会经济生活所需要的、适当的金融产品和服务。

(三)金融民主的法律保障机制

1. 促进政府在金融市场中的角色嬗变

我国金融市场发展的一个突出特点就是政府权力集中和过度干预,这一方面造成了我国的金融抑制,制约了金融市场化改革的深化,影响了金融市场的成熟和壮大;另一方面,中央政府通过控制国有金融机构、地方政府利用地方政府融资平台直接参与金融资源的配置和争夺,造成了金融资源的垄断和配置失衡。因此,金融民主化首先要求利用法律制度促进政府的角色嬗变,划定政府的权力边界,将政府权力关进“笼子”里,让政府由全能政府转变为有限政府。在金融法律制度领域,应当将法律视作是控制政府权力的一种重要机制,避免给予行政部门以宽泛的授权,尤其是要限制金融监管机构行政立法权力的过度使用,遏制金融法律制定和实施过程中的“部门化”倾向。②

政府的角色嬗变需要厘清政府和市场的关系,“随着经济学的发展,政府与市场的关系正从非此即彼的对立视角逐渐走向融合,问题的核心转变为二

---

① [美]博尔顿、罗斯塔尔主编:《穷人的信贷市场》,徐晓萍等审译,上海财经大学出版社 2011 年版,译者序。

② 黄韬著:《“金融抑制”与中国金融法治的逻辑》,法律出版社 2012 年版,第 2 页。

者在不同条件下的作用空间的合理定位”。[①] 换言之,政府与市场的角色应有合理的定位,政府与市场维持着共生关系,二者相互合作、相互制衡、相互弥补。在金融市场中,我们既不需要“家长”式政府,也不需要“守夜人”式的政府,而是需要一个服务型政府。“家长”式政府对金融市场的过度干预会降低金融市场的效率,而且当资本与权力相结合时会带来金融资源的垄断,影响金融公平的实现;“守夜人”式的政府亦不符合金融市场的特性,随着经济金融化和社会金融化程度的深入,金融对于经济和社会发展至关重要,而金融体系中的风险无处不在,这就需要政府行使适当的调控权和监管权以维护金融体系的稳定,况且金融市场中普遍存在的金融排斥现象也离不开政府的积极干预和引导。相对而言,管理型政府向服务型政府的转变符合金融市场发展对政府角色的需求,政府由直接管理金融市场、参与金融资源配置转为服务金融市场发展、引导金融资源配置,制定契合市场需要的金融法律和政策,创造公平的金融市场竞争环境,保护金融消费者权利,扶植中小金融机构、政策性金融和合作金融,引导金融资源向弱势群体、民营企业、农村地区以及中西部地区倾斜性配置。尤其值得重视的是,我国仍然存在严重的政府直接参与金融资源配置和竞争的问题,国有金融机构几乎垄断了我国的金融资源,地方政府也积极成立地方政府融资平台争夺金融资源,政府在金融资源配置中既充当“运动员”,又充当“裁判员”。一方面,这加剧了金融市场的不公正,直接影响金融资源配置的效率和公平;另一方面,财政和金融职能的“越位”和“错位”,使得我国财政风险可以直接向金融风险转化,而金融风险最终由国家财政“兜底”,又会使金融风险转化为财政风险,这就形成了我国财政风险与金融风险的联动。[②] 因此,政府的角色嬗变要求政府逐步退出金融市场活动,减少对于金融资源的直接配置和争夺,真正实现由管理甚至经营职能向服务职能转变,为金融的市场化发展提供足够的空间。

2. 保障金融市场主体的金融权利

法律保障金融市场主体的金融权利是金融民主化进程的必要条件,通过

---

① 马勇、陈雨露:“农村金融中的政府角色:理论诠释与中国的选择”,载《经济体制改革》2009 年第 4 期。

② 常健、管斌、饶常林著:《金融法学专论》,对外经济贸易大学出版社 2010 年版,第 226 页。

金融立法对金融市场主体的权利确认使其摆脱“权利的贫困”,并创造权利实现的有效机制,使得金融市场主体能够自主的维护其合法权益,并且制衡政府权力的过度干预和不当侵害,促使金融市场主体在金融活动中平等地进行权利与权力、权利与权利之间的博弈,从而达到利益均衡的“帕累托最优”状态。

金融市场主体的多层次性决定了其法律所要保护的金融权利的多层次性,以及法律对不同主体金融权利的差异化、结构化保护。具体而言:第一,金融机构的自主经营权。在金融民主化的语境中金融机构的自主经营权更多的是相对于政府权力而言的,即减少政府对金融机构经营活动的不当干预,逐步放松金融管制,消除由于权力导致的金融垄断,保障金融机构自主经营、自主管理和自担风险。金融监管法律制度的构建以及金融监管权的行使应在安全、效率和公平的价值目标间保持适度平衡,政府监管与金融机构自律监管相结合,在风险可控的前提下充分发挥金融机构在资源配置中的作用。第二,金融消费者权利。金融消费者在参与金融市场活动时由于自身财力、知识和信息等方面的劣势,其权利极易受到侵害,因而需要金融法对其权利加以确认和倾斜保护。但遗憾的是,我国金融法中尚未引入“金融消费者”的概念,金融消费者保护的理念也没有通过金融消费者权利在金融立法中得到体现,我国的金融法仍然是以权力为基础、义务为导向的。对此,我国金融立法应移植和引入“金融消费者”以及相关的“金融商品”、“适合性原则”(suitability doctrine)、“冷静期”(cooling off period)等特别概念和特定制度,对金融机构课加信息披露和说明义务;建立专门的金融消费者保护机构;强化金融消费者教育;构建便捷投诉机制(如引入集团诉讼机制),降低金融消费者的诉讼成本,以提高金融消费者自我保护的能力。① 第三,潜在金融消费者获得金融服务的权利。金融市场中存在大量潜在的金融消费者,或者暂未产生金融需求,或者因为身份、年龄、收入等因素被排斥在金融服务之外,这些主体获得金融服务的权利也应得到法律的保护。可资借鉴的是,比利时在2003年3月的一项立法中将提供基本银行服务作为银行的义务,而获得

① 管斌、张东昌:“金融法面向风险的治道变革”,载漆多俊主编:《经济法论丛》(第22卷),武汉大学出版社2012年版。

基本银行服务则被表述为所有居住在比利时的消费者的一项权利,只要他们没有银行账户或者从信贷机构中获得其他相关产品。[①] 2003 年年初芬兰修订的《信用机构法》也加入了公民获取基本银行服务权利的条款。[②] 因此,我国的金融立法也应当践行宪法平等理念,规定公民获得金融服务的权利,特别是对遭受金融排斥的弱势群体实施“权利倾斜化配置”。[③]

3. 推动竞争性金融市场的建立

建立竞争性金融市场的目的是要打破国有金融机构对金融资源的垄断,引入多元化的金融机构参与市场竞争和资源配置,进而实现金融资源配置的民主化。具体而言,就是要通过金融法律制度创造公平的金融市场竞争环境,保障国有金融机构与民营金融机构、大型金融机构与中小金融机构、城市金融机构与农村金融机构、正规金融机构与非正规金融机构、商业性金融机构与政策性金融机构、农村合作金融机构都能够参与金融资源配置,为金融市场的资金需求者提供多元化的融资渠道。为此,需要对金融法律制度加以完善,保障金融机构不论其所有权性质和规模大小都具有平等的法律地位,并且制定有利于多元金融机构公平竞争的规则。事实上,“在中国,许多问题的症结与其说是‘结果不平等’,不如说是起点不公正、过程不公正。中国的市场竞争处于幼稚状态,规则不公、裁判不轨之弊严重”,[④]民营金融机构、中小金融机构、非正规金融机构、农村金融机构在我国的金融市场中面临更多的是“非竞争性的结果不平等”。因此,竞争性金融市场的构建需要金融法律制度从以下三个方面加以推动:第一,改革金融市场准入法律制度,逐步放宽金融机构进入金融市场的限制。对村镇银行、社区银行和小额贷款公司等中小金融机构的设立门槛应当降低,注册资本的缴纳及其形式可以更加灵活。应积极鼓励和引导民间资本通过发起设立、认购新股、受让股权、并购重组等多种方式进入金融领域,包括参与商业银行的增资扩股,参与村镇银行、小额贷款公司、农村资金互助社、信托公司和消费金融公司等金融机构的发

---

① Bernard Bayot, Lise Disneur, Elaine Kempson:“政府为促进金融包容而采取的立法措施”,袁仕甜译,载《金融服务法评论》(第 3 卷),法律出版社 2012 年版。

② 汪鑫:“论基本银行服务排斥及其治理”,载《法学评论》2009 年第 4 期。

③ 冯果、李安安:“民生金融法的语境、范畴与制度”,载《政治与法律》2012 年第 8 期。

④ 卞悟:“经济竞争中的‘规则’与‘起点’”,载《经济民主与经济自由》,生活 · 读书 · 新知三联书店 1997 年版,第 149 页。

起设立或增资扩股等。此外，应当对民间金融的法律地位加以明确，选择适当的法制化路径，鼓励和引导民间金融的规范化发展。第二，完善金融监管法律制度。竞争性金融市场的有序运行需要一个多层次、灵活化的金融监管法律制度加以配合，“金融市场的二元结构需要金融监管做出相应的调整，在金融监管上呈现出相应的二元结构”。[①] 换言之，对于中小金融机构、民间金融、农村金融机构的监管规则应当满足实质公平，以保障其参与金融市场竞争的机会和能力。首先，在监管主体上，应特别重视金融机构自律监管和社会监管，降低行政监管的干预程度；其次，在监管方式上，应更多地关注其系统性风险而非个别机构的风险，因为这些金融机构的规模和关联度相对较小，单个机构的倒闭难以引发系统性危机，但其整体风险不容忽视；最后，在监管标准上，应当适当放宽其注册资本金、资本充足率、准备金率、贷款利率、杠杆率以及流动性比例的限制。第三，充分发挥金融调控法律制度的作用，积极利用存款准备金率、再贷款、再贴现等货币政策工具扶持中小金融机构的发展，同时还可以同财税法律制度相配合，给予中小金融机构以税收优惠政策，以提高其在金融市场中的竞争力和资源配置能力。

三、金融包容

近年来，随着“法律赋权消除贫困”、“民生金融”等理念日益深入人心，确保社会弱势群体金融服务的可获得性，将信贷权、融资权视为基本人权成为全社会的价值共识。在此背景下，实现金融法制的结构嬗变与制度转型，推动金融排斥走向金融包容成为难以阻挡的历史潮流。

（一）金融包容的概念解构

金融包容是与金融排斥相对应的概念，是指个体可以接近适当的金融产品和服务，包括可以获得能最好地使用这些产品和服务的技能、知识和理解力，[②]其目的在于将“无银行服务”的人群纳入正轨的金融系统，从而使他们

---

① 邢会强：“金融法的二元结构”，载《法商研究》2011 年第 3 期。

② Scottish Executive, Edinburgh 2005, Financial inclusion action plan, Part of the Scottish Executive's closing the opportunity gap approach to tackling poverty, http://www.scotland.gov.uk/Publications/2005/01/20544/50280.

有机会得到储蓄、支付、信贷和保险等金融服务。① 在推进金融包容的法制建设方面，发达国家已经先行一步，并迈出了实质性步伐。如美国早在1977年就通过了《社区再投资法》，旨在解决由于市场失灵、种族歧视等原因而导致的"划红线"拒贷现象。该法规定存款性机构"有持续和责无旁贷的责任"满足整个社区的信贷需求(包括中低收入社区和借款人的信贷需求)，美联储、联邦存款保险公司、货币监理署和储贷机构监理署分别负责对相关机构履行《社区再投资法》义务进行考核，考核结果在评估上述机构申请开设分支机构、兼并收购等时予以考虑。英国政府则主要依靠"政府出资推动+依托其他金融伙伴关系拓宽金融服务通道"的模式来推进金融包容。一方面，英国政府已开始实施一些创新性计划，如成立"社会基金"、②"儿童信托基金"③等金融包容基金来帮助贫困人群积累资产，使其能得到基本的金融服务；另一方面，为解决银行基于降低成本而关闭偏远地区、人口稀少地区分支机构与居民获得基本金融服务通道之间的矛盾，英国有关当局重点推动银行与邮局、信用社等非营利性组织建立伙伴关系，拓宽金融服务通道。

金融排斥不符合公平正义理念和人文精神，既与促进社会公平正义、增进人民福祉这一全面深化改革的出发点和落脚点相背离，也让发展成果更多更公平惠及全体人民的总目标不相符。因此从金融排斥走向金融包容是在全面深化改革背景下金融法制变革必须直面回应的问题。事实上，金融排斥的形成既是金融逐利性和金融活动营利至上理念所导致的，也与金融抑制下金融体系不完善和金融结构失衡不无关联，从金融排斥走向金融包容需要进一步完善金融体系使得各类金融主体能够公平参与金融活动，同时需要金融法对金融市场自发性和逐利性进行矫正以实现金融福利的公平分享。具体而言，这需要金融法对包括金融消费者、金融机构和监管部门在内的金融市场参与主体的权利义务进行合理配置。

从金融消费者的角度来看，金融法需要保障各类主体尤其是弱势主体获

---

① 阿尔弗列德·翰尼葛："金融包容和金融稳定：当前的政策问题"，载《新金融》2011年第3期。

② Desmond Rutledge, "Social fund-right to reside-whether claimant could retain the status of a worker as a self-employed person", *Journal of Social Security Law*, 2011, 18 (2), pp. 56 – 58.

③ Nick Wikeley, "Child trust funds – asset based welfare or a recipe for increased inequality"? *Journal of Social Security Law*, 2004, 11 (4), pp. 189 – 224.

得金融服务的权利。获得金融服务的权利具体而言表现为融资权,融资权作为发展权的应有内涵,是一项基本人权。[①] 每个人应该有获得金融服务的权利,只有每个人拥有获得金融服务的机会,才能让每个人有机会参与经济的发展。[②] 随着金融排斥问题愈益严重,金融"嫌贫爱富"的倾向愈益明显,金融富贵化趋势将穷人排除在金融体系之外,[③]弱势主体难以获得金融服务,更加剧了弱势主体的贫穷。金融包容要求各类主体能机会均等地获得金融服务,并通过金融服务实现更好的发展,这需要金融法要通过合理的制度安排实现金融市场体系的完善以保障金融服务的公平供给。在金融机构供给方面,金融法需要放宽机构市场准入限制,丰富金融机构的类型与功能,培育和保障各类政策性金融机构、小微金融机构、民间金融机构和农村金融机构等加入金融市场提供金融服务,为商业性金融机构形成有益补充,满足各类主体的金融服务需求。在金融交易供给方面,金融法需要放开对非正规金融的限制,丰富金融市场层次,使其能够在正规金融体系之外有针对性地拓展金融交易形式,使各类主体能选择适合的金融交易以满足融资需求。在金融工具供给方面,金融法应当允许和激励福利性金融创新,在常规金融工具之外丰富可供弱势主体选择的金融产品类型,通过小额信贷、消费信贷、农业保险等金融工具保障弱势主体的金融服务需求。金融服务供给的增加和类型优化使得弱势主体获得金融服务成为可能,将极大地拓展金融体系的包容性。

从金融机构的角度来看,金融法需要推动金融机构社会责任的法律化。无强制性约束力的道德要求难以对抗金融机构的逐利秉性,因此推动金融机构社会责任的法律化是约束金融机构行为,使其行为符合实质正义的基本要求,[④]也是实现金融包容的必由之路。通过对金融机构课以强制缔约义务,使得金融机构不能继续嫌贫爱富,而是要根据法律的规定为各类主体提供无差别的金融服务,并且强制性地要求其为弱势主体提供相应的金融服务以满足弱势群体的金融需求。通过要求金融机构基于社会整体福利的考量开展部

---

① 冯果、李安安:"民生金融法的语境、范畴与制度",载《政治与法律》2012年第8期。

② [孟加拉]默罕默德·尤努斯著:《穷人的银行家》,吴士宏译,生活·读书·新知三联书店2006年版,第218页。

③ 邢会强:"金融法的二元结构",载《法商研究》2011年第3期。

④ 王辉霞:"组织的社会责任研究",载《当代法学》2012年第4期。

分业务,以确保相应难以获取金融支持的区域或行业通过金融供给实现发展。例如,保障金融机构农村存款主要用于农业、农村。通过要求金融机构及时、准确和充分地履行信息披露义务以减少信息不对称,并对金融消费者充分履行告知说明义务,尽可能地将金融消费者的利益纳入金融交易的考量因素之中,以防止金融消费者的利益被漠视而导致其金融福利的减损。金融包容是金融机构社会属性的内在要求,在社会责任的道德动因与营利至上理念发生冲突时,推动社会责任的法律化是提高金融包容水平的重要手段。

从监管部门的角度来看,金融法需要树立包容性监管理念。① 监管理念在某种程度上会影响监管政策,进而对金融市场产生相应的监管效果。包容性监管理念指的是监管部门在对金融市场实施监管过程中将金融包容作为指导监管原则、监管目标和监管手段旨向的思维和观念。包容性监管理念能指导监管部门在监管活动中贯彻金融包容的价值取向,进而提高金融包容的程度和水平。从金融排斥走向金融包容,有必要将包容性监管理念融入金融监管法制之中,借助金融监管推动金融包容。一方面,要将金融包容列入监管目标,由此监管部门将会在其实施监管活动的过程中努力促进金融包容的实现,以满足被金融体系排斥在外的主体的金融服务需求,若未能达到这一目标监管部门将会被问责。② 另一方面,要采用差异化的监管方法,对于有利于提升金融包容的金融机构和金融活动采取不同的监管措施。例如,对于村镇银行和小额信贷机构可以适当降低准入门槛、资本充足率要求等方面的监管标准,更多地采取现场检查、信息披露等非审慎监管措施。③ 通过金融立法将包容性监管理念引入金融监管实践,可以实现金融排斥向金融包容的转变。

(二)金融包容的体系化诉求——普惠金融体系

金融包容(inclusive finance)与金融普惠为同一涵义,包容性金融事实上就是普惠金融,与金融包容对应的金融体系即为普惠金融体系。在这个体系中,所有群体包括贫困人口、低收入家庭和小微企业都能够享用由不同金融

---

① 冯果、李安安:“包容性监管理念的提出及其正当性分析——以农村金融监管为中心”,载《江淮论坛》2013 年第 1 期。

② Nick Donovan, Guy Palmer, “Meaningful Choices: The Policy Options for Financial Exclusion”, *The New Policy Institute*, 1999, p. 19.

③ 周仲飞:“提高金融包容:一个银行法的视角”,载《法律科学》2013 年第 1 期。

渠道提供的各种金融产品和金融服务，这种体现了金融民主的金融体系为弱势群体提供了一个获得社会救助之外享受经济发展成果和改变自己命运的机会。① 从语源上看，普惠金融体系来源于英文"inclusive financial system"的中文翻译，是由联合国在推广2005年国际小额信贷年时提出的，其基本含义是：一个能有效地、全方位地为社会所有阶层和群体——尤其是贫困、低收入人群——提供服务的金融体系。② 普惠金融体系的"普"体现的是平等的享受金融服务的权利，"惠"则表示金融发展能够惠及贫困人口。

由于有关的国际组织、各国政府及不同的学者考虑问题的角度不同，因此，对"普惠金融"的解释又有细微的差异或侧重点有所不同，主要存在两种观点：其一，侧重于强调"普惠金融"是一个能够有效地、全方位地为社会所有阶层和群体提供服务的金融体系，以联合国的观点为代表。联合国于2005年提出"普惠经济部门"(inclusive economic sectors)这一概念，并在此基础上提出了"普惠金融体系"(inclusive financial system)的概念。"普惠经济部门"(inclusive economic sectors)(也译为"包容性经济部门")意指将所有人，无论国籍、无论城乡、无论地区，都纳入经济增长的轨道，并使其公平分享经济增长成果的经济体系。而"普惠金融体系"则是指能有效地、全方位地为包括贫困、低收入群体在内的社会所有阶层和群体提供服务的金融体系。联合国在"国际小额信贷年"使用"普惠金融体系"这一词汇，一方面是强调金融体系要为所有人服务，包括穷人和微型企业；另一方面，要把小额信贷整合到金融体系当中，在法律政策和融资渠道上给予更广阔的发展空间，并以此形成能够有效地、全方位地为社会所有阶层和群体提供服务的金融体系。联合国认为，普惠金融应具备的特征是：(1)所有的家庭和企业能够以合理的价格获得一系列金融服务，包括储蓄、短期和长期贷款、租赁、代理、抵押、保险、养老金、支付、汇款等；(2)拥有健全的机构，这些机构遵循合理内部管理体系、行业业绩标准、市场监督机制，并且接受合理的审慎监管；(3)具备财务和机构的可持续发展能力，该项能力是机构长期、持续地提供金融服务的基础；(4)拥有多样化的金融服务提供者，并且在可行的情况下，为客户提供

① 张晓燕等著：《普惠金融的理论和实践》，经济科学出版社2014年版，第1页。

② 焦瑾璞、陈瑾著：《建设中国普惠金融体系——提供全民享受现代金融服务的机会和途径》，中国金融出版社2009年版，第4页。

具备成本效益可行性的金融服务。其二,侧重于强调普惠金融是让所有人特别是穷弱群体享有平等的金融权利,让金融服务惠及所有贫困阶层,以构建包括穷人在内的普惠金融体系,以世界银行的观点为代表。世界银行扶贫协商小组(Consultative Group to Assist the Poor,CGAP)于2004年出版了一份报告《服务于所有的人——建设普惠性金融体系》,CGAP(2011)将普惠金融定义为"所有工作年龄人口(包括那些被排斥在当前金融体系之外或享受金融服务不足的人群)都能获得由正规机构提供的有效的信贷、储蓄、支付、转账和保险服务的状态。"可见,世界银行侧重于强调普惠金融是让所有的人特别是穷弱群体享有平等的金融权利,让金融服务惠及所有贫困阶层,以构建包括穷人在内的普惠金融体系,其内核是让所有的人特别是穷弱群体享有平等的金融权利。

普惠金融体系这一概念的提出及其发展,对于全球的反贫困事业产生了巨大的推动作用,也为中国的收入分配改革提供了一条彻底走出困境的新思路。它带给我们的启示在于:首先,金融体系应该是包容性的、普遍惠及人类各阶层群体的,包括在传统上难以获得金融服务的低收入人群和微型企业。[①] 金融抑制、金融排斥、金融分割均与普惠金融体系的要求背道而驰,应分别走向金融深化、金融包容和金融一体化。传统金融机构所奉行的"二八定律"同样背离了普惠金融的理念,应予摒弃。其次,由于大企业和富人已经拥有了金融服务的机会,建立普惠金融体系的主要任务是通过小额信贷和微型金融进行"金融扶贫",为弱势群体提供享受现代金融服务的机会和途径。金融资源配置中存在的城市偏好、东部偏好与所有制偏好剥夺了弱势群体享受现代金融服务的机会和途径,失去了正当性与合法性,必须进行根本性改变。

(三)普惠金融发展的国际经验与中国现实

从实践来看,"普惠金融"(inclusive finance)这一概念的提出与小额信贷(micro-credit)和微型金融(microf-inance)的发展有关,可以说,小额信贷和微型金融实际上是普惠金融的雏形。因此,普惠金融的发展首先体现为小额信贷的产生和发展。20世纪60年代,现代小额信贷在孟加拉、巴西等一些国

① 王曙光著:《普惠金融:中国农村金融重建中的制度创新与法律框架》,北京大学出版社2013年版,第1页。

家开始出现并得到显著的发展。在20世纪70年代,亚洲以及拉丁美洲的一些发展中国家就已经开始有了小额贷款项目的实验,但真正被世界公认的小额信贷的代表人物及项目是孟加拉国的尤努斯教授及其于1976年在孟加拉创办的专门向农村低收入者或穷人提供贷款的孟加拉格莱珉银行(Grameen Bank)。[①] 目前,国际上比较成功的小额信贷模式主要有:(1)孟加拉乡村银行模式。孟加拉乡村银行由穆罕默德·尤努斯教授创建。乡村银行的客户是农村贫困人口,只提供贷款和强制储蓄服务,贷款无抵押、无担保,小组联保,分批贷放,分期偿还,每周中心会议制度,小组基金制度等。(2)乌干达村银行模式。大多数非洲国家存在严格的利率管制,导致非洲的小额信贷运作成本普遍较高。乌干达的国际社会资助基金会创设了"村银行"模式,在某个自然村庄的基础上成立互助小组,村银行的运行围绕小组展开,组内实行成员自治,自主设计规章制度,外部资金的使用方法完全由小组决定,而外部出资人只能对是否继续资助某一小组做出决定。(3)玻利维亚阳光银行模式。拉丁美洲的经济特点是小微型企业就业(非正规经济部门就业)人口占全社会总就业人口的比重很大。阳光银行主要在城镇开展业务,收取高达50%的年利率,客户的经济状况较好,平均贷款余额大约为乡村银行的9倍,超过900美元。研究发现,阳光银行的典型客户与其他小额信贷组织不同,大多为贫困线以上的人口,属穷人中较为富有的人。[②]

印度作为发展普惠金融较早的国家之一,也取得了许多成功的经验。印度将普惠金融作为国家目标,印度央行确定了一系列普惠金融的量化指标。印度普惠金融发展主要有几种模式,即银行—自助组织团体联动模式、银行和小额信贷机构合作模式、ICICI合作模式、MF-NBFC模式、银行—邮局模式。从实践来看,印度的普惠金融发展也取得了相当成效。此外,墨西哥政府确立了在2020年完全实现普惠金融的目标。南非正在积极推动公共部门和私营部门开发金融产品,并对为穷人提供正规金融服务的市场准入障碍进行积极干预。越来越多的商业银行开始认识到了贷款给穷人的价值,很多正

---

① 关于格莱珉银行创建过程、内部治理结构、资金来源、业务构成,可参见黄颂文著:《普惠金融与贫困减缓》,中国经济出版社2014年版,第224~232页。

② Navajas, S., Schreiner, M., Meyer, R., Gonzalea-Vega Rodirguez-Meza, J., "Microfinance and the Poorest of the Poor: Theory and Evidence From Bolivia", *World Development*, 28(2), 2000, pp. 79-82.

规金融机构开始介入微型金融领域。提供普惠金融的商业模式越来越多,包括一些通信公司和信用卡公司都在按照各自的竞争优势发挥着积极作用,而且技术驱动型服务模式呈加速发展的态势。微型贷款机构的股票公开发行上市也不断涌现,且取得极大成功。但进入20世纪90年代以后,越来越多的人意识到,单一提供信贷服务的小额贷款无法满足低收入群体的金融需求,因此,小额信贷开始逐渐向微型金融转变。从20世纪70年代开始的非政府组织小额信贷项目,到现在提供保险、汇兑、储蓄和租赁等金融服务的非政府金融组织、正规金融机构、社区合作银行、村镇银行和批发基金等各种形式的微型金融,在消除贫困、促进农村经济增长方面起到了积极的作用。因此,自20世纪90年代,传统的"小额贷款"开始向为低收入客户提供全面金融服务的"微型金融"过渡。而进入21世纪以后,"普惠金融"又取代"微型金融"并开始向建立更多包容性的金融体系转变。2008年,旨在推动发展中国家发展普惠金融事业的"普惠金融联盟"(Alliance for Financial Inclusion, AFI)在泰国曼谷成立。

目前,不仅只是发展中国家或新兴市场经济国家重视普惠金融,而且一些发达国家也对普惠金融问题给予了关注。2009年9月,G20国家领导人在在美国匹兹堡举行的峰会上郑重承诺"要促进更多的穷人享有金融服务",并决定建立"普惠金融专家工作组"(Financial Inclusion Experts Group, FIEG)。该组织提出了《G20创新普惠金融九项原则》、《G20创新普惠金融七项行动计划》等方案。2010年,G20国领导人推出普惠金融全球合作计划,并于2010年在韩国成立了旨在促进全球普惠金融工作的"全球普惠金融合作伙伴组织"(Global Partnership of Financial Inclusion, GPFI)。此外,英国已建立了一个金融包容性基金,以促进金融包容性,并指派专人负责消除金融排斥这一现象。伴随着更加严格的规定,已经为信用社确立了更完善的法律环境,以确保更好地保护投资者。美国则制定了《社区再投资法》,该法案禁止银行对低收入和中等收入社区的歧视。

从中国的现实来看,加快普惠金融的发展尤为迫切。在中国,有四类群体难以获得银行服务。第一类也是最大的困难群体是农户,尤其是小农户、小畜牧养殖户和小渔民;第二类群体是低薪工人,特别是农民工;第三类是中小微企业,特别是民营企业;第四类是失业人员,特别是国企下岗职工。为了解决这些群体的融资难问题,中国政府、央行及金融监管部门也作了很大的努力。在政府的主导下,经历多年的不断试错探索,开设试点、吸取教训、总结经验,目前中国初步形成了多元化的中小金融机构,即城市商业银行、农村商业银行、农村合作银行、农村信用社、商业性小额贷款公司、非营利性小额信贷机构、村镇银行、邮政储蓄银行基层机构、农民资金互助等组织,这些金融机构为金融排斥者提高金融服务的可得性,增加农户和中小企业融资渠道方面做出了重要贡献,极大推动了我国普惠金融发展。按照世界银行扶贫协商小组和中国普惠金融工作组2012年发布的《中华人民共和国的金融普惠状况》一文,根据世界银行的一项调查,2011年有64%的成年人开设了银行账户。中国人民银行的报告称,截至2010年年底,银行卡的普及率已达到35%。贫困人口中银行账户的持有量偏低,世界银行的报告称2011年属于贫困人口的五分之一成年人群中,只有39%的人在正规金融机构开设了银行账户,而全国的平均水平为64%;中小企业贷款2010年最多有660万家中小企业在银行有未偿贷款,占所有注册中小企业的16%;小额贷款公司作用越来越重要,2010年有2614家小额贷款公司为近50万客户提供了服务;扶贫小额信贷机构都是在不完整非法律框架下开展业务;一些P2P贷款平台也努力达到了相当的覆盖深度,是大有潜力的新型非金融机构,2011年,大约有30个P2P平台企业,主要提供城市和农村的非农微型企业贷款。

然而,总的来看,中国的普惠金融发展并不尽如人意,这主要表现在:(1)虽然中国的银行账户和银行卡使用已很普遍,但是尚未覆盖所有人,对覆盖到最贫困的人口仍有许多工作要做;(2)中国的农村金融发展十分落后,农村金融机构缺乏,农村信用合作社的持续发展存在相当大的问题,不能满足农户的贷款需求;(3)村镇银行的规模过小,尚未走上持续健康发展之路;(4)中国的中小企业,特别是私营企业融资十分困难;(5)扶贫小额信贷机构的信贷资产规模小,难以惠及贫困人群并实现可持续发展;(6)担保公司、小额贷款公司和典当行等金融机构的发展受到一定的限制,从而不利于普惠金融的发展;(7)中国的互联网金融虽然发展很快,但互联网金融的发展如何更好地帮助穷人这一问题并没有解决好;(8)被排除在银行服务之外的群体往往依赖于民间融资,但民间融资因没有得到法律的有效保护及金融监管部门的有效监管也存在较大的风险及融资行为不规范的问题,等等。总之,中国现行的金融体系离普惠金融的目标相去甚远。现有金融体系的包容性不够,普惠色彩不浓的原因可以归结为两个关键方面:一是长期以来金融抑制政策选择的结果,二是金融本身的商业属性决定了金融体系中普惠理念的缺失。[①] 党的十八届三中全会通过的中共中央《关于全面深化改革若干重大问题的决定》明确提出要"发展普惠金融"。我国的普惠金融体系是以小额信贷为核心,同时涉及微观、中观和宏观层面的农村金融政策"新方法",强调应把具有可持续发展潜力的小额信贷纳入正规金融体系,从而把那些被排斥于传统金融服务和整体经济增长轨道之外的农村低收入人口纳入农村金融服务范围,使他们分享到经济增长所带来的福利改善。[②] 可以预见,通过扩大金融体系普惠程度、提高金融产品和金融服务创新能力、增加金融基础设施供给等制度措施来促进普惠金融体系的发展,将成为未来中国金融市场发展的主旋律。

(四)促进金融包容的具体制度安排

促进金融发展成果惠及全体人民,核心是要建立普惠金融体系,全方位地为社会所有阶层和群体尤其是贫困与低收入人口提供有效金融服务。[③] 这就要求将所有的人,无论是贫穷还是富裕,都纳入金融服务体系中,即所有人都享有金融服务的权利,人人都可以平等地获得享受金融服务的机会,让金融成为帮助贫困及低收入人群脱贫的有效手段,让弱势主体也能从金融发展的进程中获益。当然,实现这一目标并不是以否定市场在金融资源配置中的决定性作用为代价,而是通过完善金融法的制度约束和制度激励,综合采用强制、参与和引导等手段在市场机制的前提下保障金融资源的公平配置。

1.破解城乡二元金融结构,保障金融支持农村农业发展

发展中国家城乡二元经济结构比较普遍,表现在金融领域则是城乡二元金融结构,即金融体系在某种程度上放弃了农村,农村地区金融供给不足,进而制约了农村农业的发展。城乡二元金融结构的形成既是根源于农村经济发展水平局限,城市发展吸引和挤占了大量金融资源,又是金融机构逐利避害的天性使然,此外也与传统文化作用下农村金融对非正规融资形式的依赖不无关系。

---

① 李建军等著:《中国普惠金融体系:理论、发展与创新》,知识产权出版社2014年版,第15页。

② 焦瑾璞、陈瑾著:《建设中国普惠金融体系——提供全民享受现代金融服务的机会和途径》,中国金融出版社2009年版,第253~254页。

③ 同上,第4页。

不可否认,城乡二元金融结构对我国农村发展和我国经济社会的持续健康发展造成了严重的影响。破解城乡二元金融结构,一方面是要同时推进农村金融存量改革和增量改革,提高农村现有金融体系对农村农业的支持效率,推动新型农村金融体系的成长并吸引金融机构面向农村提供金融服务;另一方面要采取制度激励和制度约束并举,引导金融体系服务于农村农业的发展。①

破解城乡二元金融结构,需要完善农村金融体系,保障农村金融服务供给。城乡二元金融结构的最直接的表征就是农村金融机构的稀缺,因此要提高立足农村、服务农村的金融机构数量。除了引导大型商业金融机构创新服务三农的模式,提高大型商业金融机构的支农能力和绩效之外,还可以改进农村信用合作社、农村政策性金融机构的运行,此外还要培育村镇银行、农村小额信贷机构、农民资金互助组织等新型农村金融机构。② 具体而言,金融法制需要为在农村地区设立金融机构打开方便之门,除了在设立核准上的便利之外,还需要制定差异化的监管标准,吸引金融机构到农村提供金融服务。此外要引导金融创新为农业农村提供金融工具,提高支农信贷、农业保险对农村发展的支持和保障力度。

2. 畅通融资渠道,缓解中小企业融资难

出于风险控制和业务成本等方面的考量,银行在提供贷款时往往偏好大型企业和国有企业,对于民营企业和小微企业惜贷倾向明显。而由于金融市场体系不完善,专门服务于中小企业融资的资本市场体系发展不足,使得中小企业也很难从资本市场获得发展所需资金。概言之,中小企业在寻求金融服务时也面临比较严重的金融排斥,存在融资难的窘境,只能求助于非正规金融体系,相应地负担了更高的融资成本,不利于企业的健康发展。事实上中小企业不仅仅是作为一个普通市场主体而存在,其构成了我国经济的重要组成部分,在扩大经济总量、缓解就业压力、拉动民间投资、促进市场繁荣、维护社会稳定等方面发挥着十分重要的作用。中小企业被正规金融体系所排斥,一方面是对中小企业平等融资权的漠视,阻断了其受惠于金融体系的通

---

① 王曙光著:《普惠金融:中国农村金融重建中的制度创新与法律框架》,北京大学出版社 2013 年版,第 56 ~ 57 页。

② 王曙光、王东宾:“双重二元金融结构、农户信贷需求与农村金融改革”,载《财贸经济》2011 年第 5 期。

道,制约了其自身发展;另一方面又间接地影响就业和经济增长,妨碍了全民生活水平的提高。消除中小企业受到的金融排斥,需要金融法通过制度完善,畅通中小企业的融资渠道。

在间接融资方面,需要引导银行消除信贷歧视,公平地为中小企业提供资金。银行基于信贷安全的考量选择适当的信贷对象固然有其内在的合理性与正当性,但为了防范风险消极片面地将中小企业排斥在外显然有违金融公平原则和其公共属性。为此需要完善金融法制,为银行公平信贷创造良好的市场条件并提供有力的法制保障。要实现这一目标,一方面可以将上文中引导银行向农村地区发放贷款的强制缔约义务、提升银行市场竞争程度、倾斜性财税金融制度等方式,激励银行向中小企业发放贷款;另一方面可以借鉴美国《平等信贷机会法》,明确禁止信贷歧视的具体类型,规范信贷申请人披露信息的保护性标准,强化对公平信贷的检查以及违反公平信贷义务的法律责任。[①] 此外,银行怠于向中小企业发放贷款的根本原因是对中小企业信用能力的不信任,因此针对这个问题要进一步完善社会征信体系的建设,完善信用评级制度,健全中小企业信用担保机构,探索适合中小企业融资的信用互保机制和小额贷款保险制度,[②]通过体系化的制度建设,可以增强中小企业的信贷能力,激励银行等金融机构向其提供更多的贷款。

在直接融资方面,需要完善多层次资本市场制度,构建适合不同类型企业的融资途径。由于我国证券法制对于企业公开发行并上市设置了较高的门槛,中小企业通过资本市场募集资金上市的通道有限,资本市场支持中小企业发展的程度不足。金融法制应该立足于拓展金融市场层次,确认和规范便利中小企业融资的多层次资本市场的发展。首先,要完善相关制度,培育和规范新三板市场、区域性股权交易市场和柜台交易市场,在确保市场交易透明有序和完善投资者保护的基础上吸引资金积聚,保障中小企业能通过上述市场顺利募集资金。其次,要发展并规范债券市场,着力发展中小企业债

---

① Elwin J. Griffith, "Credit Reporting, Prescreened Lists, and Adverse Action: The Impact of the Fair Credit Reporting Act and the Equal Credit Opportunity Act", *California Western Law Review*, Vol. 46, 2009, pp. 1 – 64.

② Jing Cai, Alain de Janvry, Elisabeth Sadoulet, "Social Networks and Insurance Take-up: Evidence From A Randomized Experiment In China", *International Labour Office Research Paper*, No. 8, Oct. 2011.

券。一方面要改革《企业债券管理条例》，理顺企业债券发行的管理体制，提高企业发行债券的便利程度和效率；另一方面要针对中小企业发行债券制定特殊方案。例如，在现有《证券法》所规定的公司债的统一标准之外对中小企业债的发行上市标准进行特殊规定，避免过高发债门槛将中小企业排斥在债券市场之外，此外还可以引入私募基金投资者，允许中小企业对其发行非标准化债券。[①]

3. 协调金融发展与社会整体福利提升

金融除了发挥着价格发现、风险管理、资源配置等经济功能之外，还能够发挥调节收入分配、消除贫困、保护环境等社会功能。易言之，金融并不总是以利润作为唯一目标的，而是在某种程度上对社会公共利益和整体福利的提升也能发挥积极效果，从而使金融发展福利从宏观上惠及全体人民。从这层意义上讲，好的金融法制必定是能够强化金融的社会功能，引导金融市场支持社会建设，促进社会整体福利提升的法律制度。回应金融发展成果全民共享，金融法制需要进一步建立和完善相关制度，协调金融发展与社会福利提升之间的良性互动。具体而言，一方面要引导金融体系在市场机制作用下发挥作用，推动福利性金融创新，以实现和增进社会公共利益；另一方面则是要弥补市场机制的缺陷，完善金融市场体系，发展政府参与的政策性金融体系，对商业性金融机构无力或不愿参与的融资项目提供金融支持。

政策性金融是为了解决市场机制调节金融资源配置时出现的失衡而存在，通过政府参与金融市场设立政策性金融机构，作为商业性金融的补充为特定区域、行业提供信贷供给。政策性金融可以弥补商业性金融机构偏好所导致的弱势主体金融福利减损，从而通过金融福利的公平分配而实现社会整体福利最大化。由于我国政策性金融法律制度不健全，导致了政策性金融的经营管理体制不健全，制约了政策性金融机构的业务规范运作和经营效能，当前金融法的主要任务是建立和完善城市基础设施、住宅政策性金融机构和开发性金融机构的法律制度，对政策性金融机构的经营宗旨、资金来源、职能任务、法律地位、组织形式、资产负债规模、治理结构、绩效评价以及特殊监管

---

① 蔡万科、唐丁祥："中小企业债券市场发展：国际经验与创新借鉴"，载《证券市场导报》2011 年第 12 期。

等进行明确规定。[①] 通过完善的制度建设,理顺政策性金融机构的运营和监管体制,提高政策性金融的效率,更好地发挥政策性金融对于经济社会均衡发展的支持功能,使得弱势地区和主体受惠于金融服务供给,分享金融发展的福利。

① 刘小红:"农村政策性金融组织的多维特征与法律规制",载《重庆社会科学》2012 年第 5 期。

第五章　收入分配改革与金融资金的公平分享

金融资金作为基础性的核心金融资源，对其他金融资源的开发与配置具有决定性的意义。由于资本具有趋利性，长期以来我国中西部地区和农村地区的金融资金资源通过邮政储蓄、国有商业银行等途径大量流向东部沿海地区和发达城市，造成中西部和广大农村地区经济社会发展的资金严重匮乏，资金的形成不足致使其他社会资源纷纷逃离这些地区，并使其长期锁定在"贫困恶性循环"的怪圈当中。政府有责任改变这种扭曲的局面，通过发掘金融法的利益再分配功能，助推金融资金的公平分享。

一、金融资金利益分享的制度逻辑

金融资金，也可以称为货币资本，代表着对商品和服务的购买力，取得一定数量的金融资金的使用权意味着对一定数量商品和服务的支配权。[①] 2013年年初，我国广义货币M2余额为103万亿元人民币，位居世界第一，但中小企业普遍面临融资难问题，即存在"麦克米伦缺口"和由于流动性不足而出现的"钱荒"。[②] 这不仅反映出资金过多与信用缺失的矛盾，更反映出金融资金配置的严重不公平。金融资金的具体形态非常多元，主要包括股权资金、

---

① 张荔等著：《金融资源理论与经验研究》，中国金融出版社2011年版，第24页。

② 20世纪30年代，英国以麦克米伦爵士为代表的金融产业委员会在《麦克米伦报告》中认为，由于信息不对称普遍存在于金融市场中，中小企业投资又具有高风险性，而金融市场上的资金供给者一般又是具有"经济理性"的风险规避者，为规避可能导致的经济损失，这些"理性"的资金供给者比较偏好于他们认为信誉度高而风险较小的大型企业。因而，即使中小企业能提供可靠担保品，在筹措日常所需资金时困难依然很大。这就是中小企业融资的"麦克米伦缺口"。参见阙方平、陶雄华著：《中国金融生态制度变迁研究——金融运行中的矛盾与调和》，中国金融出版社2014年版，第412页。

债权资金、保险资金、外汇储备、养老保险基金等，检视这些金融资金利益分享的现实状况，对于厘清收入分配的真实图景大有助益。下面选取股权资金、外汇储备和养老基金三种金融资金形态进行分析。

（一）股权资金

现代社会是一个典型的"公司时代"，以公司为代表的组织构成了社会政治—经济—文化中的主体结构的第三极。在此背景下，通过投资公司获取股权性收入成为很多人的选择。然而，公司的发展、股份的出现以及虚拟经济的到来，使得财富快速积聚在个别人手中，加剧了收入分配的不公平程度。林肯早就意识到了这一问题，他认为："在不远的未来，一个危机正在接近，让我感到心力交瘁，让我为我的国家的安全忧心忡忡……公司已经占山为王，获得尊崇，一个与权力结合容易产生腐败的时代即将来临。在这国家内，金钱的力量将会热衷于通过给人们施加偏见的方式，延长其控制地盘的时间。直到所有的财富都集中于少数人之手，共和制度被摧毁。"①确实像林肯所预言的那样，股份公司和股份经济的发展，极大促进了资本的集中，使得社会资本与私人资本的关系日趋紧张，资本的所有者转化为单纯食利者，导致社会收入更为不公，收入差距进一步扩大。② 在法律制度不健全、内幕交易等不法行为滋生的资本市场，财富分配的神话与规则更是被少数人操纵，成为少数人剥削大部分人的舞台。例如，在我国当前的资本市场，"肉食者"为了确保上市企业每次都能拿到所需要的募集资金，采用了对二级市场极不公平的高溢价发行制度，市盈率动辄几十倍。当这个游戏结束的时候，"肉食者"拿到了想要的钱，普通投资者则被深深套牢，新股的高溢价发行成了名副其实的"绞肉机"。在 2010 年，A 股涨幅全球倒数第三，但 IPO 募集资金量却创下了全球最高，创业板年产亿万富豪近 500 位，被称为"造福机器"，而调查显示，在股市上赚钱的投资者不足 20%，近 70% 的投资者亏钱，七成投资者亏钱的现实背后，与 IPO 发行市盈率虚高不下有莫大关系。动辄上百倍的发行市盈率，使得二级市场的中小投资者成为风险的最终承担者。可以说，每一个新晋亿万富豪的背后，都是成十上万中小投资者的血泪。③ 资本市场的游戏规

---

① 邓峰著：《普通公司法》，中国人民大学出版社 2009 年版，第 1 页。

② 陈晓枫著：《中国居民财产性收入理论与实践研究》，经济科学出版社 2014 年版，第 72 页。

③ 彭国华："2010 年 A 股造就 824 位亿万富豪 70% 散户亏损"，载《南方日报》2010 年 12 月 27 日版。

则检验着社会对于财富增长和财富分配的逻辑,也影响着社会将在什么层面上发展以及能够承受什么样的风险。当资本市场脱离了服务于实体经济的融资功能而蜕变为权贵资本的盛宴与狂欢时,其正当性基础已经丧失殆尽,正如有学者指出的,由于功能定位错误、目标不明加之规则缺失,资本市场中各种不公平乃至不公正的现象越来越突出,严重动摇了投资者的信心和资本市场存在与发展的正当性基础。①

中小投资者难以通过股权投资获取财产性收入,另一个重要表现就是上市公司长期不分红或“象征性分红”。据统计,2008~2010年,连续三年未进行现金分红的上市公司有522家,2006~2010年连续五年未进行分红的上市公司有422家。从历年分红回报来看。2001年至2010年,流通股股东获得股息率平均为0.907%,2007年至2011年的平均股息率不到0.75%,显著低于境外成熟资本市场水平。从分红总额与净利润的占比来看,2008年至2010年上市公司现金分红总额占当年所有上市公司实现的净利润总额的比例分别为41.69%、35.85%和30.09%,不升反降,表明投资者并未分享到上市公司业绩快速增长而带来的现金红利。② 与此相关的一个问题是国有企业的利润分配。根据英国银行家杂志公布的数据,2010年全球最赚钱的银行,冠军和亚军都由中国国有银行折桂,中国工商银行以245亿美元盈利荣登全球银行业获利榜首,中国建设银行以203亿美元盈利位列第二。在全球前1000家大银行中,中国有84家,比一年前多了32家,更令人惊叹的是,这84家银行资本额只占1000家银行的9%,但获利却占25%。③ 在中小企业融资难的社会背景下,用“暴利”来形容国有银行毫不为过。④ 从法理上讲,国有企业利润应当分配到或惠及全体国民,国有企业红利分配的决定权应当交由全体国民,即无论是准备把国企利润充实到社保基金,还是用于国企的做大做强,或把国企利润平均分摊给每一个人,都必须由国有企业的所有者——

---

① 冯果:“资本市场为谁而存在——关于我国资本市场功能定位的反思”,载《公民与法》2013年第6期。

② 陈晓枫著:《中国居民财产性收入理论与实践研究》,经济科学出版社2014年版,第198页。

③ 《全球银行排名数据出炉 工行获利245亿美元最赚钱》,载《羊城晚报》2010年7月1日版。

④ 银行暴利的制度根源在于银行业的高度管制属性,体现在限制融资渠道、严格市场准入及利率不当管制等多个方面。参见焦海涛:“银行暴利的法律控制:放松管制而非反垄断”,载《华东政法大学学报》2013年第2期。

全体国民及其代表来决定。从国际惯例来看,世界上大多数国家的国企上交的红利一般为盈利的30% ~60%。[①] 这里有必要提及挪威对其国企利润分配的个案。20世纪60年代,英国与挪威之间的北海陆续发现油田;70年代,北海石油勘探深入,更大规模的油气田被发现;1972年,挪威议会通过决议后出资成立国有挪威石油公司,开始在北海进行石油开采活动。翌年,国会通过决议给予该公司4个蕴层50%的特许权,将政府参与的所有协议转给该公司,并要求其净收益按适用水底油田的税则纳税,从石油扩张的净利润中上缴国家80%,同时公司按其利润与资产的合理比例进行分红。从短期石油收益到长期全民财富共享,挪威通过国有企业利润上缴、主权基金长期投资的方式探索出一条理性、科学的财富转换道路,既有别于中东式的财富暴增,也不同于私有制风行的西方世界,没有多少高楼、更无华丽盛会的挪威通过科学规划和理性投资藏富于民却成为全世界学习的样本。[②] 与之形成强烈反差的是,我国的国企利润上缴给政府财政的比例非常低,公众对其不享有实质上的知情权和监督权,难以分享到作为国有企业所有者的收益权。

(二)外汇储备

外汇储备是以外国货币或者以外国货币表示的,用于国际清偿的支付手段和资产。与其他金融资金形态不同的是,外汇储备涉及跨国之间的财富分配,正如有学者所言:"在积极参与全球化进程的新兴工业化国家中,不平等程度的加大压制了国内需求。为了应对金融全球化带来的风险,这些积极参与全球化进程的发展中国家或主动或被动地积累了庞大的外汇储备,从而间接地为发达国家的消费者提供债务融资,这种局面本质上是一种无法持续的全球化。"[③]据国际货币基金组织统计,近年来全球70%的储备是以美元表示的,以美元作为主要储备货币的国家,实际上是把本国的国家财富与美国经济发展状况相挂钩,金融危机中美元的持续贬值,直接导致以美元为主要储备货币的国家财富大大缩水,美国实现了对他国财富的掠夺。[④] 自20世纪

---

① 贾可卿著:《分配正义论纲》,人民出版社2010年版,第76~78页。

② "挪威主权基金:从国企利润到全民财富",资料来源:http://news.163.com/special/reviews/norway.html,2015年4月26日访问。

③ 赵奉军、高波:"全球金融危机:收入分配视角的解读",载《世界经济研究》2010年第1期。

④ 杨松等著:《银行法律制度改革与完善研究》,北京大学出版社2011年版,第155页。

90年代中期开始，我国开始同时出现贸易和金融账户的顺差，即所谓的国际收支“双顺差”，这不仅有悖于国际收支结构理论，而且也是各国经济发展史上绝无仅有的现象。“双顺差”的结果便是外汇储备的急剧扩张，截至2015年3月末，我国的外汇储备已达3.73万亿美元，持续多年居世界第一。如此庞大的外汇储备规模，一方面促进了国内经济发展并增加了综合国力；另一方面也加大了通货膨胀压力和人民币升值压力，导致经济增长的动力结构不均衡和流动性过剩。尤其是，在当前的对外贸易和资本净流动格局背景下，管理如此庞大的外汇资产让我国付出了高昂成本，对于维护国家经济利益也是不利的，这是因为，我国通过低估人民币向美国等发达国家输送廉价商品的同时，又把出口所得的收入以外汇储备资产的形式投到美国的金融市场，向美国提供廉价的资金，从而使美国可以将其利率保持在低水平之上，这就意味着，美国既消费了我国的廉价产品又使用了我国的廉价资金，而我国的国民却几乎没有享受到外汇财富的福利。[①] 在外汇储备的持有与管理方面，我国奉行的是“藏汇于国”而非“藏汇于民”的政策，实行严格的外汇管制，迄今仍不允许资本项目可自由兑换。与此相比，美国的海外资产可以灵活地用任何货币形式保有，美国跨国企业可以自由地根据各地情况决定投资地点和种类，真正做到了“藏汇于民”。美国政府虽然要求美国人申报海外资产，但却没有要求海外经营项目申报资产，所以海外企业依然有巨大的海外收入避税空间。美国企业通过进出口方式把美元出口给驻扎在中国的分公司，然后将之不断在中国生产和追加投资，把相应的GDP送给了中国，又把美资公司在中国生产的产品回销给美国，提升了中国出口数字，如此一来给足了中国面子，而美国企业却赚入了市场份额和贸易差价。根据美国统计数字，美国累计在华原始投资不足一千亿美元，但通过贸易和再投资已经累积了超过六千亿美元在华资产。而中国却只能购买收益非常低的美国债券，1.2万亿的美国债券每年平均利息收入大约400亿美元，不足以抵消美元贬值和通胀。[②] 从外汇储备的持有来看，中国属于典型的“国富民穷”，美国则属于典型的“国穷民富”。陈志武教授指出，民富是自由、民主和法治的基础，但政府太

---

① 李安安：“收入分配改革中的金融政策工具及其法律配置”，载《现代法学》2005年第1期。

② “中国外汇储备达到3.3万亿美元是荣耀还是尴尬?”，资料来源：http://www.21fd.cn/a/jinrikandian/2012/0105/40184.html，2015年4月27日访问。

富有会挑战民间的空间,挑战民主和法治。[①] “国富民穷”与“国穷民富”作为收入分配改革的两个话语范本以及由此形成的现实悖论,启示我们对外汇储备的利益分享机制进行深刻反思。

面对外汇储备日益增大的制度压力,我国采取了一系列应对措施。如2007年成立中国投资有限责任公司(以下简称中投公司),2014年成立丝路基金有限责任公司(以下简称丝路基金),2015年成立亚洲基础设施投资银行(以下简称亚投行)。这些金融机构的设立,使得我国外汇储备的投资范围更加广泛,运作空间更加广阔,有助于摆脱美元贬值等因素造成的财富损耗困境。但从根本上说,这些举措并没有实现国民对外汇储备资产利益的公平分享。由于中国的外汇储备主要是美元资产(尤其是美国国债),为降低外汇储备对美国国债的风险暴露水平,我国有两种选择:一是要求美国政府将国债的收益率与通货膨胀指数挂钩;二是增持能源、大宗商品的现货、期货或相应供应商的股权,以对冲美元贬值和战略物资商品未来价格飙升的风险。[②] 此外,我们建议,从外汇储备中划拨出一部分资金组建一支主权养老基金,用以弥补养老基金支付缺口和缓释养老金支付压力。根据经济合作与发展组织的报告,主权养老基金主要包括两类:第一类是由政府或社保部门建立的支撑现收现付制的公共养老基金,其资金来源主要是参保者的缴费剩余,如丹麦的“社保基金”、美国的“联邦社保信托基金”和日本的“政府养老金投资基金”;第二类是由政府直接建立、在管理上与社保制度自身相分离、融资渠道主要来自转移支付的公共养老基金,如澳大利亚的“未来基金”和新西兰的“超级年金基金”。[③] 在全球主权养老基金中,挪威政府全球养老基金因投资回报率高、收益稳定且具有发展的可持续性而颇有盛誉。挪威政府全球养老基金虽然不直接参与到养老分配中,但政府依靠该基金的回报,有效缓解了政府赤字压力,同时也是令人艳羡的挪威式“社会主义”福利的有力保障。关于我国主权养老基金的组建,有三种模式可供选择:一是由财政部直接拿新发行的长期国债来购买外汇储备,再划转给全国社保基金理事会,由其具体运作;二是通过中投公司或者组建其他金融机构,或单独成立养

---

① 陈志武著:《金融的逻辑》,五洲传媒出版社2011年版,第100页。

② 张宇润著:《货币的法本质》,中国检察出版社2010年版,第108页。

③ 郑秉文:“‘主权养老基金’的前世今生”,载《中国证券报》2008年1月14日版。

老主权财富基金来安排全球范围内的资产配置；三是央行可直接划转社保基金。[①] 无论是哪一种方式，都涉及外汇储备从“藏汇于国”到“藏汇于民”的转换，其实质是国家与民众之间的一种财富再分配。

(三)养老保险基金

养老保险基金是指参加养老保险的用人单位与劳动者，按照法律、行政法规的规定强制缴纳养老保险费以及通过其他合法方式形成的专项资金。养老保险基金的筹集、使用和管理，涉及宏观上的总需求与总供给的平衡，涉及积累与消费的比例关系，涉及国家与企业、国家与居民的分配关系，因此，养老保险基金的利益分享状况与收入分配关联极为密切。作为一种专款专用的资金形态，养老保险基金的金融属性非常明显，主要体现为三个方面：首先，养老保险基金资产具备金融资金的“三性”特征，即流动性、安全性和收益性。养老保险基金资产的流动性主要是指向退休者支付养老保险基金方面的情况。养老保险基金资产的安全性主要来源于养老保险基金资产用于保障退休者生活需要，是老百姓的“养命钱”，是退休者维持生活最主要的资金来源，因此，必须确保养老保险基金的资产运用安全。养老保险基金资产的收益性是指养老保险基金资产必须实现增值要求，这既是资金天然的趋利性要求所决定，也是因为长期资金的积累必须能够对抗通货膨胀和其他影响资产实际购买力因素的侵袭。其次，养老保险基金资产具有长期性、稳定性和积累性的金融特征。养老保险基金计划的参与者从供款到领取养老保险基金，时间间隔在 30～40 年，养老保险基金资产的长期性由此可见一斑。与此同时，养老保险基金计划的参与者在养老保险基金管理规定的强制性和税收优惠政策的激励作用下，往往会持续进行供款，形成一个稳定的供款现金流。养老保险基金资产的长期性、稳定性、积累性既有利于资产管理人对养老保险基金资产进行合理配置，通过选择长期投资品种从而获得较高的投资收益，也可以积累起数量巨大的资产规模。[②] 最后，养老保险基金与金融市场、金融工具之间存在紧密关联。自 20 世纪 70 年代以来，随着养老保险基金积累的不断增加，养老保险基金投资与资本市场的关系成为引人注目的重

---

① 张茉楠：“建立主权财富养老基金事不宜迟”，载《上海证券报》2012 年 3 月 7 日版。

② 刘云龙、肖志光著：《养老金通论——关于人口结构、养老金制度、金融结构变迁的一般理论》，中国财政经济出版社 2012 年版，第 225～226 页。

要研究领域。为了防范养老风险，不断积累的养老保险基金需要保值增值，资本市场为养老保险基金投资提供了多样化的金融工具，如零息债券、担保抵押债务、担保投资合同等。[①] 同时，不断积累的养老保险基金成为资本市场上重要的投资者，其投资行为对资本市场的价格波动、公司治理及金融创新带来了深刻影响。[②]

目前，我国已经积累了极为庞大的养老保险基金资产规模。以基本养老保险基金为例，根据《2013 年度人力资源和社会保障事业发展统计公报》，2013 年年末全国参加基本养老保险人数为 81,968 万人，比上年末增加 3172 万人；全年基本养老保险基金收入 24,733 亿元，比上年增长 13.3%，其中征缴收入 19,270 亿元，比上年增长 12.9%；全年基本养老保险基金支出 19,819 亿元，比上年增长 18.6%；年末基本养老保险基金累计结存 31,275 亿元。这些财富关涉社会公众的切身利益，如何实现其保值增值是一个重大而现实的问题。目前，我国对养老保险基金投资运营的管制非常严格，只允许购买国债和存放银行。但由于两者的利率均偏低，再加上通货膨胀和物价因素，基本养老保险基金的投资"缩水"现象日益严重，甚至处于"亏损"状态，保值增值的难度急剧增加。更为严重的问题在于，实践中的养老保险基金实行混账管理的模式，即允许社会统筹基金和个人账户基金相互调剂使用，政府在实际运作过程中为解决不断增长的养老基金缺口，可以通过挪用个人账户基金来填补统筹基金缺口支付当期养老金，导致巨额转轨成本无法消解，因此出现了所谓的"空账问题"，难以应对老龄化危机。这些问题不仅涉及代内收入分配公平，还涉及代际收入分配公平，成为社会转型时期最容易激发利益冲突的关键点之一。在此背景下，"养老金入市"似乎成为解决难题的灵丹妙药，[③]2015 年 8 月国务院正式发布《基本养老保险基金投资管理办法》更是开启了养老保险基金通向资本市场的大门。然而，养老保险基金是否适合进入资本市场进行投资运营？养老保险基金投资的工具、方向与比例该如何限

① 伊志宏、张慧莲著：《养老金投资与资本市场——国际经验及中国的选择》，中国人民大学出版社 2009 年版，第 66～67 页。

② 养老保险基金对公司治理改进的作用，主要取决于企业股权流动性和养老保险基金的开放性。参见耿志民著：《养老保险基金与资本市场》，经济管理出版社 2000 年版，第 193 页。

③ "养老金入市将长期利好为 A 股走牛奠定基础"，载《北京商报》2015 年 3 月 16 日版。

定？养老保险基金进入资本市场后的风险如何防控以及利益如何平衡？社会公众能否分享到养老保险基金投资运营的收益？这些无疑是在狂热和盲动之后更值得理性反思的现实课题。

二、金融资金公平分享的法律迷思：以民间资本为中心的透视

随着近几十年来经济的快速发展，我国当下民间资本积聚量日益庞大，对经济生活的影响越来越大，但由于受到严格的法律管制，难以进入金融领域为资金短缺者提供融资服务。正如有学者所言，大量闲置的民间资本集腋成裘，左冲右突，但始终难以取得风险与收益的合理平衡，众多民营经济实体资金供应却青黄不接，常常为争取融资四处奔波求助，甚至饥不择食而陷入破产窘境。[①] 为规范和引导民间资本的健康发展，国务院 2005 年 2 月颁布了《关于鼓励支持和引导个体私营等非公有制经济发展的若干意见》（即“非公 36 条”），明确民间资本可以进入金融服务业，允许非公有资本进入区域性股份制银行和合作性金融机构，允许符合条件的非公有制企业参与银行、证券、保险等金融机构的改组改制。2010 年 5 月国务院又颁布了《关于鼓励和引导民间投资健康发展的若干意见》（即“新非公 36 条”），指出了民间资本在金融领域的重要地位，进一步明确和扩大了民间资本进入的领域和范围，允许民间资本兴办金融机构，并放宽了诸多限制。这无疑给民间资本带来了一股春风，提供了民间金融明确的合法依据和实施指南，为民间资本进入金融领域注入了强大的动力。但无论是“非公 36 条”、“新非公 36 条”还是配套的相关制度性规则均存在较多问题，需要权衡其利弊，探究其得失。

（一）“民间资本进入金融领域”的制度供给述评

从“非公 36 条”开始，规则就在不断地制定和完善以充分保持社会主义非公有制经济的活力，在支持民间资本进入金融领域方面有了很多的规则依据，对无所适从的民间资本起到了较好的引导作用。

1. 初步放开民资准入

中国银行业监督管理委员会于 2006 年 12 月发布了《关于调整放宽农村

---

① 姚明龙著：《民营资本的金融突围——浙商投资村镇银行与小额贷款公司研究》，浙江大学出版社 2011 年版，第 1 页。

地区银行业金融机构准入政策更好支持社会主义新农村建设的若干意见》，放开了银行业金融机构的准入资本范围：积极支持和引导境内外银行资本、产业资本和民间资本到农村地区投资、收购、新设符合规定的各类银行业金融机构；鼓励各类资本到农村地区新设主要为当地农户提供金融服务的村镇银行；农村地区的农民和农村小企业也可按照自愿原则，发起设立为入股社员服务、实行社员民主管理的社区性信用合作组织；支持各类资本参股、收购、重组现有农村地区银行业金融机构，也可将管理相对规范、业务量较大的信用代办站改造为银行业金融机构。上述措施虽然只是对特定的农村地区银行业金融机构，但也一定程度上缓解了民间资本对金融垄断体制的冲击。

2. 基本确立了民资在金融领域的合法地位

2007 年 1 月银监会印发了《村镇银行管理暂行规定》，对村镇银行的管理进行了具体规定，第 24 条明确了自然人投资入股的条件：(1) 有完全民事行为能力；(2) 有良好的社会声誉和诚信记录；(3) 入股资金来源合法，不得以借贷资金入股，不得以他人委托资金入股；(4) 中国银行业监督管理委员会规定的其他审慎性条件。没有比较明显的准入障碍，并且将《关于调整放宽农村地区银行业金融机构准入政策更好支持社会主义新农村建设的若干意见》中规定的"村镇银行不得为股东及其关联方提供贷款"放宽为其第 5 条的规定：村镇银行不得向关系人发放信用贷款；向关系人发放担保贷款的条件不得优于其他借款人同类贷款的条件。即对关系人的信用贷款和担保贷款区别对待，更具有科学性和现实意义。2011 年 7 月银监会结合村镇银行的实施经验又发布了《关于调整村镇银行组建核准有关事项的通知》，进一步调整了关于组建的要求，加强了可操作性和实施性。2008 年 5 月银监会发布了《关于小额贷款公司试点的指导意见》，确定了小额贷款公司的性质，即小额贷款公司是由自然人、企业法人与其他社会组织投资设立，不吸收公众存款，经营小额贷款业务的有限责任公司或股份有限公司，给予了民间资本组建此类公司的法律空间。在利率问题上也给予一定的自主权，规定小额贷款公司按照市场化原则进行经营，贷款利率上限放开，但不得超过司法部门规定的上限(即 4 倍的要求)，下限为人民银行公布的贷款基准利率的 0.9 倍，具体浮动幅度按照市场原则自主确定。有关贷款期限和贷款偿还条款等合同内容，均由借贷双方在公平自愿的原则下依法协商确定。

3. 建立指导性投资领域

2010 年 5 月的“新非公 36 条”则明确指出了民间资本的具体进入领域。在加强有效监管、促进规范经营、防范金融风险的前提下，放宽对金融机构的股比限制。支持民间资本以入股方式参与商业银行的增资扩股，参与农村信用社、城市信用社的改制工作。鼓励民间资本发起或参与设立村镇银行、贷款公司、农村资金互助社等金融机构，放宽村镇银行或社区银行中法人银行最低出资比例的限制。落实中小企业贷款税前全额拨备损失准备金政策，简化中小金融机构呆账核销审核程序。适当放宽小额贷款公司单一投资者持股比例限制，对小额贷款公司的涉农业务实行与村镇银行同等的财政补贴政策。支持民间资本发起设立信用担保公司，完善信用担保公司的风险补偿机制和风险分担机制。鼓励民间资本发起设立金融中介服务机构，参与证券、保险等金融机构的改组改制。即以行政法规的形式将民间资本合法的范围明确细化到了商业银行、信用合作社、村镇银行、贷款公司、农村资金互助社、信用担保公司、金融中介服务机构、证券业和保险业等金融机构。

在“新非公 36 条”的指导意见下，证监会于 2012 年 5 月出台了《关于落实〈国务院关于鼓励和引导民间投资健康发展的若干意见〉工作要点的通知》，明确鼓励民间资本参股证券期货经营机构：(1) 简化证券公司增资扩股等行政许可事项，便利民间资本参与证券公司增资扩股。继续支持民间资本依法参股基金管理公司；(2) 支持民间资本通过增资入股、兼并重组等方式投资期货公司，支持符合条件的民营控股期货公司参与期货创新业务试点；(3) 鼓励和引导民营证券投资咨询机构、证券资信评级机构进一步增强资本实力，加快业务转型，提升专业服务能力，在服务市场发展的同时做优做强；(4) 鼓励民间资本投资设立独立基金销售机构，参与证券投资基金销售业务。对民资进入证券业金融机构指出了具体的方向，是放开准入的大手笔。

在“新非公 36 条”的指导意见下，银监会于 2012 年 5 月制定了《关于鼓励和引导民间资本进入银行业的实施意见》，详细并且明确地提出了各项具体操作性的条款。规定了民营企业可通过发起设立、认购新股、受让股权、并购重组等多种方式投资银行业金融机构。允许小额贷款公司按规定改制设立为村镇银行。要求各级银行业监督管理机构要鼓励各类投资者平等竞争，根据银行业行政许可规章确定的条件和程序，实施市场准入行政许可。在市场准入实际工作中，不得单独针对民间资本进入银行业设置限制条件或其他附加条件。值得一提的是关于支持民营企业参与村镇银行发起设立或增资扩股的第4条：村镇银行主发起行的最低持股比例由20%降低为15%；村镇银行进入可持续发展阶段后，主发起行可以与其他股东按照有利于拓展特色金融服务、有利于防范金融风险、有利于完善公司治理的原则调整各自的持股比例。这里改变了《村镇银行暂行管理规定》中的第25条的规定：最大银行业金融机构股东持股比例不得低于村镇银行股本总额的20%。这是针对现实准入中的客观困难做出的重大调整，有利于进一步鼓励民间资本的进入。另外在"新非公36条"规定的进入平台的基础之上又增加了信托公司、消费金融公司，并支持符合国家产业政策并拥有核心主业的民营企业集团，申请设立企业集团财务公司，支持主营业务适合融资租赁交易产品的大型民营企业以及民营租赁公司，作为金融租赁公司主要出资人，投资金融租赁公司，支持生产或销售汽车整车的民营企业作为汽车金融公司的主要出资人，投资汽车金融公司，这就进一步拓宽了进入渠道，应该说从制度上已经表现了充分的支持，对民间资本的去路理论上已经够用，充分激发民间资本进入金融领域的热情。[①] 在"新非公36条"的指导意见下，保监会于2012年6月制定了《关于鼓励和支持民间投资健康发展实施意见》，积极鼓励民间资本进入保险领域，支持民间资本投资保险公司，对一定条件下的民营股东单一持股比例允许适当放宽至20%以上，这里就比银监会显得"大度"了许多，直接给出了实质性的优惠门槛。另一方面鼓励民间资本投资保险中介机构，注重合理引导民间资本投向，鼓励民间资本加大对农村保险市场的投入力度，参与农村保险合作社的试点，支持民间资本在中西部和东北地区投资设立保险机构。

4. 支持地方性保障

地方政府在中央的指导下也开展了具体细则的制定，温州市人民政府于2010年5月制定了《关于鼓励和引导民间投资健康发展的实施意见》，明确了大力发展各类创业投资企业，大力发展地方金融机构，完善民间投资金融服务，健全融资性担保体系等方面的细则性规定，进一步确定了租赁公司、财

① 崔文苑："民间资本构建农村金融高地"，载《经济日报》2012年12月21日版。

务公司、消费贷款公司、“农村资金互助社团”组织试点、融资性信用担保公司、市级再担保公司等组织形式的指导性意见，推广股权、专利权、商标专用权、排污权质押贷款和农房、林权、海域使用权抵押贷款的方式，力求以地方金融创新提升民间投资，增强其地方实施的可操作性。

浙江省人民政府于2012年11月根据中国人民银行等9部委印发的《浙江省温州市金融综合改革试验区总体方案》印发了《浙江省温州市金融综合改革试验区实施方案》，对民间融资做出了具体规定：开展民间借贷服务中心试点，引进一批中介机构入驻，提供民间借贷登记、合约公证、资产评估登记等服务，引导民间资本的阳光化、规范化运作。另一方面在加快发展新型金融组织形式上，进一步倡导在银行业金融机构优先批量主发起设立村镇银行，推进贷款公司和农村资金互助社试点，争取进一步确认小额贷款公司等各类融资性机构的性质，深化小额贷款公司试点，并首次提出探索小额贷款公司发行中小企业私募债的想法。鼓励发展商业保理机构，稳妥发展民营第三方支付机构，支持民营融资性担保公司发展。在金融产品的创新与地方金融的监管方面也提出了不少的细化意见，尤其是提出制定地方金融监管工作实施意见，加强对小额贷款公司、融资性担保公司、典当行、寄售行、调剂行、股权投资公司、民间资本管理公司、民间借贷服务中心、投资类机构以及网络贷款服务机构等市场主体的管理。在信息的披露管理上也要求建立健全金融业综合统计和分析制度，加强非现场监管信息系统建设，逐步将上述市场主体纳入监测范围，强化监测预警，及时进行风险提示。还表现出对非法民间资本运作的行为进行打击的决心，要求加强民间借贷风险提示，严厉打击金融传销、非法集资、地下钱庄、洗钱等非法金融活动，防止民间借贷转变为高利贷、非法集资等违法行为，有效发挥金融仲裁院、金融法院的司法保障功能，规范金融行为，化解金融纠纷。

这些都是地方政府发挥主动性和创造性结合地方实情所制定的实施细则，比较具有针对性和可操作性，给地方民间资本的高效率运作创造了有利条件，大大提升了民间资本在金融领域的活动空间，为其顺利进入和健康运营优化了制度条件和市场环境。

（二）“民间资本进入金融领域”规则的内在局限

对于民间资本进入金融领域，虽然情况得到了很大改善，但仍有很大的改进空间,诸多限制仍在制约着民间资本的高效运转。很多规则诸如《商业银行法》、《保险法》、《证券法》、《证券投资基金法》等法律法规均没有明确的针对民营资本的排斥性条款,但是事实却是长期以来很多民间资本都无法真正顺利地在金融领域良好发展。民间资本进入金融领域可以分为正规渠道和非正规渠道,[①]前者即按照法律明确规定准入的平台参与金融服务,如商业银行、信用合作社、村镇银行、贷款公司、农村资金互助社、信用担保公司、金融中介服务机构、证券业和保险业金融机构、信托公司、消费金融公司、金融租赁公司,以及地方发展的创新型主体——寄售行、调剂行、股权投资公司、民间资本管理公司、民间借贷服务中心、投资类机构以及网络贷款服务机构等。后者即还没有得到法律的认可和规范,但与非法的地下金融有着本质区别在未来可能得到有效规范的进入形式,最为主要的就是民间借贷,还有其他合会形式。对于正规渠道的规则制定已经比较丰富,但具体实施效果还有待进一步检验,对于非正规渠道主要是民间借贷的规范则寄希望于对放贷人规则的制定以全面而充分地保护民间资金在金融领域的活动。已有的各种路径已经比较丰富,但建立恰好的切入路径还需进一步探索。

其一,对于民间资本进入村镇银行,诸多限制制约着民间资本的高效运转。《村镇银行暂行管理规定》第25条规定了主发起银行制度:村镇银行最大股东或唯一股东必须是银行业金融机构。根据1996年的《主办银行管理暂行办法》,我国现有的主办银行制度,是建立在国有银行和国有企业之间,以协调国有资产之间的融通为目的的基础之上的。它关注的是国企改革和发展、国有大型商业银行的良性竞争,中小企业的问题基本上被排除在外。由于关注点的偏差,我国现有的主办银行制度对于中小企业融资来说基本上没有意义,"两多两难"问题正是我国的主办银行制度遭遇的尴尬局面。[②] 另外,单一非银行金融机构或单一非金融机构企业法人及其关联方持股比例不得超过村镇银行股本总额的10%。任何单位或个人持有村镇银行股本总额5%以上的,应当事前报经银监分局或所在城市银监局审批。其中的主银行最低持股比例由银监会《关于鼓励和引导民间资本进入银行业的实施意见》

① 卢春阳、吴凡著:《转型期中国民间资本进入银行业的制度变迁研究》,西南财经大学出版社2006年版,第141~142页。

② 潘悦:《论我国主办银行法律制度之完善》,中国政法大学2007年硕士学位论文。

从20%降低为15%，并且在后续经营过程中允许自行调整。两个文件都是由银监会发出，前一个是“规定”，后一个仅是“实施意见”，但从有利于规制方来讲应该从宽松的规定即后者。通过仔细分析可以发现，放宽的只是主银行的最低持股比例，并不一定意味着民间资本的比例可以增加，因为后面的10%上限并没有具体放宽的额度，作用还是比较有限。另外，对民间资本持股达到总额5%以上要经过审批，这个障碍还是比较大的，说明门槛进入的“权利”还是受到“权力”的掌控，民资的自由性大大降低。再者，《村镇银行暂行管理规定》对设立村镇银行和其分支机构的条件规定的比较严格，要经过规定的筹建与开业阶段，还要层层批准，手续复杂、耗时耗力，这也决定了短时期内效果不明显的结局。

其二，对于小额贷款公司，依然存在施行难处。《小额贷款公司试点的指导意见》规定了其只能贷不能存的原则，与村镇银行一样，单一自然人、企业法人、其他社会组织及其关联方持有的股份，不得超过小额贷款公司注册资本总额的10%，导致民间资本活动空间的局限性。另外其设立要经省级政府主管部门批准，其税务除了对“三农”方向有优惠外要正常缴纳，意味着其对其他中小企业融资承担正常税负，在脱节的“端口”上没有特别照顾，对于民间资本的运营压力还是比较大。同时，其资金来源需要不超过两个银行业金融机构的融入资金，言下之意是至少要有一个银行业金融机构的参与，这就需要民间资本同官方资本进行合作，自然还是受到官方一定程度的干预，话语权有限。

其三，高技术性门槛使民间资本难以企及。银监会《关于鼓励和引导民间资本进入银行业的实施意见》第6条提到了支持民营企业投资信托公司、消费金融公司、企业集团财务公司和金融租赁公司。根据银监会2006年12月出台的《信托公司管理办法》，对设立条件规定为应当经中国银行业监督管理委员会批准，并领取金融许可证；注册资本最低限额为3亿元人民币或等值的可自由兑换货币，并且为实缴货币资本，可见条件非常严格。在具体程序上没有明确规定可以适用《公司法》，意味着此领域的相关决定权全在银监会，只表示支持却没有针对性的放宽条件没有任何意义，这就需要专门对民间资本的进入作出特别细化的宽松规定。

根据银监会2013年11月出台的《消费金融公司试点管理办法》，也需要有主要出资人,已设立的消费金融公司中分别为中国银行、北京银行和成都银行等大型商业银行,一般出资人除应具备其第 6 条第 3 ~ 9 项规定的条件外,金融机构还应具备注册资本不低于 3 亿元人民币或等值的可自由兑换货币的条件,非金融机构还应具备净资产率不低于 30% 的条件,可见条件非常严格,没有多少民资进入的空间。根据规定只能是购买其融资债券或者未来可能是股票,但是其作为新兴产物本身就还有待于市场的进一步检验,首批建成的三家消费金融公司也饱受评论,其与小贷公司一样只贷不存导致融资颇难,高风险性与其回报不成比例也难以吸引民间资本的进入。

根据银监会 2006 年修订后的《企业集团财务公司管理办法》,财务公司的注册资本金应当主要从成员单位中募集,可以吸收成员单位以外的合格的机构投资者的股份。第 7 条规定申请前一年,母公司的注册资本金不低于 8 亿元人民币;申请前一年,按规定并表核算的成员单位资产总额不低于 50 亿元人民币,净资产率不低于 30% 等九项设立条件,标准之高令大部分民间自有资本望而却步,大型民营企业达到条件的方可申请,此支持性意见对一般大多数民企其实并无太大意义,还是需要具有针对性的特别设置才能有效促进进入。

对于金融租赁公司,《关于鼓励和引导民间资本进入银行业的实施意见》明确了符合条件的大型民营企业以及民营租赁公司作为主要出资人投资,银监会 2014 年 3 月公布的《金融租赁公司管理办法》已将主要出资人制度调整为发起人制度,不再区分主要出资人和一般出资人,符合条件的五类机构均可作为发起人设立金融租赁公司,并取消了主要出资人出资占比 50% 以上的规定。诚然,该修订降低了民间资本进入金融租赁行业的门槛。但同时,新的《金融租赁公司管理办法》规定,发起人中应至少包括一家符合条件的商业银行、制造企业或境外融资租赁公司,其出资占比不低于 30%;在中国境内注册的、主营业务为制造适合融资租赁交易产品的大型企业作为金融租赁公司发起人,仅就自有资产来说,还应具备以下条件;“……(二)最近 1 年的营业收入不低于 50 亿元人民币或等值的可自有兑换货币;(三)财务状况良好,最近 2 个会计年度连续盈利;(四)最近 1 年年末净资产不低于总资产的 30%;(五)最近 1 年主营业务销售收入占全部营业收入的 80% 以上……”可以看出,条件仍然非常严格,对于民间资本特殊性的考虑尚欠周全,即便是修订后的标准,也并不能改变民间资本名义上被允许进入,实质上却可望而不可即的现状。

民间资本是市场敏锐的判断者,只会投向更容易获得高利润的领域,然而从上可以看出,对于既有的垄断资源,较好获利的平台民资难以进入,高风险低利润或者是还有很大不确定性的平台吸引民资它也不会去,说明还是要真正放开利润的官民共享才能加强合作和双赢,市场化的真正体现是充分的参与和竞争。应该让民间资本进入到一些更好进入的领域,如果认为这个领域不好了,还鼓励大家进去,就会很难。

(三)"民间资本进入金融领域"规则实施中的现实困境

1. 行政性壁垒

这里的行政性壁垒旨在概括来自官方的阻碍性影响。首先,如今还存在所有制性质上的障碍。中国是社会主义国家,公有制经济与非公有制经济的关系一直在平衡,私有资本活跃的空间和领域受到很大限制,社会主义市场经济改革还没有完全成熟,官方对民间资本的态度还有保守的成分。现在还有经济学家对市场化持抵制态度,依然有人坚持特殊行业的垄断性地位。其次,如前提到的,层层审批制给民间资本准入造成繁杂的手续,耗时耗力,与民间投资收益的效率性原则相悖,自然会导致大部分民间资本的效益搁浅,降低了闲散资金的流动性。最后,地方政府对民间资本干预过多。包括对设立时的层层设卡和运营时的过度指导。地方以金融办的形式对小额贷款公司和村镇银行的组建进行干预,实施严格的准入和管制并且缺乏透明度,压制了民间资本的主动性和自由性。在没有与政府业绩挂钩的前提下,地方政府缺乏直接的动力去保护民间投资,另一方面没有确定可行的责任机制也会导致地方政府对政策的选择性漠视,特别是对税收优惠政策的落实。短期的地方垄断利润的诱惑太大,政府也会偏离其服务的本职而进入市场分一杯羹,在没有充分认识到民间资本对金融服务领域的巨大作用之前,大部分地方政府对放开市场都持谨慎态度,难以摆正心态去面对民间资本的挑战。恐怕只有像温州那样经过金融风暴之后才能有所清醒的认识,或许只有亲身尝到苦头之后才会有所改善,改革进入攻坚时期的每一步都意义巨大,要确保地方与中央保持一致才能齐心协力为经济发展做出贡献。

2. 非行政性壁垒

非行政性壁垒主要包括市场性因素，还有其他一些文化观念以及客观条件等因素。首先，市场性因素又可以包括主观性壁垒和客观性壁垒。[①] 主观性壁垒主要是官方金融业已经对市场形成根深蒂固的影响，已形成一定的商业信誉，在产品或服务的宣传上以及与客观建立的信任关系上很难形成优势，民资突兀地进入生存能力实在有限，在缺乏相关市场资源的条件很难坚持走下去。客观性壁垒主要是民间资本在进入之初没有足够条件扩展业务领域和范围，包括分支行机构的设置和自助业务机构的分布等，一个很现实的就是没有官方那样充足的土地资源获取优势，导致其很难有实力与其他业已强大的官方金融机构相竞争。其次，在人才资源的分配上民间资本也处于弱势。金融服务领域需要大量技术型人才，前面规则的分析中也提到，很多平台对专业性人才都要获得监管机构的批准，给民资的进入又增加一层阻碍。民间资本在进入之初本身就很难吸引优秀人才为其服务，因为经济理性人会趋向现有具有高额垄断利润的机构，那样较为容易获得丰厚回报，并且还可以享受一定的行政性待遇。再次，在对民间金融的监管上存在不足，导致得不到有效规范和管理使得其生存能力弱。[②] 第一是存在多头监管情形。如 2005 年 2 月制定的《典当管理办法》第 4 条规定其同时接受商务部门和公安机关的监督管理。小额贷款公司中除了省金融办监管之外还有发改委、工商局和银监局等的辅助监管，但《小额贷款公司试点的指导意见》中并没有对其作出协调性规定。第二是有些监管主体缺位。比如，资金互助社的管理和规范缺乏相应的主体实际负责，另外县级以下没有银监局办事处更是导致监管虚置。第三是监管过严。从上面的各种规则中可以看出其表述多为禁止性规范，缺少授权性条款，同时在责任规制上也从严导致民间资本望而生畏，本身进入的经济风险就已经很高，再加上过高的法律风险自然会扼杀其投资热情。第四是还存在监管能力不足的问题。现有监管框架比较单一，没有区分不同的民间金融活动，“一刀切”的方式不能进行有效的规范。现行

---

① 卢春阳、吴凡著:《转型期中国民间资本进入银行业的制度变迁研究》，西南财经大学出版社 2006 年版，第 136 ~ 137 页。

② 陈蓉著:《“三农”可持续发展的融资拓展：民间金融的法制化与监管框架的构建》，法律出版社 2010 年版，第 218 ~ 232 页。

管制主要是行政取缔和刑事制裁,在试验阶段多采用粗暴的取缔性手段,较高的行政性风险使得大部分民间资金宁愿转为地下活动,进而走进从打压到危机再打压的恶性循环。最后,金融领域风险性较高,多种规则规定自负盈亏,缺乏相应保障。民间资本进入的除了银行业金融机构以外的其他平台多采取利亏自担的原则,不像官方金融有中央人民银行和政府作为后盾。另一方面相关领域的可营利性对民间资本来说不甚理想,并且法律对其相应的经营权利缺乏保障,这也导致了民间资本在金融领域存续的不稳定性。高风险低保障使其进入和运作更加困难。

3. 非正规渠道得不到正视

继"吴英案"引发民间借贷深思之后,最高人民法院2010年11月出台了《关于审理非法集资刑事案件具体应用法律若干问题的解释》,规定了以投资入股的方式非法吸收资金;以委托理财的方式非法吸收资金;利用民间"会"、"社"等组织非法吸收资金等认定为非法的情形,对一些非正规民间资本的运作与非法行为进行了区分,但基本上还是比较模糊。第7条规定未经依法核准擅自发行基金份额募集基金可以非法经营罪定罪处罚,第8条、第9条规定相应的广告经营者可以虚假广告罪或共犯论处,可以看出总体上从严打击。另外,现行《民法通则》第90条规定"合法的借贷关系受法律保护",作为一条原则性规定,"合法性"的认定没有具体可操作性。《典当管理办法》规定了典当行不得经营集资、吸收存款或者变相吸收存款,不得发放信用贷款,不得从商业银行以外的单位和个人借款,不得与其他典当行拆借或者变相拆借资金,不得对外投资,明确限制了借贷的范围。民间借贷缺乏有效引导与规范导致非正规领域的金融业乱象丛生,由于缺乏有效监管,民间借贷纠纷增加,不良贷款率上升,各种非法活动也日益猖獗,法律没有给予其应有的疏通使得民间资本的非正规金融运作效率低下,同时也导致金融市场的紊乱。

(四)走出法律迷局的尝试——"温州金改"

风暴过后的温州急求探索,从金融改革方案得到批准成立金融改革试验区之后开始了多方面整治,对金融乱象进行清理的同时也在积极寻求民间资本的良性发展之路,当然也还有很多障碍需要突破。[①] 温州民间资本的运作

① 谢健、杨福明:"突破垄断:温州金改重任在肩",载《浙江经济》2012年第10期。

之路证明了民间金融对经济增长的贡献,其深层次规范民间投资的路径值得分析和借鉴,有助于在金融改革过程中绕开弯路。[①] 温州金改之路受人瞩目,每一步的经验都将会影响民间资本的命运,结合其规则实施的成效,有必要时时总结以加快推进大范围的改革。

前面提到,温州市人民政府于2010年5月制定了《关于鼓励和引导民间投资健康发展的实施意见》(以下简称《实施意见》)。浙江省人民政府于2012年11月根据中国人民银行等9部委印发的《浙江省温州市金融综合改革试验区总体方案》印发了《浙江省温州市金融综合改革试验区实施方案》(以下简称《实施方案》),对金融改革的12条任务做出了具体规定。《实施意见》除了强调以地方金融创新提升民间投资,对投资平台积极寻求创新外,还将以政策扶持鼓励和支持民间投资原则化。第12条确定了落实财政政策的具体措施。包括支持符合条件的民间投资项目申请各类政府补助性资金以及国外贷款。第13条强调了用好用足优惠的税收政策,规定生产国家非限制和禁止并符合国家和行业相关标准的产品取得的收入,减按90%计入收入总额,扩大了优惠范围。具体规定了企业固定资产折旧免税的计算方法,可谓细致入微。第14条规定了更加灵活的土地政策,对民间资本土地资源的利用给予了一定的政策倾斜。第15条具体确定了更加实惠的人才政策,为民间资本的人才资源提供了保障性环境。针对审批的复杂性,《实施意见》专门强调了要提高民间投资的审批效率,全面清理和规范现行有关民间投资的审批事项,大力推进民间投资审批流程的再造优化,进一步减少项目审批前置条件、减少审批部门、减少审批环节、减少审批时间,实现民间投资审批提速提效。并提出构建民间投资的服务体系,落实民间投资的工作机制,及时把握民间投资动态,加强对民间游资的引导和监管,强调了政府相关部门的任务,进一步加大行政透明度。

《实施方案》第1条就对民间资本的规范进行了要求,制定了很多具体可行的方案,如探索建立民间融资备案管理制度,引导融资主体特别是法人实体进行民间融资备案登记。开展民间借贷服务中心试点,引进一批中介机构入驻,提供民间借贷登记、合约公证、资产评估登记等服务,引导民间融资阳

① 诸葛隽著:《民间金融——基于温州的探索》,中国经济出版社2007年版,第227~238页。

光化、规范化。这就将非正规的民资运作也纳入规范体系,有利于加强管理和引导。在金融产品的创新与地方金融的监管方面也提出了不少细化意见,尤其是提出制定地方金融监管工作实施意见,加强对小额贷款公司、融资性担保公司、典当行、寄售行、调剂行、股权投资公司、民间资本管理公司、民间借贷服务中心、投资类机构以及网络贷款服务机构等市场主体的管理。值得一提的是,首次提出探索小额贷款公司发行中小企业私募债的想法,这样就具体拓宽了中小企业融资渠道,有利于解决“两多两难”问题。另外还鼓励发展商业保理机构,稳妥发展民营第三方支付机构,支持民营融资性担保公司发展。制定了培育地方资本市场的目标,对金融产品和服务创新细化到类,并明确将微型企业纳入保护发展氛围。在监管上扩充了信息披露管理等事项,明确了风险防范的具体手段。

《实施方案》提到了民营融资性担保公司,此举意义重大。银监会在其《实施意见》中并没有表态是否准许民间资本进入融资性担保公司。银监会、发改委、工信部、财政部、商务部、中国人民银行以及国家工商行政管理总局于2010年3月制定的《融资性担保公司管理暂行办法》第9条对设立条件规定了需要有具备持续出资能力的股东,但并没有对股东资格作出进一步规定。根据其规定融资性担保公司只能与企业和银行业金融机构进行业务往来,并且融资性担保公司不得从事下列活动:吸收存款、发放贷款、受托发放贷款、受托投资,以及兜底性的“监管部门规定不得从事的其他活动”强调了融资性担保公司从事非法集资活动的责任。如此看来民间资本准入融资性担保公司还存有疑义,但另一方面其禁止性业务很大程度上也会打消民间资本进入念头,不存不贷对民资吸引力或许比较有限。但不排除未来的可能性,对民间资本作出铺垫和加以引导至少表明了金融平等的原则,其宣示性意义大于可行性意义。

《实施方案》对于其他创新型金融组织也给予了大胆的肯定。首先是将调剂行和寄售行明确纳入了监管之内,调剂行和寄售行在现实中大量存在,是一部分民间资本进行金融活动的表现形式,对个人金融活动颇具影响,但一直没有比较明确的规范和监管。虽然具体规范还有待进一步根据实际发展作出调整,但明确其法律位置对充分保护和规范民间资本具有重大意义,对非正规民间金融的健康发展具有促进作用。其次还鼓励发展商业保理机构,目前只有商务部于2012年6月发布了商务部《关于商业保理试点有关工作的通知》,虽然是新兴组织,且只规定了天津滨海新区、上海浦东新区的商业保理试点,但浙江省明确肯定了此种形式也是为未来做好铺垫,为扩大和深化改革奠定基础条件。

三、金融资金公平分享的路径选择

西方国家的经验表明,金融市场是居民获取财产性收入的主渠道,要提高居民的财产性收入,就必须提高居民对金融市场的参与程度,这要求为居民参与提供必要的制度条件和市场条件,并使居民有动力参与金融市场。[①]但如果金融市场的游戏规则不合理,所谓的"金融资金公平分享"就会成为一句空话,正如有学者所言,"如果在规则正义尚不健全的前提下一味加大民生投入,反而可能会被特权者所利用,或截留,或贪污,或挥霍,导致出现贫者愈贫、富者愈富的马太效应"。[②] 因此,必须从规则正义层面为金融资金的公平分享提供恰当的路径选择。鉴于前文对外汇储备和养老保险基金这两种金融资金利益的公平分享已经有所涉及,在此仅探讨资本性收入公平分享的法律路径。

(一)规范股利分配

自2011年证监会推行股利分配新政以来,鼓励、引导上市公司增强回报股东意识的政策取得了一定成效,但也受到了不少批评,正如有人评价的那样,上市公司的利润用于投资、分红还是回购股票,应该完全由董事会和股东会决定,政府不该进行行政干预,判断股票是否有价值的标准不只有分红,强制分红更像是在进行"股市维稳"。[③] 证监会的新政尽管出发点很好,但无疑带有"运动式执法"的特点,未能通过配套的制度措施予以整体推进。现阶段,规范股利分配,提升投资者通过股权投资的回报,可以采取下列制度措施:首先,将现金分红与企业上市、上市公司再融资、高管薪酬制度改革、上市公司退市结合起来,这样能够把现金分红贯通于上市公司从"摇篮"到"坟

---

① 周业安:"金融市场参与和我国股票市场的可持续发展",载《理论前沿》2008年第1期。

② 贾可卿著:《分配正义论纲》,人民出版社2010年版,第266页。

③ "强制公司分红是抢劫",资料来源 http://news.163.com/special/reviews/stockmarketchina.html,2015年5月6日访问。

墓”的全过程,可以有效规避上市公司的选择性法律遵循行为。其次,建立有效的惩罚与补偿机制。对于有能力分红而长期不分红的企业,可以对其利润中盈余公积金部分课以重税并加以重罚,并通过媒体曝光等方式施加舆论压力,提高不分红的违约成本。对于达不到上市时承诺的现金分红标准,则由上市公司与保荐机构向公众投资者作出赔偿,补足公众投资者应得到的红利金额。[①] 再次,优化调整股息红利的个人所得税政策。现行税制存在重红利税、轻资本利得税的弊端,可以考虑完善差别所得税政策。一方面通过红利税减免同时对资本利得课以重税的措施,真正培养投资者对于现金红利的偏好,实现投资者的长期投资;另一方面根据利息红利或者资本利得收入高低实施差别累进的税收政策,以此调节逐步拉大的财产性收入差距。[②] 最后,还应通过信息披露制度的完善规范股利分配,如建立分红等重要事项的年报披露问责制和信息披露失误补偿机制,提高信息披露的透明度,将上市公司的股利分配置于阳光之下。

(二)拓展债券融资

债券市场是资本市场的重要组成部分,是金融市场发达程度的重要标志。一个有效的债券市场既可以为政府、公司及金融机构等提供规范、便捷的融资渠道,又可以为各类投资者提供信息公开的投资渠道;既有利于防止经济发展过度依赖银行贷款而带来的风险,又可以形成利率基准,为金融资产定价提供参考。因而,债券市场对一国或地区的经济与金融发展至关重要。党的十八届三中全会通过的中共中央《关于全面深化改革若干重大问题的决定》要求“健全多层次资本市场体系……发展并规范债券市场,提高直接融资比重”,发展债券市场成为了全面深化改革时期资本市场建设和完善的重要任务。我国债券市场自建立以来,在总量和增量上均实现了长足的进步,但长期以来的金融抑制政策通过将债券市场人为分割以及强制担保等行政干预方式,很大程度上限制了市场机制在资源配置中决定性作用的发挥,导致了债券市场活力不足和融资功能受限。当前,《证券法》的修订正处于关键节点,我们可以以此为契机,解决困扰债券市场发展的体制性问题,拓展

① 陈晓枫著:《中国居民财产性收入理论与实践研究》,经济科学出版社 2014 年版,第 200 页。
② 同上,第 200 ~ 201 页。

债券融资的渠道。[①] 具体建议是：首先，将债券发行的审批制改为注册制，放松对债券市场的行政管制，释放债券市场的活力。目前，无论是发改委管理的企业债、证监会管理的公司债还是央行和银监会管理的信贷资产支持证券，均在向注册制发行的方向靠近。[②] 但这些实践中的探索与尝试缺乏上位法的支持，有必要在《证券法》中对债券发行的注册制予以确认。其次，变革债券市场的监管机制、交易机制、清算托管机制，实现债券市场互联互通。我国债券市场包括银行间债券市场、交易所债券市场和商业银行柜台债券市场三个子市场，长期以来形成了“五龙治水”的债券市场监管格局。从债券发行和监管来看，财政部负责国债和地方政府债券的监管，央行监管短期融资券、中期票据以及央票，证监会负责上市公司债的发行监管，国家发改委则监管、审批非上市公司企业债券，保监会负责保险公司债权投资计划，由此导致的监管套利、市场混乱等问题一直受到诟病。改变这种局面，需要强化债券发行主体的信息披露、推动债券评级机构发展、培育合格的投资者、加强市场基础设施建设、完善债券市场的交易托管清算机制。最后，开发创新型债券产品，如发行“大众创业万众创新”双创专项债券等，满足市场对债券市场的融资需求。

（三）发展大众理财

自2013年以来，以余额宝的兴起为标志，中国的大众理财市场进入了发展快车道。余额宝是阿里巴巴旗下的支付宝公司正式推出基于其第三方支付平台支付宝的衍生服务。通过余额宝，用户在支付宝网站内可以直接购买基金等理财产品，同时，余额宝内的资金还能随时用于网上购物、支付宝转账等服务。截至2014年3月31日，余额宝规模为5413亿元，用户量突破8100万人，平均年化收益率5.2%。[③] 伴随着余额宝的井喷式增长，零钱包、活期宝、现金宝、财富宝、娱乐宝等一系列网络理财“宝宝”们纷纷诞生，各大第三方支付机构纷纷抢占互联网理财市场的前沿阵地。这些大众理财工具具有普惠金融的特质，为小额闲散资金获取财产性收入提供了方便快捷的通道。然而，自从诞生之日起，这些互联网理财方式就面临着合法性争议。以余额

---

① 洪艳蓉：“《证券法》债券规则的批判与重构”，载《中国政法大学学报》2015年第3期。

② “债市新政频出　注册制发行成主流”，载《经济参考报》2015年4月10日版。

③ 陈晓枫著：《中国居民财产性收入理论与实践研究》，经济科学出版社2014年版，第206页。

宝为例，它实为购买了天弘增利宝货币市场型基金，收益来源本质上属于基金投资收益，而银行活期存款利益则属于利息，两者不可同等比较，此种故意宣传涉嫌误导性陈述，违反了《反不正当竞争法》。此外，余额宝对收益本身的非正常示明（通过多种宣传渠道强调收益和不恰当的对比），极其容易给投资者一种保底收益的心理暗示，有违规承诺或担保收益的嫌疑，与《证券投资基金法》的规定相抵触。发展大众理财，一方面要抱以包容性的态度，为其创造宽松的法律发展环境；另一方面要加强对第三方支付平台和第三方支付机构的法律规制，如第三方支付公司应依法审核理财机构的相应资质、业务范围、资产运行等基本情况，审慎决定拟准入名单，并通过向社会公开的形式寻求多元化监督，同时加强理财管理的透明度。①

（四）推进农地金融

农民之所以在收入分配中成为最弱势的群体，根源在于其财产性收入来源的极度狭窄。除了土地之外，农民似乎没有其他可资利用的财产增收渠道，但法律对土地的严格管制又导致农民难以通过土地获取更多的财产性收入。党的十八届三中全会之后，情况正在发生微妙变化。2015 年年初，《关于农村土地征收、集体经营性建设用地入市、宅基地制度改革试点工作的意见》出台，标志着农村改革的核心——土地改革将进入深水区。土地改革需要金融扶持，农地金融的重要性由此凸显。农地作为农民拥有的最重要财富之一，具有稀缺和不可再生性，经济社会越发达，农地的价值就越高，增值性强；农地位置固定，不能移动，具有不可灭失性；对农地经营可获得源源不断的“现金流”，保值性强。农地的优点决定了以其经营权为担保的债权安全系数高，有利于抵押债权的完全实现，金融机构也容易接受。很多国家或地区利用农地的优点，构建了各种农地金融模式，比如美国的联邦土地银行模式、德国的土地抵押信用合作模式、日本的农林渔业金库模式和中国台湾地区的土地银行模式等。虽然各国家或地区农地金融模式有差异，但目标都很明确，就是重点服务农业生产，为农业生产及其相关领域提供长期、廉价的资金支持和金融服务，并配合农村的土地制度改革。② 在我国，法律上的禁止性

① 王春丽、王森坚：“互联网金融理财的法律规制——以阿里余额宝为视角”，载《上海政法学院学报》2013 年第 5 期。

② 高伟、孟春：“探索农地金融新模式”，载《中国证券报》2015 年 1 月 19 日版。

规定并未遏制农地金融实践的发展,如贵州湄潭县农地金融改革试验、福建三明农地抵押贷款试点、宁夏同心县农地抵押试验等地方性的探索都试图消除农地金融化的制度障碍。在政策层面,我国一直在探索消除农地金融化的制度障碍。从"扩大农村有效担保物范围"到"原则上,凡法律没有禁止、物品权属清晰、风险可控、可用于贷款抵押担保的各类动产和不动产,都可进行试点",从"探索发展大型农业生产设备、林权、水域滩涂使用权等抵押贷款,规范发展应收账款、股权、仓单、存单等权利质押贷款"到"有条件的地方可试行土地经营权贷款",从"探索发展农村土地承包经营权和宅基地使用权抵押贷款业务"到"丰富'三农'贷款增信的有效方式和手段"再到"支持在法律关系明确地区探索开展农村土地承包权、宅基地、农房等抵(质)押贷款业务",政策制定者和金融监管当局对农地金融都给予了宽容态度。[①] 面对信息严重不对称的农村信贷市场,释放农地的财产功能和融资潜力是农村经济发展的客观需要,我国需要在农地产权制度、农地流转制度、农地金融制度等方面做出重大的法律变革。

(五)放开民间资本

随着温州民间借贷风暴愈演愈烈,我国金融体制改革进程中的深层次问题逐渐显现出来。民间资本对金融生活的影响不可小觑,一味地非法化和打压民间资本被证明与经济发展背道而驰。民间资本量多而投资难、中小企业资金需求多而融资难的问题是金融体制缺陷的直接体现。目前,打破官方资本的垄断,畅通民间资本进入金融领域的体制机制已经刻不容缓,这需要进行有针对性的规则设计。

1. 细化民间资本进入金融领域门槛上的规定

民间资本的支持性政策多停留于原则层面,而一般具体的实体性规则对其还存在很大阻力,规则亟待细化。建议立法机关针对民间资本进入金融领域在实体性规则上作出更多的让步,笼统的规则意义并不大,要多深入实践层面有针对性地制定优惠政策,主要是在具体平台的准入上进一步降低门槛,同时也要放开地域限制。[②] 另外就是在程序上的简化,温州已经充分认识

① 高圣平:"农地金融化的法律困境及出路",载《中国社会科学》2014 年第 8 期。

② 余文贵:"民间资本进入金融服务领域的法律制度设计——基于贵州省农村合作金融机构的实证研究",载《区域金融研究》2012 年第 9 期。

到了程序烦杂的不必要性，简化程序性规定有助于提高民间资本在市场上运转的流动性，增加收益效率。其他地方可以借鉴温州的经验，最重要的还是结合本地实际经济发展状况，分情况区别对待。

2. 完善相关责任规则

很多政策与法律落实不到位，规则的实施往往偏离宗旨。首先是对相应的民间资本进入的金融机构责任缺乏，导致“端口”问题依然难以解决。《村镇银行管理暂行规定》第 39 条规定：村镇银行在缴足存款准备金后，其可用资金应全部用于当地农村经济建设。村镇银行发放贷款应首先充分满足县域内农户、农业和农村经济发展的需要。《小额贷款公司试点的指导意见》规定了鼓励小额贷款公司面向农户和微型企业提供信贷服务，着力扩大客户数量和服务覆盖面。但这些很重要的原则没有相应的责任规制，村镇银行吸收了民间资本却不一定会为注资主体服务，大量农村资金流向城市以追逐更高利润，小贷公司也会偏离资本投向，选择性忽略使中小微企业融资困境依然得不到解决，民间金融的逐利性导致市场空白。其次是对地方政府和相关管理机构的责任约束不到位，很多税收优惠政策无法真正得到落实到民间资本身上，政府的手过长导致相关主体利益损失无人埋单，干预性强而责任虚置，只有民间资本自己承担这一切责任。所以要对政府在管理民间资本进入金融领域的同时加强其责任意识，尽量减少民间资本运作的“政府风险”，可以考虑将年度民间资本进入金融业的比率作出指标性规定。

3. 提高监管规则的科学性

首先是在规则上要进一步明确监管主体，针对具体的金融平台区别对待，减少监管主体的重合，节约监管资源。其次是加大监管范围，落实诸如农村资金互助社等组织的监管主体。再次是适当降低对有些主体的监管要求，过严的监管会压制民间资本的活力，不利于经济发展。可以考虑根据经济发展阶段和每种组织形式的市场成熟度适时放宽监管条件。最后是应该加强监管的多元化，“一刀切”的方式难以满足市场的瞬息万变，对非正规渠道的民间资本运作应采取灵活规则，[①]加大保护力度，提高合法有效的民间资本在金融领域的比率，应注重引导而非严厉打压，应加快制定实施关于放贷人的

---

① 高晋康：“多管齐下加强我国民间金融监管”，载《中国社会科学报》2012 年 10 月 10 日版。

相关规则。

4. 丰富风险防范规则

对于民间资本进入金融领域缺乏经验和专业条件的问题,应给予充分的活动空间,制定丰富的风险防范措施。中国银行业监督管理委员会《关于调整放宽农村地区银行业金融机构准入政策更好支持社会主义新农村建设的若干意见》中提出了“低门槛、严监管”的原则,实施审慎监管。笔者认为,严监管要具体情况具体对待,某些领域应以“低门槛,高防范”为原则,在民间资本进入之初必然会出现各种问题,出现问题不一定就是它自身的责任,应把重点放在问题的解决和风险防范上,在一定的程度上给其足够的运作空间,防范范围内出现的问题应靠调节市场来消化。加强风险防范规则才能让民间资本在金融领域安心经营,充分发挥其活力,这需要建立健全信息披露制度,包括行政本身的透明度和经营机构的经营信息透明,注重引导非正规民资运作的信息公开,通过事前公示和事后问责规制民资的运作。还要加强征信体制建设,除了小额贷款公司,可以考虑将更多的金融机构纳入征信系统,注重个人投资者信用记录建设等。另外,对其财政保障力度可以适当提升,将重点放在风险之后的支持,与事前支持适当平衡。

第六章　收入分配改革与金融机构的合理布局

金融机构是金融资源配置的重要载体，金融机构的分布格局会直接影响到社会享受金融服务的广度与深度，进而会影响到收入分配格局。整体而言，我国的金融市场在很大程度上还是一个垄断的市场，国有金融机构在整个市场中处于支配地位。此外，我国的金融机构过度集中在城市，农村金融发展严重滞后，中小民营企业和贫困人群难以从国有金融机构获取及时充分的金融服务，不得不求助于"高利贷"等非正规金融来获取融资，"地下钱庄"等民间资本也就有了合理的存在空间。在收入分配改革的社会背景下，重新调整金融机构的布局，彰显出特别的意义。

一、金融机构布局的现实观照：以农村为场域的检讨

"相对于城市来讲，中国模式对农村是相当无情的剥夺。"①由于金融资源配置存在城市偏向，以农村为场域来观照金融机构的现实布局，对于认识由此给城乡收入分配差距带来的影响，无疑是个恰当的切入点。撇开非正规金融机构不谈，目前农村地区金融服务的提供者主要包括中国农业银行、中国农业发展银行、农村信用社和邮政储蓄。2006年以后，银监会调整和放宽了农村银行业金融机构的市场准入，开始试点村镇银行、贷款公司和资金互助社。农村地区的金融机构可以分为商业性金融机构、政策性金融机构与合作性金融机构。

（一）商业性金融机构的嫌贫爱富

从1999年开始，由于国有商业银行进行股份制改造，精简机构，提高效

① 丁学良著：《辩论"中国模式"》，社会科学文献出版社2011年版，第115页。

益,将县级以下的金融机构进行了大规模的合并和裁撤,而且在取消分支机构的同时,还出于风险性原则,将县级分支机构的贷款权收回,使得农村地区的金融机构基本停摆。[①] 据统计,"十五"初期,全部银行业金融机构在县及县以下的服务网点16.66万个,人员124.34万人,到2005年,分别下降到24.37%和14%。中国农业银行作为面向"三农"的金融机构,也加入了大幅度裁撤分支机构的行列。截至2005年,中部地区农业银行撤并网点8601个,比2000年年底减少了39.3%,西部地区撤并网点4635个,比2000年年底减少了31.9%。[②] 网点的撤离意味着资金的撤离,商业银行股份制改革由此成为加剧农村资金外逃的关键原因。据统计,农村金融市场每年4万亿左右的资金流入城市,商业银行、邮政储蓄、农村信用社共同构成了农村资金外流的平台。商业银行股份制改革加剧农村资金外流的原因主要包括:商业信贷的目标与服务"三农"之间存在矛盾;信息不对称容易引发农户的逆向选择与道德风险;外部性削减了银行业金融机构开展农村信贷的动力;城乡二元结构进一步加剧了商业银行资金流出农村。[③] 在此背景下,农业银行作为定位于服务"三农"的农村金融主导地位开始弱化,首先表现在产权主体业务虚化,代理成本过高、效益低下,迫使农业银行不愿意在经济条件薄弱的农村开展业务。其次表现为道路商业化,商业银行的"营利性、流动性、安全性"经营原则与农业生产的"高风险性、分散性、波动性、长期性"相悖,农业银行将农业资金从以农业为主转为以工商业并举,竞争视角从农村转向城市,以获取足够的资金来源及高额回报,使得农村金融市场本来就很少的国有资本变得稀缺。[④] 颇有戏剧性的是,近年来随着县域经济的发展,许多商业金融机构又纷纷涌入县域,这一轮回实质上反映出中国经济增长与经济结构的巨大变化。当然,金融机构尤其是大型商业银行回归县域经济,可能并不是出于服务县域的目的,可能会有"圈地"心态和"作秀"心态。[⑤] 农村金融更

---

① 喻平著:《金融发展与居民收入差距的理论与实证研究》,中国经济出版社2012年版,第61页。

② 徐忠等著:《中国贫困地区农村金融发展研究——构造政府与市场之间的平衡》,中国金融出版社2009年版,第49~50页。

③ 岳彩申、张晓东主编:《新农村建设中的金融法律制度改革与创新研究》,法律出版社2012年版,第18~21页。

④ 黄颂文著:《普惠金融与贫困减缓》,中国经济出版社2014年版,第131页。

⑤ 王曙光著:《告别贫困——中国农村金融创新与反贫困》,中国发展出版社2012年版,第90页。

迫切需要的是资金的回归而不是机构的回归，如果这些金融机构只是盯着县域的高端客户人群而不是为“三农”提供融资，则对于城乡收入分配差距拉大无任何改善的作用。

事实证明，我们的担心绝非“庸人自扰”。在金融市场竞争不足、银行社会责任意识不强、低端服务收益不能有效覆盖成本的情况下，银行排斥低端客户在所难免，轻则漠视低端客户的服务需求，重则针对低端客户人为设置享用障碍，如规定较高的开户起存金额、单笔交易金额和账户最低余额要求，对未能维持最低余额的账户予以强制关闭或收取额外费用，对使用频率低、交易量小的账户适用歧视性收费标准。[①] 尤其是随着“银行收费时代”到来后，商业银行服务开始向富人倾斜，某些银行小额账户管理费的推出，在所谓“优化银行客户结构”的同时把穷人逐出了银行的大门，一些银行“VIP 客户优先办理”的做法也打破了人们内心的公平感。这种金融发展的富贵化趋势发展到一定程度，会导致金融服务的“富贵病”：金融成了富人的专利，穷人的痛苦；金融产品越来越复杂，成了少部分人剥夺大多数人利益的工具；金融脱离了老百姓，脱离了实体经济。[②] 商业银行所患的“富贵病”尽管在城市也普遍存在，但在农村地区体现得更为明显，因为农村地区聚集着大量的贫困人口，他们构成了基本银行服务排斥的主要对象。商业银行这种“嫌贫爱富”的取向遗忘了金融本身承担的扶贫功能，背离了商业银行的公共性，也有悖于金融伦理，[③]必须予以批判和摒弃。金融反贫困的作用机制主要表现为两点：其一，金融发展可以促进经济增长，进而增加包括贫困群体在内的社会全体成员的收入，实现贫困群体绝对收入水平的提高；其二，金融发展能显著增加金融服务对象的收入，进而影响整个社会的收入分配格局。[④] 金融的扶贫功能已经成为政府与民众的共识，并在实践中得到广泛应用，商业银行不能逃避其在反贫困中应承担的责任。商业银行的公共性不是因为某些银行

---

① 汪鑫：“论基本银行服务排斥及其治理”，载《法学评论》2009 年第 4 期。

② 邢会强：“金融法的二元结构”，载《法商研究》2011 年第 3 期。

③ 金融伦理是依靠社会舆论、人们内心信念和风俗习惯协调和控制金融体系内部各利益主体之间以及金融与社会之间的伦理关系的原则和规范，包含金融制度伦理、金融市场伦理、金融机构伦理、金融个体道德等。参见丁瑞莲著：《现代金融的伦理维度》，人民出版社 2009 年版，第 59 ~ 63 页。

④ 王曙光著：《告别贫困——中国农村金融创新与反贫困》，中国发展出版社 2012 年版，第 61 ~ 62 页。

具有垄断或独占地位，也不是某些银行是国有企业或国有控股企业，而是源于商业银行的行业特殊性，正如有学者所言，银行有别于普通企业，享受着诸多法律特权，占用了更多的公共资源：它们被允许在高杠杆基础上吸收公众存款；它们从避免竞争过烈的市场准入控制中获得竞争利益；在遭遇财务困难时，它们可能得到中央银行作为最后贷款人提供的流动性支持以及政府动用公共资金实施的紧急援救；具有系统性影响的大型银行更是从政府显性或隐性的“太大不宜倒”政策中获得了补贴。① 对于这样一种具有特许权价值的金融机构而言，“嫌贫爱富”的价值取向势必难以为社会公众所接受。

（二）政策性金融机构的形同虚设

政策性金融是以国家信用为基础、国家作为融资主体运用各种特殊的融资手段和融资渠道、为配合国家特定经济与社会发展战略而进行的特殊的资金融通行为。② 政策性金融具有“政策性目的、市场化运作、专业化管理”等特征，是有别于一般商业性金融资源配置机制的一种金融创新，或可称为加入政府较强调控作用的金融资源配置机制。传统意义上的政策性金融机构一般只着眼于社会效应，不追求自身业绩，强调政府的财政性补贴，其实质是财政拨款的衍生和补充。③ 但从发展趋势来看，政策性金融机构正在从政府主导走向公私合作。以美国为例，针对次贷危机形成的“有毒资产”，美国财政部提出了由政府出资支持私人投资者参与消化不良资产设想，方案包括三大要点：一是财政部出资，联邦存款保险公司及联储局融资；二是私人投资者与纳税人分担风险、分享利润；三是私人投资者将为不良资产定价以保证政府不会多付钱。美国的这一做法，为政策性金融提供了新的发展模式，即通过公私合作的方式实现政府政策性金融的目标。④ 目前，我国农村地区的政策性金融机构主要指向的是中国农业发展银行以及从事信用担保、农业保险的非银行类政策性金融机构，其中，真正意义上的农业政策性保险机构与农业信用担保机制尚未建立，使得农村经济对金融资源的多层次、多元化需求难以得到发挥。

---

① 汪鑫：“论基本银行服务排斥及其治理”，载《法学评论》2009 年第 4 期。
② 王曙光著：《金融自由化与金融发展》（第 2 版），北京大学出版社 2004 年版，第 68 页。
③ 朱崇实主编：《金融法教程》（第 3 版），法律出版社 2011 年版，第 209 页。
④ 贾康等著：《中国政策性金融向何处去》，中国经济出版社 2010 年版，第 35 页。

对于“三农”的金融支持而言，农业发展银行所起的作用较为有效，表现在：首先，农业发展银行的业务较为单一，主要业务仅限于负责粮棉油收购资金的发放和管理，而其他诸如支持农业开发、农业产业化和农村基础设施建设等政策性业务的开展还很不充分。其次，农业发展银行的农业开发性信贷资金供给不足且结构不合理。农业发展银行的贷款中很多是效益不高的流动性贷款，用于农业政策性开发的资金严重不足，且农业开发性信贷资金在使用中效益低下，管理比较混乱，常常被用于支持贫困地区的生活救济，而较少照顾到经济效益和长远的社会效益。最后，农业发展银行在农业贷款总额中的比重呈现出不断下降的趋势，逐渐被农村金融市场边缘化，未能充分发挥政策性金融的扶持功能，所谓“政策性银行”的功能定位名不副实。① 有学者将农业发展银行面临的主要问题概括为政策性目标弱化，功能地位模糊，法人治理结构不完善，经营管理制度改革滞后，道德风险频发，可持续经营风险加剧，筹资方式单一，缺乏稳定的资金来源，风险补偿机制与补贴机制不健全，评价标准缺失，缺乏法律保障等方面。② 本书认为，农业发展银行的困境，主要源于资金来源的效益性与资金使用的政策性之间的矛盾。1998 年之前，农业发展银行的资金主要来源于中央银行的资金支持，此后的资金来源主要是通过借贷或发债等市场化手段筹资。这种通过市场化发债和再贷款方式筹集的资金容易受到资本市场发展现状、利率波动及市场行情不稳定等因素的影响，而且必须按期归还。资金使用的政策性体现在农业发展银行有其特定的业务领域，只能按照国家的政策规定开展业务。资金来源所要求的资金效益性与资金运用所形成的资金政策性产生了矛盾，使得农业发展银行时常在两者之间进行徘徊进而导致了经营困境。③ 在解决农业政策性银行的法律困境方面，法国的做法值得借鉴。早在 1959 年，作为法国农村政策性金融机构的法国农业信贷银行就开始向开发性金融机构转型，法国政府授权该银行对农村地区的较大人口聚居地提供抵押贷款，突破了传统的以农业为导

① 王曙光等著：《普惠金融——中国农村金融重建中的制度创新与法律框架》，北京大学出版社 2013 年版，第 165 ~ 166 页。

② 贾康等著：《中国政策性金融向何处去》，中国经济出版社 2010 年版，第 187 ~ 190 页。

③ 国家开发银行、中国人民大学联合课题组著：《开发性金融论纲》，中国人民大学出版社 2006 年版，第 43 ~ 44 页。

向的政策性银行经营宗旨。在此后的几十年里,法国农业信贷银行不断扩展其服务对象范围,支农能力也不断增强,到1979年,该银行几乎为全部的农村社区提供服务,服务对象超过法国总人口的一半。[①] 因此,适应农业发展与市场经济发展的需要,向开发性金融机构转型,当成为中国农业发展银行的重要使命。

农业是典型的弱质产业,而我国又是一个农业自然灾害较为严重的国家,农业发展迫切需要农业保险保驾护航。[②] 在市场经济条件下,农业保险与农业科技、农业金融一道,构成了现代农业发展的三大支柱。运用农业保险来促进农业产业化和提高农民收入,是国际上的普遍做法,也是WTO允许其成员国支持农业发展的“绿箱”政策之一。对于金融支持而言,农业保险的重要性在于:通过将金融机构无法管理的自然风险以农业保险的形式加以“隔离”,相当于为金融机构支持提供了一个安全缓冲带,既免除了金融机构对农业自然风险的后顾之忧,也可以使金融机构专注于其擅长的贷款管理和金融服务工作,因此,建立良好的农业保险体系,相当于为金融的介入提供了一种催化剂,可以更大范围地撬动金融资源进入农业领域。[③] 农业保险分为商业性农业保险和政策性农业保险,各国的实践证明,农业保险的商业性运营模式几乎没有成功的先例,农业保险的政策性运营模式成为世界各国的共同选择,我国亦不能回避政策性农业保险的现实命题。[④] 近年来,上海、吉林、黑龙江等地开展了政策性农业保险试点,取得了宝贵经验,但在法律层面上,我国政策性农业保险立法存在诸多问题。2012年修订的《农业法》第46条第2款规定:“国家逐步建立和完善政策性农业保险制度。鼓励和扶持农民和农业生产经营组织建立为农业生产经营活动服务的互助合作保险组织,鼓

---

① 岳彩申、张晓东主编:《新农村建设中的金融法律制度改革与创新研究》,法律出版社2012年版,第79页。

② 事实上,发达国家在普惠金融体系建设方面的经验主要体现在农业方面。其中,美国是以政府政策为导向,分别从融资、保险和价格等方面指引金融机构支持农业发展;法国的国家控制模式巧妙地将银行和保险机构职能结合起来,互补地为农业提供支持;德国的综合性金融机构提供不同的金融产品,扮演着农场主的“金融超市”的角色;日本建立了专门针对农村生产经营的信用机构。参见李建军等著:《中国普惠金融体系:理论、发展与创新》,知识产权出版社2014年版,第179页。

③ 陈雨露、马勇著:《中国农村金融论纲》,中国金融出版社2010年版,第287页。

④ 庹国柱、王国军著:《中国农业保险与农村社会保障制度研究》,首都经济贸易大学出版社2002年版,第71~77页。

励商业性保险公司开展农业保险业务。”这是我国首次将农业保险界定为“政策性保险”，但时至今日，真正意义上的政策性农业保险机构仍然尚付阙如，《农业法》的这一规定成为了不折不扣的宣誓性条款。

（三）合作性金融机构的名不副实

合作性金融机构是与商业性金融机构、政策性金融机构相并列的一种金融组织形式，是合作社社员在信贷服务领域的合作与互助组织。合作性金融机构的发展历史悠久，最早可以追溯至1944年成立的罗虚代尔公平先锋社。在传统的信用合作社里，业务发展、地域发展一般仅限于本社区，贷款对象也基本限于社员内部。合作制的股金具有均齐性和有限性，合作社社员不因股金的差别而有地位的差别，合作社一人一票，劳动者充分参与其中，一定范围内实现了劳动者当家做主，充分体现了劳动者的权利，与当代经济民主的理念契合。因此，有学者认为，合作制是抑制资本中阴暗面的手段，能够抑制资本主义过分强调竞争和追逐利润，有利于实现社会正义和公平分配，因此，合作社越发展，两极分化就越小。[①] 但经过上百年的制度变迁，合作性金融机构正在发生根本变化，主要表现在：信用合作社逐步拓展其业务经营范围，互助合作精神逐步淡化；合作金融组织的商业化倾向逐渐明显；原有的一人一票制的民主管理原则慢慢改变，自治原则受到削弱；出现了合作金融组织在分配和股权处置上的股份化倾向。[②] 作为我国农村地区的合作性金融机构，农村信用合作社与农村资金互助社同样被上述问题所异化。由于特殊的历史背景，农村信用合作社本身就不具备典型的合作社特征，也不完全具备现代合作社的基本制度特征，正如有学者所言，现行的合作制主要是依靠行政力量捏合而成，农民没有真正意愿上的合作意识，合作是靠政府强制性地实现的，特别是前几年的扩股增资都是借助行政手段层层摊派实现的，农民并非出于自愿也不能自主，事实上农村信用社从诞生之日起就没有真正实行过合作制。[③] 更为严重的问题是，官方长期以来将农村信用合作社定性为集体所有制，模糊了产权界限，背离了合作金融的初衷，导致农村信用合作社所有者

---

① 岳彩申、张晓东主编：《新农村建设中的金融法律制度改革与创新研究》，法律出版社2012年版，第58页。

② 王曙光等著：《农村金融学》，北京大学出版社2008年版，第119~120页。

③ 黄颂文著：《普惠金融与贫困减缓》，中国经济出版社2014年版，第132页。

缺位以及权力制衡机制的虚置。农村资金互助社作为一种新型的合作性金融机构,本来承载着推进农村金融体制改革的重任,但实践中存在严重问题,如农户入社行为存在一定的短期性,互助性功能明显不足,政府主导的发展模式与"内生金融"的发展目标存在差距,自我管理能力低下且激励机制严重缺失,部分农村资金互助社存在强烈的吸储冲动。[①] 影响农村资金互助社发展困境的因素很多,如财税政策扶持力度明显不足,监管体制和监管方式不尽合理,资金来源有限,市场定位弱化,经营管理缺乏专业性等。可以说,农村合作性金融机构在产权结构、治理结构以及运行机制等方面都存在致命的问题,成为加重我国农村金融抑制的重要诱因。与此相反,国外的不少合作性金融机构在改善农村地区的金融服务方面居功至伟。例如,美国通过《1916 年联邦农业信贷法》、《1923 年农业信贷法》、《1933 年农业信贷法》分别成立了联邦土地银行、联邦中期信贷银行、合作社银行,构建起完整的互助合作性质的农业信贷机构体系。该体系为农业和与农业生产有关的活动提供信贷资金和服务,并且通过信贷活动调节农业生产规模和发展方向,贯彻实施政府农业政策,以弥补市场机制应对农业危机与调整农业生产的不足。[②]

二、优化金融机构布局的制度安排:培育、引导与规制变革

金融服务的严重不足制约了农村经济的发展,扩大了城乡之间的贫富差距,造成了农村金融市场紊乱,进而导致了农村地区经济贫困的恶性循环。按照金融地理学的观点,金融资源空间分布是一个金融集聚和扩散的过程,金融资源空间分布的相互作用是金融效率的空间调整和提高的过程,也是金融功能的空间深化和完善的过程。[③] 农村地区商业性金融机构的嫌贫爱富、政策性金融机构的形同虚设、合作性金融机构的名不副实说明了金融资源空间分布的非均衡态势,反映出的实质问题是金融排斥。治理金融排斥,优化金融机构的空间布局,需要进行以下几个方面的制度努力。

① 陈雨露、马勇著:《中国农村金融论纲》,中国金融出版社 2010 年版,第 222 ~ 224 页。

② 贾康等著:《中国政策性金融向何处去》,中国经济出版社 2010 年版,第 31 ~ 32 页。

③ 王修华、黄明:"金融资源空间分布规律:一个金融地理学的分析框架",载《经济地理》2009 年第 11 期。

（一）培育普惠性金融机构

1. 社区银行

前文指出，一个有效的金融体系必须把有限的金融资源配置到经济回报率最高的产业和相应产业中最有企业家才能又无道德风险的企业家手中。在中国当前的发展阶段，要素禀赋结构的特征依然是劳动力相对丰富，而资本相对稀缺和昂贵，这样的要素禀赋结构决定了当前经济中最有活力、最具备比较优势的产业部门仍然是劳动力相对密集的产业，或者是资金密集型产业当中劳动力相对密集的区段。毫无疑问，符合这一特性的是中小企业。因此，中国金融体系要想提高效率，就要将动员起来的资金有效地配置到具有比较优势的劳动力密集型产业中资金需求规模相对小的中小企业当中，并支持有才能和没有道德风险的企业家的发展。① 然而，现实的情况是，在四大国有商业银行主导的金融体系之下，中小企业既难以从大银行中获得贷款，又难以通过资本市场进行融资，中小企业融资难已经成为妇孺皆知的常识性问题。解决中小企业融资难问题，根本之道在于构建一个与产业结构和企业特征相配套的金融结构，即以中小银行为核心、同时辅以大银行和证券市场的金融体系。

中小银行不是一个严格的法律概念，只是一个描述性的语词。笼统来说，除了工、农、中、建、交五大商业银行以外的全国性商业银行、区域性股份制商业银行与城市商业银行均可以纳入中小银行的范畴。但本书所指涉的中小银行，是那些致力于为当地居民和中小企业提供金融服务的中小型商业银行，类似于美国的社区银行。在美国，社区银行被联邦存款保险公司界定为“主要在有限区域内从事存贷款业务，并依赖于关系融资方法，通过与客户之间建立长期稳定的联系来获取特定的信息”，其特点主要是以经营零售业务为主，并以关系融资作为风险控制的主要手段。② 关系融资作为社区银行核心的经营原则，注重在银行、小额借款者与储蓄者之间建立某种联系，以减少信息不对称来促使信贷资金的高效流动与经济快速增长。在美国大城市之外，社区银行是当仁不让的主角，经营规模是非社区银行金融机构的 3 倍，

---

① 林毅夫著：《解读中国经济》（增订版），北京大学出版社 2014 年版，第 198～199 页。

② 曾刚：“美国社区银行业的变迁与启示”，载《银行家》2014 年第 3 期。

控制着美国乡村地区和县城的绝大多数存款,是许多乡村和小城镇居民唯一可以进行储蓄和贷款的金融机构。① 作为一种成功的银行经营模式,社区银行能够很好地满足中小企业、居民家庭的资金需求,可以有效防止基层金融的空洞化。② 社区银行的这种作用可以通过一组数据得到验证:2002 年的美国,对小型工商企业贷款,社区银行拥有 33% 的 100 万美元以下的贷款市场份额,比它们的银行存款市场份额(19%)和银行资产份额(15%)要高得多;对农业贷款,社区银行拥有 39% 的农业商业性贷款份额,在 10 万美元以下的农业贷款中占 80%。③ 如果能够将社区银行的这种经营模式引入我国农村金融市场,将改变农村金融机构作为"抽水机"的经营惯性,改善农村资金外流趋势,让更多本地资金留在本地,可以从源头上改善农村金融生态。关于社区银行的市场准入,有三种思路可以考虑:一是由民营企业资本组建社区银行;二是将现有的小银行机构改造为社区银行;三是引导民间非正规金融发展成社区银行。为了使社区银行真正面向社区内的居民和小微企业提供金融服务,必须通过限制经营区域、民营资本分散持股、风险监管机制的构建等措施对社区银行进行规范和约束。④

按照上述思路,将现有的村镇银行定位并改造成社区银行较为贴近中国农村金融市场的实际。自从 2006 年年底中国银监会颁布《关于调整放宽农村地区银行业金融机构准入政策更好支持社会主义新农村建设的若干意见》以来,村镇银行快速发展,机构覆盖面稳步提升,服务能力显著增强,民间投资渠道畅通,监管有效性明显提升,已经成为服务"三农"和小微企业的金融生力军。根据《中国银行业监督管理委员会年报 2013》,截至 2013 年年底,全国 31 个省份设立了村镇银行,覆盖 57.6% 的市县(其中,覆盖国定贫困县

---

① 社区银行在美国金融市场中的重要地位离不开法律的促进和保障。众所周知,为了消除银行业金融机构对低收入地区拒绝发放贷款的"信贷歧视"行为,鼓励银行业金融机构在经济不发达地区增加信贷投入,美国国会于 1977 年颁布了带有民权性质的《社区再投资法》。这部法律实施 30 多年来,在推动金融资金回流美国中低收入地区、满足居民的信贷需求、促进地区经济发展等方面,发挥了难以替代的积极作用。参见岳彩申、张晓东主编:《新农村建设中的金融法律制度改革与创新研究》,法律出版社 2012 年版,第 22~25 页。

② 张伟:"美国社区银行:低调生存贡献明显",载《经济日报》2014 年 7 月 22 日版。

③ 姚明龙著:《民营资本的金融突围——浙商投资村镇银行与小额贷款公司研究》,浙江大学出版社 2011 年版,第 58 页。

④ 晏露蓉、林晓甫:"中国社区银行的市场需求和发展可能分析",载《金融研究》2003 年第 10 期。

182个，占国定贫困县总数的31%），累计向129万农户发放贷款3808亿元，累计向35万户小微企业发放贷款6427亿元。[①] 但在村镇银行发展过程中，始终面临着市场定位、性质定位与区域定位的多重困惑。在市场定位方面，村镇银行面临三个层次问题的困惑：其一，在行业定位上，是单纯定位于农业，还是亦将工商业包括其中；其二，在具体的客户群体上，是单纯定位于农民，还是亦将其他职业的群体包括在内；其三，在农民这一客户群体内，是将中高收入群体作为自己的主客户群，还是将中低收人群体作为自己的主客户群。在性质定位方面，村镇银行面临着是走商业性金融之路、合作性金融之路抑或政策性金融之路的困惑。在区域定位方面，村镇银行面临着区域性定位抑或跨区性定位的选择困惑。[②] 本书认为，厘清村镇银行的法律定位，必须立足于农村金融的现实，不要好高骛远，更不能贪大求全。银监会之所以在农村地区引入村镇银行这种新型金融机构，旨在弥补传统商业银行撤出农村金融市场所留下的金融服务空缺，由此导致的农村金融“空洞化”问题不仅导致农户的融资权利受到严重影响，也导致农村的其他经济主体难以获得适当的金融产品。因此，在市场定位上，村镇银行的服务范围应囊括整个农村地区的各类经济主体而不是仅限于农户，如此才能满足农村地区生产和生活的资金需求，推动农村金融领域的整体提升，切实解决我国农村地区银行业金融机构覆盖率低、金融供给不足、竞争不充分、金融服务缺位等金融抑制问题。鉴于农村政策性金融机构与合作性金融机构的前车之鉴，村镇银行不宜定位于“输血”式的政策性银行，也不应定位于“有合作之名，无合作之实”的合作性银行，而应明确定性为商业性金融机构。一方面，《村镇银行管理暂行规定》明确指出，村镇银行以安全性、流动性、效益性为经营原则，自主经营，自担风险，自负盈亏，自我约束，从而在本质上对村镇银行的商业性定位进行了法律说明；另一方面，村镇银行在业务内容、业务范围等方面须以国家政策为导向，主要为农村和农业服务，具有强烈的国家干预色彩，因而又具有一定

---

① 阙方平、陶雄华著：《中国金融生态制度变迁研究——金融运行中的矛盾与调和》，中国金融出版社2014年版，第377页。

② 柴瑞娟：“社区商业银行：村镇银行之发展定位”，载漆多俊主编：《经济法论丛》（第24卷），法律出版社2013年版，第253～256页。

的特殊性。[①] 与传统商业性金融机构相比,村镇银行这种商业性金融机构的特殊性主要体现在为当地农村社区提供农村金融服务,其客户群体集中在农户、农村微型企业以及农民合作组织等微小客户,这种定位可称之为"农村社区银行"(rural community bank)。[②] 将村镇银行定位于农村社区银行,有助于借助农村社区的地缘人缘、灵活的经营方式和易于获得社区内客户的"软信息"资源等方面的优势,从而在防范信用风险的基础上,根据客户需求为客户设计个性化产品,为社区内的中小客户提供个性化的服务,更好、更切实地求解农村金融难题。[③] 为了防止村镇银行将吸储到的存款流出农村地区,再加上村镇银行尚处于发展的初期,现阶段应当限制村镇银行的跨区经营。

2. 融资担保机构

农村地区之所以成为金融排斥的重灾区,与农村融资担保法律制度的滞后有着千丝万缕的关系。在我国目前的农村融资法律关系中,一方是受农村自然条件和现存法律制度限制而缺乏有效担保物的农户,另一方是强烈偏好抵押担保的农村金融机构。有效担保物不足不仅降低了农户的经营能力与合作化程度,还影响农村资金融通及公共产品供给,导致农户融资乏力,农业生产和农村生活始终处于资金匮乏状态,削弱了农村金融法律制度引导和汇集资金的功能。[④] 化解这一难题,一方面需要对现行的农村融资担保制度进行重大调整,将担保物的范围扩展至农村房屋及宅基地、农村土地承包经营权、林权等;另一方面需要确定政府在农村融资担保中的合理角色,由其组建适合地方实际的融资担保机构。事实上,上述两方面的制度设想在实践中均有所行动。例如,在福建、江西等省所尝试的农村林权融资担保改革中,引入了"林农直贷、专业担保公司保证贷款、林业产业化龙头企业承贷、小额贴现贷款和农户联保贷款"等贷款方式,实现了农村融资担保与农村保险联动的机制创新,这种"商业性信贷+商业性保险"相结合的模式也受到农户的特

---

① 王怀勇著:《中国农村金融监管法律问题研究》,法律出版社2012年版,第141页。

② 王曙光等著:《普惠金融——中国农村金融重建中的制度创新与法律框架》,北京大学出版社2013年版,第331页。

③ 柴瑞娟:"社区商业银行:村镇银行之发展定位",载漆多俊主编:《经济法论丛》(第24卷),法律出版社2013年版,第261页。

④ 岳彩申、张晓东主编:《新农村建设中的金融法律制度改革与创新研究》,法律出版社2012年版,第114~115页。

别青睐。[①] 在成都进行的农村土地承包经营权融资担保制度改革实践中，政府出资成立担保公司，担保公司为农民从银行贷款提供担保，农民则将土地承包经营权作为反担保物抵押给担保公司。这一模式的典型特点是，银行提供贷款时所要求的担保由担保公司提供，而非直接将农民的土地承包经营权作为抵押物。2010 年 12 月 1 日，成都市第一宗农村土地承包经营权抵押贷款签约发放仪式在崇州市隆兴镇黎坝村举行，崇州杨柳土地承包经营权股份合作社的 29 户农户以 101.27 亩土地 5 年的承包经营权作为抵押，从成都市农商银行崇州支行获得贷款授信 16 万元，首期 6 万元将用于当季农业生产，较好地促进了当地农地融资的发展。[②] 鉴于融资担保机构能够显著克服农户与银行之间的信息不对称问题，其在农村金融市场的引入，有望成为治理农村金融排斥、减缓农村融资贫困、优化农村金融机构布局的重要推手。

与农村融资担保机构相关的一个概念，是针对中小企业的政策性信用担保机构。政策性信用担保机构是指政府出资或者控股设立的，不以营利为目的，为贯彻国家政策目标，以市场化运作为基础向中小企业提供信用担保服务的担保机构。在美国等西方发达国家，政府支持中小企业信贷市场主要不是通过直接提供贷款的方式，而是通过政策性金融机构信用担保者的角色，构建以政策性金融机构为引领、商业性金融机构为主体的中小企业金融服务网络。可以说，政策性信用担保机构为政府构建中小企业信贷服务体系提供了重要的作用路径和着力点。[③] 自从 1993 年 11 月中国成立第一家全国性专业信用担保公司——中国经济技术投资担保有限公司以来，中小企业信用担保业发展迅速，截至 2010 年年底，全国共有中小企业信用担保机构 4800 余家。但这些担保机构的资金规模普遍较小，担保能力相对于中小企业对资金的需求而言微乎其微，再加上风险管理机制缺乏、相关法律不健全等因素，政策性信用担保机构难以起到帮助中小企业摆脱融资困境的实质性作用。[④] 改变这一困局的当务之急，是对中小企业政策性信用担保进行立法，明确中小

---

① 李成强："林权改革破解'三农'融资担保难题——以宁国市为例"，载《中国金融》2008 年第 14 期。

② 岳彩申、张晓东主编：《新农村建设中的金融法律制度改革与创新研究》，法律出版社 2012 年版，第 122～123 页。

③ 贾康等著：《中国政策性金融向何处去》，中国经济出版社 2010 年版，第 209 页。

④ 胡延玲著：《中小微企业政策性金融法制问题研究》，法律出版社 2015 年版，第 148 页。

企业政策性信用担保机构的资金来源、组织形式、设立条件、风险控制措施、业务范围、监管手段、法律责任等。鉴于政府主导型金融资源配置模式的路径依赖背景，政策性信用担保机构的法律组织形式最好定位于国有独资公司，保证资金来源并凸显政府责任。

3. 社区发展基金

近年来，社区发展基金（community development funds）作为一种新颖的金融反贫困模式受到重视和关注。社区发展基金通常作为社区主导型发展的一个子项目出现，通过对社区居民进行赋权，并向他们提供小额信贷等金融服务，培养社区居民的权利意识、发展意识和自我组织、自我管理能力，最终结合社区综合发展的科技推广、医疗合作、公共品供给等其他项目，实现社区的独立和可持续发展。[①] 从思想渊源上看，社区发展基金是对阿玛蒂亚·森赋权理念的应用。在森看来，贫困者之所以贫困，根本原因不在于资源的匮乏，而在于穷人应该享有的基本权利的缺失，如获得基本教育、医疗、金融等服务的权利、交换的权利、自我组织的权利、自由迁徙的权利等。受此影响，一些国际组织开始转变以往的扶贫方式，大力推广蕴涵赋权理念的参与式扶贫，即通过让被扶贫者主动参与到扶贫开发项目中，打破以往权利分配不均的格局，使他们获得发展的机会并形成持续发展。[②] 按照运作模式的不同，社区发展基金分为内生模式和外推模式，外推模式又分为非政府组织主导型与政府主导型两种。其中，内生模式的资金来源主要为社区农户自筹，其运作完全由社区农户自己组织实施，外推模式的资金来源则主要由外部力量提供，或由非政府组织筹集，或由政府设立专项资金。目前，中国的社区发展基金尚处于摸索阶段，以财政部和国务院扶贫办推出的“贫困村村级发展互助基金”为代表。该基金在2009年年初已经发展到了28个省的4122个贫困村，资金总规模达6.6亿元，累计向8.6万人发放借款3.1亿元。尽管贫困村村级发展互助基金的发展可圈可点，但对于规模庞大的贫困人群来说依然是杯水车薪，下个阶段需要综合借助于行政、政策、法律手段推动社区发展基金的纵深发展，真正发挥金融的反贫困功能。

---

① 王曙光著：《告别贫困——中国农村金融创新与反贫困》，中国发展出版社2012年版，第63页。

② 同上，第65页。

与社区发展基金相关联的一个概念是“社会企业”(social enterprise)，即“运用商业手段，实现社会目的”的企业。[①] 作为一种创造性地解决了社会问题的商业模式，社区企业是通过企业家创办公司获取利益的方式来应对反贫困与环保的需求，改善公共服务、社会福利和教育，提供就业机会，构建公平与包容的社会目标。在尤努斯教授看来，社会企业的实质在于“公司所有者不以从公司渔利为目的，公司的盈利全部留存，以继续运作并发展壮大”，他创办的格莱珉银行与一些跨国公司合作建立社会企业的经历充分证明社会企业在反贫困方面的巨大作用。[②] 英国拥有世界上最成功、最活跃的社会企业，并通过《社区利益公司条例》(也称《CIC 条例》)对社会企业的最新法律形式——社区利益公司(community interest company，CIC)进行了全面的法律规范，正是由于社会企业是以私的企业形式解决社会问题这一制度创新，英国前首相布莱尔曾说：“如果说英国有什么值得向中国推荐的，那就是社会企业。”[③]中国的反贫困事业主要依靠的是政府力量，无论是制度变革型扶贫、基础性扶贫、生态恢复型扶贫、能力增进型扶贫，还是救济式扶贫、族群系统性扶贫，均离不开政府的参与。但政府的财力毕竟有限，难以应对扶贫的繁重任务。近年来，中国开始注重动员社会力量参与扶贫，注重在扶贫开发中激活市场机制的作用。在此背景下，引入社会企业作为减缓贫困与改善收入分配的新路径，值得认真对待和深入研究。

(二)引导商业银行践行社会责任

商业银行在整个社会经济发展中处于核心地位，它通过资金流向配置，对社会经济发展、产业结构、环境、人们的消费和生活方式产生重要影响，因此，让商业银行承担一定的社会责任是时代发展的必然要求。与其他公用企业相比，商业银行的特点在于其资产的不透明性、较强的政府管制性以及其资本结构的高杠杆经营，这些特性也决定了银行践行社会责任的

① 薛夷风：“社会企业对我国传统公司观念的挑战——再论公司的营利性”，载《当代法学》2011 年第 3 期。

② 参见“危机时代的小额信贷、社会企业与反贫困——穆罕默德·尤努斯教授在北京大学的演讲”，载《经济科学》2009 年第 3 期。

③ 刘水林、王波：“社会企业法的性质社会法私法化的新路径——以英国社区利益公司条例为样本的分析”，载《上海财经大学学报》2012 年第 1 期。

特殊性。[①] 如在责任内容上，商业银行的社会责任主要包括审慎经营和风险控制责任、保护金融消费者的责任以及反洗钱等其他社会责任。在责任性质上，商业银行除了强制缔约义务、价格非自主义务、持续信息披露义务等强制性法律规范义务外，还承担着倡导性的法律规范义务，典型的例证就是商业银行应当承受的“经营网点合理分布”的义务要求。“经营网点合理分布”的社会责任要求商业银行在进行经营网点布局时要做好充分的调研，要充分考虑其特殊的社会地位，一切以服务于社会公众为最高标准，合理化经营网点的布局。

在社会转轨时期，我国的企业普遍缺乏社会责任观念，商业银行也不例外。2003 年的“铁本事件”、[②]2005 年的“新丰电厂事件”、[③]2010 年的“跨行取款手续费上调事件”[④]等将商业银行推向了舆论的风口浪尖，充分暴露出我国商业银行社会责任意识淡化的问题。虽然此状况近年内有所改观，但总体而言，我国的商业银行在践行社会责任方面依然存在诸多问题，主要表现在：(1)《商业银行法》与《公司法》都没有将社会责任嵌入商业银行治理结构与经营流程之中，从而使得银行践行社会责任的法律义务不明确；(2)既缺乏一个强制力的监管体系，也没有一个统一的监管标准，使得国内商业银行践行社会责任方面处于无序状态；(3)定期公布银行社会责任报告的行为尚不普遍，选择性披露动机强烈，立法对此问题尚处于盲区，缺乏有效的引导和监督；(4)银行信贷投向盲目，只顾追求自身利益最大化，环境保护方面的立法得不到有效执行；(5)侵害雇员利益的现象屡屡发生，相关劳工保护立法可操作性差，执行力度不容乐观；(6)支持慈善事业力度不够，现有税法与公司法及相关政策都没有提供合理的激励机制；(7)与银行业践行社会责任紧密相关的社会责任投资基金的增长不如人意，使得现有的社会责任投资基金“形单影只”。[⑤] 推动商业银行践行社会责任的深入开展，要遵循内生性自律和外源性助推两种传导路径。就内生性自律而言，应当充分发挥中国银行业

---

① 王红一著：《银行公司治理研究——中国国有银行改革的法律路径》，法律出版社 2008 年版，第 202～207 页。

② 林毅夫：“铁本事件祸起银行放贷”，载《京华时报》2005 年 1 月 10 日版。

③ 韦黎兵：“什么因素促成了新丰电厂事件”，载《南方周末》2006 年 8 月 31 日版。

④ “多家银行同城跨行取款手续费涨至 4 元”，载《广州日报》2010 年 7 月 25 日版。

⑤ 刘志云：“商业银行社会责任的兴起及其督促机制的完善”，载《法律科学》2010 年第 1 期。

协会等自律组织在推动银行践行社会责任方面的作用,2009年中国银行业协会出台的《中国银行业金融机构企业社会责任指引》标志着商业银行在践行社会责任的内生性自律方面迈出了关键一步。国内银行应当以此为契机,主动将社会责任嵌入自身的经营活动中。就外源性助推而言,银行践行社会责任需要金融监管等强制性手段的确保,需要通过相关立法将银行公司治理、金融监管和社会责任统一起来。[①] 这就要求:(1)修改《商业银行法》对商业银行的界定,明确商业银行社会责任中的经济责任与法律责任为法律上的义务,并将商业银行的性质界定为"追求经济效益,同时兼顾社会责任"的独立法人实体。同时,《商业银行法》的修改还必须考虑将银行社会责任的具体内容纳入立法体系,尤其是对于环境保护、反洗钱、配合金融调控与金融监管等基础责任,对于股东、员工、消费者等利益攸关者的权益保护的具体责任,须以法律义务的形式加以规定。而对于更高层次的道义责任,包括慈善捐赠、帮助社区建设等,也可以以倡导性条款形式纳入其中。为了不流于形式,能促使商业银行将社会责任的履行真正落到实处,还必须对商业银行践行社会责任的法律条款的执行与监督、奖励与惩罚等作出明确的规定。[②](2)修改《公司法》的相应条款,将践行社会责任的法律义务嵌入商业银行的内部治理结构与经营流程,缔造良好的商业银行践行社会责任的内部环境。与一般公司相比,银行的社会责任更多地是通过有关商业银行组织和金融监管立法而成为银行公司治理的法律框架的组成部分。依据有关银行公司治理的国际准则,将银行社会责任纳入银行公司治理框架具体包括以下内容:界定银行的社会角色;将银行经营活动与银行社会责任标准相结合;注重利益相关者的作用,使代表各种利益相关人的利益者进入或影响银行内部治理结构,促使或监督银行更负社会责任;增加银行透明度;增加银行经营者对利害关系人的责任,为利益相关者提供私权救济途径,以影响银行经营,落实银行社会责任。

(三)新型金融机构的规制变革

伴随着金融管制的放松,新型金融机构不断破茧而出,成为减缓金融抑

① 王红一著:《银行公司治理研究——中国国有银行改革的法律路径》,法律出版社2008年版,第207页。

② 刘志云:"商业银行社会责任的兴起及其督促机制的完善",载《法律科学》2010年第1期。

制、改善收入分配的重要制度尝试。其中,村镇银行、民营银行和互联网金融平台机构这三种新型金融机构的出现意义最为重大,可以分别视为克服农村金融排斥、打破民间资本进入金融领域障碍、变革传统金融服务方式的新生力量。这些新型金融机构担当起历史重任的前提条件之一,在于有效的法律规制。

1. 村镇银行的公司治理结构调整

作为农村金融市场创新与发展的产物,村镇银行是指经中国银监会依据有关法律、法规批准,由境内外金融机构、境内非金融机构企业法人、境内自然人出资,在农村地区设立的银行业金融机构。银监会2007年发布的《村镇银行管理暂行规定》,按照"低门槛,严监管"的原则,对村镇银行的法律地位、组织机构、业务经营和监管等分别作了详细规定,构成了村镇银行的基本法律框架。2013年10月13日,马鞍山农村商业银行发起的甘肃永登新华村镇银行正式挂牌成立,成为中国第1000家村镇银行,以村镇银行为代表的农村小型金融组织成为农村金融供给的重要力量,以村镇银行为主体的新型金融机构也被认为是解决农村金融问题、改善农村金融环境、为"三农"提供多样性金融服务的有效途径。然而,村镇银行在发展过程中一直面临诸多问题的困扰,如配套法规政策不健全、资金筹措困难、业务产品创新能力偏弱、发起行控制过于严格、信用风险防范机制滞后、缺乏有效性监管等。其中,主发起行制度导致的公司治理结构缺陷是最遭人诟病的问题。所谓主发起行制度,是指按照现有的法律规定,村镇银行最大股东或唯一股东必须是银行业金融机构,且最大银行业金融机构股东持股比例不得低于村镇银行股本总额的20%(之后降至15%),单个自然人股东及关联方持股比例不得超过村镇银行股本总额的10%,单一非银行金融机构或单一非金融机构企业法人及其关联方持股比例不得超过村镇银行股本总额的10%。任何单位或个人持有村镇银行股本总额5%以上的,应当事前报经银监分局或所在城市银监局审批。此制度致使大部分设立的村镇银行股权结构中,主发起银行持股比例超过了50%,居于绝对控股地位,而单个民间资本充其量也持股10%的小股东,单个民间资本要成为村镇银行控股股东之路被彻底杜绝。这种制度设计招致了很多怀揣"银行家"梦想的民营企业们的广泛批判与抱怨,认为这种警惕性甚至歧视性规定是资本不公的表现,它使得民间资本依然是"带着镣铸起舞”，只是给主发起银行充当“抬轿人”的配角角色。[①] 正如有学者所言，“主发起银行”制度会带来两个潜在问题：一方面，由于“银行业金融机构做主发起人”的准入门槛，很多民间资本无法发挥主要作用，即使参与其中，往往无法获得经营决策权，这在很大程度上打击了民间资本的积极性；另一方面，一旦村镇银行偏离支农轨道，它本身很可能变相成为控股行的分支机构。[②] 我们建议向民间资本开放村镇银行的市场准入，造就一批真正的“草根银行”，同时探索“发起银行 + 地方政府”控股模式，允许实力雄厚的资产管理公司、保险公司、证券公司等非银行金融机构作为发起人，引导城市金融向农村发展。监管部门应当明确，村镇银行作为独立法人具有自身的权利和义务，发起行不得违反《公司法》等法律规定对村镇银行进行干预。发起行应以股东身份对村镇银行开展管理，而不应过多介入村镇银行的日常经营和具体操作。同时，村镇银行的民间资本发起人，也应依据法律规定积极争取自身合法权益，真正参与到村镇银行的决策和管理上来，避免出现发起行一家独大的局面。[③]

2. 民营银行的市场准入标准重构

民营银行是指民间资本占控股地位，依照市场机制运作，自主经营、自担风险、自负盈亏的商业银行。党的十八届三中全会通过的中共中央《关于全面深化改革若干重大问题的决定》提出：“在加强监管的前提下，允许具备条件的民间资本依法发起设立中小型银行等金融机构。”为落实这一决定，银监会于 2014 年批准了深圳前海微众银行、温州民商银行、天津金城银行、浙江网商银行、上海华瑞银行五家民营银行的试点方案，标志着中国民营银行的发展迎来了新的春天。试点采取共同发起人制度，每家试点至少 2 个发起人，同时遵守单一股东比例规定，分别由阿里巴巴、百业源、腾讯、万向、均瑶、复星、华峰、商汇、华北、正泰等民营资本参与试点工作。[④] 作为民营资本金融

---

① 柴瑞娟：“民营银行：发展障碍及其法律对策——以民营银行开闸为时代背景”，载《法学评论》2014 年第 3 期。

② 姚明龙著：《民营资本的金融突围——浙商投资村镇银行与小额贷款公司研究》，浙江大学出版社 2011 年版，第 82 ~ 83 页。

③ 黄颂文著：《普惠金融与贫困减缓》，中国经济出版社 2014 年版，第 270 页。

④ 阙方平、陶雄华编著：《中国金融生态制度变迁研究——金融运行中的矛盾与调和》，中国金融出版社 2014 年版，第 378 页。

突围的标志性事件,民营银行试点取得成功的前提是具备明确的制度安排、完善的公司治理、科学的战略定位和有效的监督管理,尤以适当、合理且具有包容性的市场准入标准为关键。按照银监会主席尚福林的说法,确定五家民营银行试点方案,主要有五个方面的考量标准:一是有自担风险的制度安排;二是有办好银行的股东资质条件和抗风险能力;三是有股东接受监管的具体条款;四是有差异化的市场定位和特定战略;五是有合法可行的风险处置和恢复计划(即"生前遗嘱")。[①] 这些"市场准入标准"并未形成规范性文件,带有随意性与变动性,难以为市场带来稳定的预期。本书建议,为了防止民营银行陷入与一般性商业银行同质化竞争的泥淖,有必要从两个方面重构民营银行的市场准入标准。其一,在民营银行设立的立法原则上,打破核准制一统天下的局面,引入差异化设立原则。目前,我国对金融机构的设立实行无差别的核准制。核准主义虽然有利于控制金融机构的风险,但也存在设立程序烦琐、设立效率低下的弊害,甚至会诱发行政特权的膨胀,导致金融业的垄断和金融市场的割裂。鉴于民间资本进入金融领域的现实困境,有必要在加强监管的前提下对民营银行的设立实行准则主义或者"严格准则主义"。准则主义最为本质的特点在于:一是交易安全的实现借助于客观的法定条件,而非行政机关的主观自由裁量;二是保障交易安全的条件的法定化和公示化。[②] 在民营银行的设立中引入准则主义,有助于控制和降低因片面追求金融安全而支付的沉淀成本,亦有助于破解行政机关僵化保守的监管窠臼和预算软约束。其二,要在资本准入和业务准入上放松对民营银行的限制。就资本准入而言,应当积极支持和引导境内外银行资本、产业资本和民间资本发起设立民营银行,尤其是要引导民间资本进入微型金融领域,以满足资本的多元化需求。民间资本进入微型金融的一个前提性条件,就是政府要出台微型金融的扶持性法案,从法律的角度预防和纠偏微型金融的经营变异,用法律的稳定性代替政策的灵活性,为民间资本的进入扫除法律障碍。就业务准入而言,金融监管机构应当鼓励和扶持民营银行开发符合当地客户需求的金融创新产品和服务,尤其是政策性金融产品,并按照因地制宜的原则赋予

① 欧阳洁:"民营银行破冰 试点自担风险",载《人民日报》2014年3月11日版。
② 冯果著:《公司法》,武汉大学出版社2007年版,第54页。

此类金融业务优先审批权。实行有差别的金融服务市场准入制度之后,监管当局对民营银行还应采取包容性的监管理念,如在存款准备金率、再贴现和再贷款等方面对其进行倾斜性保护,还可以根据资本充足状况和资产质量状况对其适时采取差别监管或者分类监管措施。

3. 互联网金融平台机构风险的法律规范

近年来,以互联网为代表的现代信息科技,特别是大数据、云计算、移动支付、社交网络和搜索引擎等,对现有的金融模式产生了重大挑战。[①] 这种既不同于商业银行间接融资也不同于资本市场直接融资的第三种金融融资模式,被称为"互联网金融模式"。[②] 互联网金融是依托于互联网实现资金融通的方式,是互联网与金融两个行业结合的新兴产物,主要模式包括第三方支付、P2P 网络贷款平台、大数据金融、众筹、信息化金融机构和互联网金融门户。互联网金融以中小微企业和个人为主要服务对象,对普惠金融体系的发展起着重要的补充作用,对收入分配改善意义重大。[③] 但互联网金融能否真正有助于普惠金融体系建设,关键在于风险防控,防止其走向异化。下面以股权众筹平台和 P2P 网络贷款平台这两种互联网金融平台机构为例进行分析。

(1)股权众筹平台的风险及其防范

股权众筹平台为中小企业以及广大"草根阶层"进行投融资对接提供了便利,但囿于现行法律法规的缺乏,其在迅猛发展的同时,也存在诸多的风险。本部分以当前股权众筹平台所开展的业务为焦点,针对平台设立、平台

---

① 以银行业为例,大数据时代的到来,正在引起银行业的巨大变革,表现在:大数据颠覆了传统金融的二八定律,使长尾市场成为现实,大数据激发了新型金融形态参与市场竞争,促进了银行服务模式的生态化,利用数据的能力日益成为银行竞争的关键。参见阙方平、陶雄华编著:《中国金融生态制度变迁研究——金融运行中的矛盾与调和》,中国金融出版社 2014 年版,第 165 ~ 168 页。

② 谢平、邹传伟:"互联网金融模式研究",载《金融研究》2012 年第 12 期。

③ 具体而言,互联网金融在四个方面契合了普惠金融的本质:首先,互联网金融的信息处理是互联网金融模式中资源配置的基础,该模式通过网络化方式进行信息搜集与处理,很大程度上降低了信息不对称,使得资金供需双方在资金期限匹配、风险分担等方面的成本大幅下降;其次,互联网强大的中介作用,使得银行、券商和交易所等传统金融中介作用弱化甚至不再起作用,可以达到与资本市场直接融资和银行间接融资一样的资源配置效率;再次,互联网模式中繁荣的社交网络使人与人及人与机构之间的社会资本可以得到较快积累,既是财富又是约束,人们的违约动机和道德风险都大大降低;最后,互联网金融更加民主化,互联网金融模式带来的巨大信息效益、成本效益和效率效益使得金融更加普惠于普通公众。参见张晓燕等著:《普惠金融的理论和实践》,经济科学出版社 2014 年版,第 164 页;李建军等著:《中国普惠金融体系:理论、发展与创新》,知识产权出版社 2014 年版,第 11 ~ 12 页。

审核、平台信息披露、平台资金流转以及平台线下操作等五个方面对平台运营中的相关风险进行分析。

其一，平台设立之风险。股权众筹实质上就是借助网络平台通过买卖股份实现投融资的过程，该行为性质类似发行证券。[①] 而我国《证券法》第10条规定，未经依法核准，任何单位和个人不得公开发行证券。有下列情形之一的，为公开发行：①向不特定对象发行证券的；②向特定对象发行证券累计超过200人的；③法律、行政法规规定的其他发行行为。非公开发行证券，不得采用广告、公开劝诱和变相公开的方式。通过互联网平台进行融资的股权众筹因互联网的公开性、交互性等属性，使得其面对的投资对象具有不特定性，这极易触碰法律红线，遭受"非法集资"之嫌。为了规避此法律风险，众多股权众筹平台采取对投资者设置相应限制，使得不特定的投资者成为具有一定资质的特定投资者。例如，天使汇对投资者的收入情况有较高要求，使得投资人成为类似私募中的"合格投资人"，大家投则通过对投资者人数进行限制，领头人和跟投人的最低投资额度分别为项目融资额度的5%和2.5%，这样就保证了投资人数最多为40名，既符合《公司法》对合伙企业合伙人和股份有限公司股东人数的限制规定，又没有超过《证券法》的特定对象200人上限。这些"规避"法律风险的方式虽然形式上可行，但是存在两方面的问题：一则人为设定过多的限制，使得"适格投资人"过少，这违背股权众筹的初衷——"大众创投"，影响了股权众筹为中小企业灵活、便捷、公开融资作用的发挥；二则融资企业和股权众筹平台为了规避法律风险，需要对其运作模式进行严格的管控以及对投资人进行严格的审核，而这些不但增加了企业的融资成本，而且也没有从根本上解决股权众筹头顶上随时可能掉下的"达摩克里斯之剑"——涉嫌非法集资的法律风险。

其二，平台审核之风险。平台审核的风险主要集中在两个方面，一则对投资者的审核中的风险，二则对融资企业及其项目的审核中的风险。从股权众筹平台对投资者审核的角度来看，股权众筹平台对投资者的资质均有一定要求，但是这种资质的审核现在没有相关的明确规定，均是由不同的股权众筹平台自身进行设定，标准不一。这种平台对投资者的审核其中暗藏着以下

---

① 石龙："众筹出路何在?"，载《互联网金融》2013年第1期。

两方面的风险:第一,为了使自己的股权众筹平台吸引到更多的人气,进而吸引更多的融资企业及融资项目关注并在平台上进行融资,不同的股权众筹平台可能会进行恶性竞争,不断压低对投资者资质的要求,这会导致大量没有金融风险意识和判断能力的投资者也盲目加入股权众筹中来,由于通过股权众筹进行融资的企业大多处于“种子期”,发展并不成熟,有大量发展机遇的同时,也有巨大失败的风险,一旦融资企业最终失败,会对投资者本身带来风险。第二,不完善的投资者审核也会对初创企业带来风险。初创企业将设计自己企业项目的详尽信息均上传至平台,如平台不对此进行保护,允许任何人浏览企业项目的创意,很可能造成初创企业的商业筹划被其他人毫无代价的窃取,因而设置合理完善的投资者审核制度,让经过审核的有正当投资意向的投资人对相关融资项目进行浏览就显得尤为必要且重要。从股权众筹平台对融资企业及其项目的审核的角度来看,平台对融资项目的审核也无明确的规定,各大平台都是按其自己设定的标准单独完成,这种审核方式有以下风险隐患。一方面,平台对融资项目的审核过程和审核人员均缺少透明公开且缺乏实质性的监督,这样极易导致融资项目企业与平台互相串联,以某些隐性利益作为其企业进入平台进行融资的交换对价,而投资者所看到的是显示在平台上的融资项目信息,若其中有所虚假,其也难以辨别,这将严重侵害投资人的合法权益。另一方面,诸多平台为了减少自身的责任,在其平台的服务协议或者风险提示中均对其审核责任设置了免责条款,以期不对项目信息的真实性和可靠性负责。这种混杂且可能夹杂着利益交换的审核模式不仅不利于投资者利益的保护,而且也会影响股权众筹这些新兴融资模式在中国的进一步稳定有序健康的发展。

其三,平台信息披露之风险。不同于已经发展较为成熟、有一定规模的企业的相关信息可以通过多种渠道获取,在股权众筹平台上进行融资的项目企业大都刚刚起步,甚至只是创业的创意,在这种情况下,投资者难以通过其他途径获取企业相关信息,主要且便捷的途径便是股权众筹平台。然而,由于股权众筹平台上有关融资项目的信息通过互联网进行披露,在缺乏相关信息披露规范的情形下,平台信息披露面临着如下三方面的风险:第一,不同项目信息披露差别对待导致的利益寻租。在现行的技术条件下,无论平台采取何种信息展示方式,所有的项目融资信息都不可能得到完全均等的展示机会,在这种情况下,获得平台网站首页或者前页进行突出显示的筹资项目更易获得投资人的关注。[①] 为了获得首页展示的机会,部分融资项目人极易与平台进行相关交易,这种人为操作的、非客观排序的展示会误导投资人进行与实际情况不符的投资活动,损害了投资人真实知晓融资项目的基本权利。第二,股权众筹平台将融资企业的项目信息在平台进行公示,这些涉及企业发展的重要商业规划及创意极有可能被网站信息浏览者剽窃,进而影响企业拥有的先发优势及以后的长远发展。第三,若平台信息保护系统存在漏洞或者被网络黑客进攻,诸多涉及融资企业、投资人的基本信息,尤其财物信息,都可能在网上肆意流露并传播,这将严重侵害投资人、融资企业及平台运营方的隐私权利。

其四,平台资金流转之风险。在任何的融资活动中,资金的流转都显得尤为重要,股权众筹也不例外。由于股权众筹涉及投资人、融资人和股权众筹平台三方的参与且需要在一个时间段完成,因此在募集资金的过程中,不仅资金牵涉方较多且资金往往需要在指定的"地点"进行汇集,满足募集逾期后方对资金进行转移,在这种筹集资金开始与结束的时间差下,资金池也就随即得以产生。当前已有的股权众筹平台对募集资金的管理存在各种乱象,存在平台自身参与众筹资金的管理与运作,仅少数几家较为规范的股权众筹平台,采取第三方资金托管机构进行资金管理与监督,使得资金运作与平台运作独立运行,避免筹集资金的不当使用与管理。除此之外,初创企业融资项目超额募集与超时募集也是潜在的风险。在股权众筹平台上的融资项目中有一部分项目并未设定融资期限与融资上限,这种浮动变化一方面会造成投资者无法将该项目与同时期的其他融资项目进行精确地横向对比,增加了投资者的投资判断难度;另一方面,这种情况也会造成参与股权众筹的投资者和金额的不确定性,进而带来资金监管上的难度和风险。

其五,平台线下操作之风险。除了平台线上的操作外,为了撮合投融资双方,不同的股权众筹平台还开展一定的线下操作,其中尤以大家投开创的"领投+跟投"模式下的有限合伙企业的创立并投资入股最为典型。这种模式下,存在的风险有两方面,一则领投人易与项目融资人存在某种利益关系

① 刘明:"美国众筹法案集资门户法律制度的构建及其启示",载《现代法学》2015年第1期。

或者关联关系,很可能打着为跟投人"服务"的幌子损害跟投人的利益而谋取自身的利益;二则为了规避法律条文中对证券发行人数的限制而采取的有限合伙方式,[①]其虽然能使项目投资人在50人以下,不会突破合伙企业的限制,防止触碰"非法集资"或者其他犯罪的法律红线,但是其会造成领头人与跟投人信息上的不对称,最终影响跟投人乃至整个有限合伙企业的利益。另外,线下办理有限合伙企业的具体操作也较为复杂,如果缺少第三方的监督或者代办,极易发生领头人欺骗跟投人进行项目融资的行为,在该点上大家投做得较为负责,以独立第三者的身份为投资人办理有限合伙企业提供全套完善的服务,但是效率相对较低;而天使汇虽然没有过多参与线下操作,但其与北京工商局合作推出的"设立公司工商一网通"也大大便捷了融资人及投资人企业成立或变更的操作。除此之外,部分投资人(主要是领投人)的证件原件在企业创立或者变更中的来回移转,也给投资者带来了许多不便和风险。

股权众筹的发展是金融领域在互联网大潮趋势下的一大突破和创新,尽管有着互联网的"光鲜外衣",但其本质依然没有超越金融范畴。而在金融市场中,如何有效平衡金融效率与金融安全之间的矛盾始终是金融法制的重点。当前的股权众筹发展如火如荼,平台的成立如雨后春笋般,2015年伊始,传统的BAT(百度、阿里巴巴、腾讯)也开始试水成立股权众筹平台,社会大众似乎都在为股权众筹促进了金融效率作出了卓越贡献而叫好,然而却较少有人认识到防范金融风险的重要性和必要性。对股权众筹的风险防范应当以保护投资者、促进中小企业发展的原则为出发点,从对平台的规制、对初创企业的鼓励和对投资者的分类三方面展开,以投资者分类制度为基础,做出前瞻性的、基础性的规则。[②] 结合前文分析的股权众筹平台在具体运作流程中存在的风险,本部分将围绕风险防控这一着力点,适当借鉴美国股权众筹平台(众筹门户)的规范方法,从五个方面分析当前我国股权众筹平台的规范进路。

首先,明确股权众筹平台定性,推动股权众筹法律豁免。股权众筹平台定性不清,股权众筹融资涉嫌"非法集资",这些都是悬在各大平台运行方头

---

① 该方式下首先要确定投资人数,然后由平台以投资人的名义办理成立有限合伙企业,最后再以有限合伙企业的名义加入到项目的投资中,成为项目的股东。

② 杨东:"股权众筹是多层次资本市场的一部分",载《中国证券报》2014年3月31日版。

上的“达摩克里斯之剑”，没有法律法规的明确规定为股权众筹发展保驾护航，这种危机感就一刻不会消失。为了减少这种潜在的风险，美国的做法值得借鉴。美国于2012年出台了《初创期企业推动法案》(Jumpstart Our Business Star-ups Act，JOBS法案)，该法案为众筹融资创设了联邦证券法下的豁免，同时该法案规范了为众筹融资提供中介服务的众筹门户的行为。随后在2013年10月，美国证券交易委员会(Securities and Excharge Commission，SEC)发布了《众筹监管规则》(征求意见稿)(以下简称《众筹监管规则》)，在JOBS法案的基础上细化了各项豁免和信息披露的要求，同时，《众筹监管规则》还为众筹中介(crowdfunding intermediaries)创设了一套监管框架，即众筹门户必须注册为证券经纪自营商(broker-dealer)或者融资门户(funding portal)。[①] 结合我国股权众筹的发展现状，可以从以下两个方面入手减少平台设立的法律风险。一方面，修改证券法扩大“证券”的概念，明确股权众筹的定义以寻求其自身的法律定位，将股权众筹纳入证券法予以规范，并结合现有的法律体系对“证券公开发行”条款作相应的修改，从而实现股权众筹的本土化法律豁免。[②] 另一方面，对股权众筹平台施行备案制，鼓励行业自律，减少因过于严格的准入门槛而增加的项目融资成本，同时要明确平台的业务经营范围，禁止混业经营，在增强股权众筹平台的公信力的基础上，保证平台坚持自身基于信息分享和融资撮合的独立性、中立性。

其次，建立多样化的投资者审核制度，多途径规范项目审核。平台对投资者和融资项目的审核是平台运行风险防范的基础性步骤，也是股权众筹平台运作风险防控的第一道“防火墙”。对于投资者的审核方面，可以借鉴《中华人民共和国证券投资基金法》第88条对非公开募集基金中合格投资者的要求，从三个维度对投资者进行综合审查评价，即从收入上、风险识别能力和风险承担能力以及认购金额上进行审查。具体而言，考虑到金融效率与金融安全的平衡，过分严苛或者过分宽松的投资者审核都不利于股权众筹的有序健康发展。在现实操作层面，有必要根据不同的筹资模式，由众筹平台主导，对投资者设立多样化的评价审核标准，既可从投资者收入要求入手，又可从

---

① 冯果、袁康：“境外资本市场股权众筹立法动态评析”，载《金融法苑》2014年总第89辑。

② 成琳、吕宁斯：“中国股权众筹平台的规范化进路——以‘大家投’为例”，载《金融法苑》2014年总第89辑。

投资者的投资或者从业经验考评，综合权衡投资者的风险识别和风险承担能力。同时，投资者的审核是采用实质审查还是形式审查也是必须考虑的问题，若采用实质审查，会加重平台的审核负担和成本，也会影响股权众筹的融资效率；若采用形式审查，融资交易的安全性就会受到影响。因此，投资者的审核宽严程度已然成为一个利弊权衡的过程。鉴于股权众筹平台的基本定位就是为筹资者和融资者提供相对及时、快捷和安全的交易平台，使金融服务便捷化、及时化，①平台对投资者的审核应当采取形式审查的方式，在此基础上要求平台承担一定的民事审核责任，如因为平台的主观过错导致不满足投资条件的投资者进入到平台进行融资对投资者或者筹资者造成损失的，则应当追究股权众筹平台的责任。唯有如此，才能兼顾效率与安全。② 对于项目审核方面，平台要规范加强监督机制，规范项目审核程序，做到项目审核的人员、流程透明化、公开化，并进一步明确项目审核的标准和要求，建设项目审核中的“权力寻租”行为。

再次，完善平台信息披露制度，加强平台管理与安全建设。阳光是最好的杀虫剂，灯光是最好的警察。由于我国当前的信用体系不完善，适度的信息披露就显得尤为重要，其一定程度上可以防止融资方的欺诈和违约行为。考虑到利用平台进行融资的企业多为中小企业，过于严格的信息披露义务需要较高的成本，这将影响融资的效率和融资方的积极性。基于前文对我国当前主要的平台信息披露存在的问题的分析，平台信息披露制度的完善应从以下四个方面着手。第一，明确平台有辅助和监督信息披露的义务，并对其进行过错责任追究。第二，明确信息披露标准，构建层级式信息披露体系，对于核心信息课以强制性披露义务，对于自发形成的信息则进行有效的监管。第三，依据客观标准对筹资人的信息进行筛选、整理和展示，借鉴美国的经验，较为典型的客观标准包括筹资人的地理位置、从事的行业、发行证券的类型、预计筹资金额、筹集进展程度等，③平台应保持中立、客观的独立性角色。第

① Steven Bradford，“Crowd funding and the Federal Securities Laws”，*Columbia Business Law Review*，2012，(1)，pp. 166－167.

② 田春雷：“金融资源公平配置的法学分析——兼论中国金融法的新价值”，载《法学评论》2013年第3期。

③ Douglas S，Ellenoff. “Roundtable：Making Crowd-funding Credible”，*Vnderbilt Law Review*，2013，(66)，p. 22.

四,平台应加强网络信息安全建设,防止投融资信息泄露或者被不正当使用,加强对平台上进行的投融资双方交易信息的审查和监管,降低利用平台进行欺诈活动的风险。

复次,引入第三方机构进行资金监管,减少资金流动性风险。为防止平台侵吞或者挪用投资人的资金,平台的资金管理应引入第三方机构,由投资者与融资者协商约定向托管方支付一定的管理费用,正如大家投委托兴业银行深圳分行推出的面向大家投投资款监管服务一样,中立的第三方支付机构对融资活动的资金进行监管,在投资人承诺投资的金额在筹资期限届满后或者超过筹资人预设的融资目标后方可将募集资金转移给筹资人,通过此举既能规范资金的管理,让信息流和资金流相分离,又能防范资金池的形成,为股权众筹融资建立良好的信用基础。① 进一步来讲,考虑到当前我国的股权众筹发展仍然缺乏监管,正处于起步阶段,缺乏一个诚信的互联网金融环境做支撑,对资金进行监管的第三方机构,应当考虑有资质的商业银行作资金托管,一方面,银行的资金管理技术和风险防控经验更为丰富;另一方面,商业银行的公信力更强,发生违约的可能性更小,更易获得投融资方的信赖。

最后,创新平台线上运营方式,规范平台线下操作。股权众筹的创新特色便是利用互联网进行线上投融资需求的对接与撮合。在创新线上运营方式的同时,要时刻牢记风险的防控,并进一步规范线下操作模式。具体而言,可从以下三个方面入手。一是,建立投融资双方间的信息沟通平台,为投资人相互间以及投融资双方之间进行沟通创造必要的条件。平台应保证其搭建的信息沟通平台遵循如下规则:平台不得参与投融资双方的交流;平台智能允许在平台开立账户的正式投资人发表意见;为维护沟通平台中信息的真实性,平台应要求所有在平台发表意见的人披露其身份,特别是那些与筹资人存在某种利益关联的主体,以防筹资人利用欺诈性手段吸引潜在的投资人。② 二是,进一步完善平台信息搜索工具。由于平台首页展示的融资项目有限,没有被突出展示的项目很难获得机会被投资人获晓,而且在筹资信息

---

① 成琳、吕宁斯:“中国股权众筹平台的规范化进路——以‘大家投’为例”,载《金融法苑》2014年总第89辑。

② 刘明:“美国《众筹法案》中集资门户法律制度的构建及其启示”,载《现代法学》2015年第1期。

过多的情形下，投资人对于筹资信息的选择成本将大幅提升，因此，为了提高投融资需求的匹配效率，平台应以客观的标准为基础，学习美国在该方面的经验，[①]为投资者提供多样化的信息检索工具。三是，规范平台线下操作，建立线上与线下对接机制，争取投融资双方在线下约谈的可能性，努力打造线上信息发放、传递与共享，线下投融资对接并实际参与的完善的投融资众筹系统。

(2)P2P 网络贷款平台的风险及其防范

P2P 网络贷款为个人贷款和投资开放了一个新的平台，其作为一种金融创新应当受到政策法规的鼓励，但当下 P2P 网贷由于缺乏法律的规制而处于一种混乱的状态，一些以欺诈为目的的公司也混杂其中。2012 年 12 月 21 日，网络贷款平台"优易网"创始人与运营公司——南通优易电子科技有限公司工作人员突然人间蒸发，导致 60 余位债权人的近 2000 万元资金无法追回。而这只不过是近年来 P2P 网络贷款平台圈钱"跑路"的一个代表。贝尔创投、淘金贷、蚂蚁贷等纷纷出现问题，导致投资者的利益受损，网贷平台的风险已不容忽视。

其一，网络贷款平台的法律风险。首先，网络贷款平台运营缺乏法律规范，前景不明。P2P 网络贷款在我国是个新鲜事物，发展时间并不长，现有的法律制度对于网络贷款平台的性质缺乏准确的界定。立法的观望态度并不意味着没有法律上的风险，相反却隐含着极高的法律风险。我国的网络贷款平台目前主要以中介服务公司、贷款咨询公司的名义在工商机构注册，但其所从事的业务却是资金融通的金融性质业务，由于没有取得金融机构的经营资质，随时都会因为涉嫌非法发行证券或变相吸收公众存款而被叫停。简言之，缺乏立法和监管网络贷款平台看似有着宽松的发展环境，但不规范的野蛮生长也同样可能由于法律最终的否定性评价而致使该行业遭受毁灭性的打击。这对于网络贷款平台来说是其面临的最大法律风险。其次，法律监管的缺失导致网络借贷平台易诱发骗资等道德风险。由于交易市场是由网贷平台自身组建，而平台对交易的介入，事实上隔绝了借款人和出借人之间的联系，其完全可以利用自身权限，通过后台更改数据，虚拟债权等方式进行骗

---

① 参见美国证券交易委员会《众筹监管规则》(征求意见稿)第 402 条第(b)(2)款。

贷,加上没有信息披露和资产隔离的规则要求,很难保证出借人的资金安全。金融伦理作为规范金融活动的内在道德要求,要求交易双方在不存在欺诈、胁迫等违背金融伦理要求的前提下,按照权利义务相对等的原则从事金融活动,而我国目前有许多网络平台都是由几个自然人以较低的资本金创设的,甚至有些网络平台创立的目的本身就是以网络借贷平台的名义进行骗资。由于缺乏必要的制度规范,违法成本底,网贷平台通过虚构借款人和较高利率等手段吸引投资人资金后逃之夭夭的事件已时有发生,而网络贷款平台挪用客户资金更是司空见惯。再次,网络贷款平台的法律风险还体现在出借人可能利用网络贷款平台从事洗钱活动。出于防范风险和增强流动性的需要,P2P 网贷平台一般将出借人的资金拆分为若干份额,出借给不同的借款人使用。正是由于这个特征,导致出借人的每笔资金交易都较为复杂,资金的真实流转状况也难以辨识。加之我国网络借贷平台的进入门槛低,特别是一些小规模的网贷平台,其业务范围并不明确,在监管缺失的情况下,极其容易成为洗钱的新通道。虽然网络借贷平台在其网页上通常要求其出借资金来源必须合法,借款人资金的使用要与登记使用用途一致,但对于这些规定并没有实际有效的执行措施,网络借贷平台很难对每笔资金的来源状况和流向进行核实,导致这些规定形同虚设,容易给不法分子以可乘之机,利用网络借贷平台从事洗钱活动。最后,网络贷款平台中个人信息安全保护不足的风险。为确保交易双方身份的真实性,网络贷款平台往往要求客户要上传自己的个人信息,这些信息包括了个人的真实姓名、身份证号码、家庭住址、工作单位、财产状况、电话号码等。如果网贷平台没有对客户的个人信息做好保密措施,极容易造成个人信息的泄露和滥用。我国目前的一些网络贷款平台,只要登陆注册之后便可以随意查看借款人的相关信息,这对于借款人个人信息的保护是相当不利的。甚至一些不规范的网络贷款平台将收集来的客户信息打包出售给其他公司,以此获得不菲的收益。个人信息的泄露不仅给客户本身带来不必要的骚扰和烦恼,甚至会被一些犯罪分子掌握导致犯罪行为的发生,而平台自身也可能因此承担相应的法律责任。

其二,网络贷款平台交易中的信用风险。首先,借款人使用虚假的身份信息获取贷款。在网络贷款的线上模式中,虽然网贷平台对借款人的信用作出审查,但由于我国缺乏健全的个人信用体系,对于这些信息的审查需要依靠平台自身的力量,这对于网贷平台来说工作量非常巨大,因此其只可能进行一种形式审查,即通过简单地审查借款人的劳动合同、工资收入、信用卡账单等来获得借款人的信用信息。而科技的发展使假文件、假证明非常容易获取,因此网贷平台上的借款人所提信用信息可谓难辨真假,从而隐含较大的信用风险。其次,借款人违规、违法使用贷款资金导致无力还款而造成违约。在绝大多数的借贷平台上都要求借款人说明借款用途,即资金是用于家庭紧急开支、上学、购车还是创业投资。各国的网络借贷平台其发展的本意都是为了建立普惠制的金融体系,为更多有资金需求的人解决融资难题,以弥补传统金融体系的不足,因而不允许借款人将所借资金用于高风险的投资活动,更不能用于从事违法、违规的活动。尽管有此要求,但网贷平台缺乏必要的监督措施和监督能力,这样就无法保证单个的借款人能够合规合法地适用借贷资金。一旦借款人违反借款时关于资金使用用途的约定,就会加大违约的概率和风险。最后,借款人恶意拖延或拒绝还款而导致的信用风险。我国目前全民信用体系尚未建立,部分公民诚信意识不高,加之在网络上从事借贷活动其交易对象都是陌生人,传统亲友熟人之间依靠乡规民约、声誉、道德等约束机制很难在互联网金融中发挥作用,也给缺乏信用观念之人可乘之机。即使现在有些网络借贷平台使用发布黑名单的方式来惩罚违约者,但由于缺乏联网的征信记录系统,黑名单公开范围有限,对这些恶意拖延或拒绝还款的借款人约束力也有限。

其三,网络贷款平台的经营风险。任何企业的经营都存在经营风险,网贷平台自身经营风险来自两个方面:一是因人气不足、交易量低或管理混乱而导致经营收益无法涵盖经营支出,从而亏损倒闭之风险;二是因提供的信用担保业务而产生的风险。相比较而言,后者才是网贷平台所面临的最大的经营风险。为了招揽客户,目前很多网络贷款平台都推出了本金保障计划,对于部分产品提供资金担保,承诺借款人逾期不还借款时,由网络贷款平台代为偿还借款,以此保障投资人的利益。这种加入了平台自身信用的网贷模式,已经将原来平台所具有的无风险性收入或业务模式转化为有风险的担保收入或业务模式,一旦出现借款人的违约,单笔标的风险有可能演化为平台的经营风险,最终导致网络平台经营不善而倒闭。

监管之殇仍然困扰着网贷行业,网贷行业的野蛮生长及恶性竞争所带来的巨大风险也迫使其开始强调行业自律。2012 年 12 月，国内首家网络信贷服务业企业联盟在上海正式成立，联盟包括融道网、上海陆家嘴国际金融资产交易市场股份有限公司（陆金所）、拍拍贷、诺诺镑客、财金金融、维诚致信、中国资金管理网、融 360、你我贷、畅贷网等，涵盖了上海最主流的网络信贷服务业企业。问题是，面对网贷平台的迅速发展和异化，仅依靠私法规范和行业自律不足以规范整个 P2P 行业。不管是从金融市场的稳定性出发还是 P2P 行业的长远发展来说，尽快制定监管制度是十分必要的，这也是 P2P 网贷行业从业者所期盼的。

第一，关于监管原则和指导思想。我国对 P2P 网络贷款平台的监管目的是为了规范 P2P 网贷行业的健康发展，抑制其不利于金融稳定的因素，充分发挥其在融资和投资方面的作用。监管要在创新和管制之间走一条中间道路，不论是监管缺失还是过度监管，都会对金融创新产生不利的影响。监管既要防范网贷平台风险的聚集和扩散，同时也要保证网贷平台有足够的活力。监管的目的既不是消灭网络贷款平台，也不是放任网络贷款平台的自由生长，而是要最大限度发挥网络贷款平台改善我国投融资环境的积极作用，保护金融消费者的合法权益，同时要将其风险限制在一定的范围之内，使之不向外扩散而影响我国金融秩序。短时间内我国“金融抑制”的现状不可能根本改善，小额贷款市场还存在广阔的空间，针对网络贷款平台所制定的法律法规和监管政策，必须符合网络贷款平台的特征和发展规律。此外，网络贷款平台虽然应该接受监管，但监管措施的制定应该与一般的金融机构相区别。网络贷款平台毕竟不是银行，所以对其要实行与一般银行等金融机构不同的监管措施，要秉持差异性的监管原则，根据不同 P2P 网络贷款平台的经营模式实行差异性监管、包容性监管和智慧型监管。对 P2P 网络贷款平台的监管要在确保监管有效的同时提升监管效率，在确保监管对象合规经营的同时培育其创新能力。[①] 同时，监管可能给这种另类的金融机构带来高额的成本，要求其实施复杂的合规机制所产生的高昂成本可能超过了其作为个体的小型金融机构给市场和金融消费者带来的风险，因此对网贷平台的监管应当考虑与大型金融机构区别对待，防止过度的监管导致网贷行业的进入壁垒，

---

① 刘轶：“金融监管模式的新发展及其启示——从规则到原则”，载《法商研究》2009 年第 2 期。

从而削弱网贷行业的竞争。

第二,关于监管机构。对网络贷款平台的监管必然涉及监管机构的确立。美国目前对于网络贷款平台的监管机构尚未形成统一意见,GAO 给出的监管建议是两种方案,一种是由各监管机构分别监管网络贷款的不同主体,借款人和贷款人的监管机构不同;另一种是建立统一的机构,如金融消费者保护局承担监管职责。① 对于这两种监管方案,很多学者主张由金融消费者保护局作为监管机构,认为更有利于消费者保护。而在我国面对数量多分布广的网络贷款平台,仅依靠一个监管机构来进行监管是不现实的,但根据网络贷款平台可在全国开展业务的特性,必须设置相对统一的监管规则。从目前我国网贷平台发展的状况来看,中国银监会作为中央级别的监管机构,应加强对 P2P 平台的监测、预警,并形成一定的预警机制,防止网络贷款平台引发系统性的风险和区域性风险;地方金融监管机构要担负起网络贷款平台的具体监管职责,金融办作为地方政府设立的金融管理机构,应该承担起监管网络贷款平台的职责。同时还可以借助于民间借贷登记服务中心这个管理平台,从事网络贷款平台贷款业务的登记、备案等服务,发挥辅助性的监管作用。此外,从我国的监管实践来看,监管机构的工作重点并不是放在投资者权益的保护上,而是以整个金融市场的系统安全性为依归的,监管者在监管法律的规则制定中,投资者合法权利的保护最初并不是第一顺位的。② 美国 GAO 提出可以由金融消费者保护局作为监管机构以保护金融消费者的权利,提示我国的监管机构在对 P2P 网络贷款平台进行监管之时,不仅要关注其对金融体系的影响,同时应加强对消费者的保护。

第三,关于监管措施。首先,市场准入监管。对于网络贷款平台,目前我国并没有关于其市场准入的相关监管制度,网络贷款平台往往以贷款咨询公司等名义向工商注册,获取营业执照,并在互联网上开展贷款撮合业务。网络借贷平台的低准入门槛,加剧了网贷平台的野蛮生长。我国在法律上确立

---

① Eric C. Chaffee, Geoffrey C. Rapp, "Regulating online peer-to-peer lending in the aftermath of Dodd-Frank: In search of an evoling regulatory regime for an evolving industry", *Washington and Lee Law Review Spring*, 2012, pp. 487 - 532.

② 黄韬:"我国金融市场从'机构监管'到'功能监管'的法律路径——以金融理财产品监管规则的改进为中心",载《法学》2011 年第 7 期。

了网贷平台的合法性后，要对其设立较为严格的准入门槛，可考虑实行牌照制，对满足条件的网络贷款平台发放牌照。这一方面可以在进入市场之时就将一部分资质不合格的申请排除在外，另一方面也方便监管机构对于网贷平台的管理，能够掌握网络贷款平台的真实发展状况。其次，业务活动监管。监管机构对网络贷款平台的监管应该是持续的，不能仅仅设立了准入条件之后就放任不理。从我国网贷平台的发展实践来看，即使是具有良好资质的大平台，其在经营过程中依然有可能出现经营不善的情况。而且随着网站规模的扩大，资金沉淀增多，很难保证网络贷款平台不违规挪用投资人的资金。此外，为了吸引客户，网络贷款平台会逐渐扩大自己的经营范围，不仅仅局限于发布贷款信息和撮合交易，而是开发一些看似更低风险更高收益的产品来吸引客户。为防范风险的发生，对网络贷款平台的业务活动要进行规定和限制，其将主要的业务限定在网贷平台成立的最初目的上，即提供交易信息和收取佣金。如果网络贷款平台要开展信用担保和资产证券化等其他特殊业务，则必须事先获得监管部门的批准。实际上，可以由现在的网贷平台作出选择，是做纯粹的居间业务还是做金融担保或理财业务。对于后类业务按照金融机构监管的要求加以监管。再次，资金安全监管。为保障客户资金的安全，除了严格限制平台的挪用外，还需要为客户资金设置严格的管理制度，保障客户资金账户的安全。原则上客户的资金应该由独立的银行进行托管，不应该存放在网络贷款平台之上，同时客户的资金和网络贷款平台的自有资金应该做到完全的隔离。网络贷款平台应该积极寻求同第三方支付平台合作，不论是出借人投放资金，还是借款人获得借款，都应由第三方支付平台进行支付，资金的收取和发放不能由网络贷款平台自己进行。国外先进的网贷平台均是采用此种方式来管理资金，我国网贷平台也不应例外。复次，信息披露监管。从目前来看，国内各网络贷款平台以保护商业秘密为借口，拒绝披露网络贷款的具体信息，网络贷款平台处在隐秘的运行状态之下。在目前存在的数百家网络贷款平台中，目前只有拍拍贷于2012年发布一次年报，这是唯一一个发布年报的P2P平台，其他平台的运营状况和坏账率等均不得而知。对网络贷款平台监管制度进行设计时，要考虑要求P2P平台发布年报，特别是公布坏账率，以便于监管机构及时识别网络贷款平台的风险，保护投资者的利益不受损害，对于坏账率高的平台及时进行整顿。最后，利率监管。

P2P网贷平台的优势之一是排斥高利贷，但是目前我国网络贷款平台却有高利贷的嫌疑。不少投资人在获得借款人支付的利率之后，还能获得网络贷款平台发放的所谓“奖励利率”，而这两项利率加起来已经超过我国法律关于民间借贷所设定的“四倍利率”的标准，具有高利贷的嫌疑。监管机构在对网络贷款平台进行监管之时，要对网络贷款平台上的利率水平进行监控，防止网贷平台变相提供超高利率，成为滋生高利贷的温床。

第七章 收入分配改革与金融工具的组合配置

在市场起着资源配置决定作用的环境中，利率、汇率等金融工具是经济调节的重要杠杆，具有强大的收入分配功能，对金融资源配置发挥着"四两拨千斤"的作用。金融工具的不当运用，会恶化收入分配效应，造成金融资源配置的混乱与扭曲。这就需要通过金融工具的组合配置，使其成为助推收入分配改革的有力支点。本章拟审视和检讨金融工具的收入分配功能及其在中国的异化，更新和修正金融工具法律配置的方法与制度，旨在为收入分配改革提供有别于传统知识谱系的新思路。

一、金融工具收入分配功能的展开及其在中国的异化

如果将收入分配划分为初次分配（市场分配）、再分配（政府分配）和第三次分配（慈善捐赠）的话，金融政策工具的收入分配功能具有初次分配与再分配的双重属性，市场之手与政府之手错综复杂地交织在一起。其中，政府利用利率、汇率等政策工具对国民财富进行的再次调整属于经济法再分配功能的特定表现形式，其秉持的价值理念在于：既承认和充分维护个体正当的效率和公平，又不至于因个体损害社会公众、公共和总体的效率和公平，实现真正的和更高层次的社会公平正义。[①] 由于金融工具种类繁多，不同的金融工具所具备的收入分配功能各有侧重，所以本书无意也不可能就所有金融工具的收入分配功能加以面面俱到式地展开，而是选取利率、汇率、信贷、资

---

① 漆多俊："经济法再分配功能与我国收入分配制度改革"，载《中共中央党校学报》2008 年第 4 期。

本市场定价机制这几种具有代表性的金融工具进行管中窥豹式地评述。

（一）利率的收入分配功能及其异化

利率是利息率的简称，是指一定时期内借款利息与借贷本金的比率，是金融市场中资金的使用价格。利率作为一种特殊的交易现象，早于货币而产生。在商品社会的物物交换阶段，只要交易行为存在一定的时间差，就会产生借贷活动，借方向贷方多归还的财物与最初所借财物的比例即为利率。随着货币的出现以及价值尺度功能的发挥，利率成为资金供给总量与需求总量达到均衡时的价格表现形式。到了现代社会，利率成为金融市场的核心与最活跃的要素，也成为国家宏观调控的重要工具以及实现金融市场发挥资源配置作用的决定性经济变量。在市场经济条件下，利率的变动往往"牵一发而动全身"，对金融资源配置会产生异常灵敏的影响，进而会对收入分配格局带来显著变化。之所以强调"在市场经济条件下"，是因为只有实现了利率市场化，市场供求关系决定的利率传导机制才能畅通，而在严苛的利率管制下，利率对金融资源配置和收入分配的作用机制往往被严重扭曲。所谓利率市场化，是指政府逐步放松和取消对利率的直接管制，由资金供求双方自主确定利率，以达到资金优化配置的目的。利率市场化包含三层意思：一是利率水平由市场供求状况决定，体现价值规律；二是市场主体在充分竞争的基础上自主决定资金交易对象、交易价格、产品期限和交易条件；三是中央银行对利率市场进行间接的监管和调控。① 也有学者认为，利率市场化的法律意蕴在于：在完善金融法制和市场主体依法建立现代企业制度及相应的法人治理结构的基础上，依托金融市场形成利率，建构中央银行与金融机构间的间接调控关系、金融机构与客户间的平等自愿交易关系和金融机构相互间的平等有序竞争关系。② 利率市场化的实现必须具备三个条件：利率真实地反映借贷资金的供求关系；利率随市场供求关系而敏感变动；利率决定于市场供求关系而不是由个别借贷者意志而定。③ 检视我国现行的金融资金价格形成机理，明显不符合利率市场化的法理逻辑，而是存在诸多利率管制。例如，最高人民法院曾于1991年发布《关于人民法院审理借贷案件的若干意见》（已废

---

① 王曙光著：《告别贫困——中国农村金融创新与反贫困》，中国发展出版社2012年版，第133页。

② 朱大旗、沈小旭："论利率市场化的法律意蕴"，载《法学家》2004年第2期。

③ 袁春湘编著：《民间借贷法律规制研究——以利率为中心》，法律出版社2015年版，第30页。

止)第6条规定:“民间借贷利率不得超过银行同类贷款利率的4倍。”这一利率管制的司法监管路径使市场无法有效地配置金融资金资源,不仅扭曲了资金的市场自由定价,而且造成了放贷人守法成本的提高而迫使放贷人以各种方式逃避规制,将这些费用和成本加在借款人身上,从而违背了以管制保护弱势的借款人群体的初衷。[①] 再如,在利率管制下,利率最高限不允许银行把额外的风险和每一笔小额信贷的管理成本计入利率,这意味着银行从事微型金融服务时不能得到相应的溢价收入,而农村金融中小额信贷所占比例较大,因此银行没有动力贷款给那些拥有较高风险的农户和乡镇企业,这必然导致贷款市场上的逆向选择,进而形成信贷约束。学界普遍认为,现行的利率管制,在当前民营经济与民间金融发展的背景下,其扭曲资金市场配置、导致逆向选择、妨碍竞争的缺陷日渐突出,已成为金融市场发展的制度障碍。[②]

具体而言,利率市场化对收入分配的影响途径主要分为三类:存款利息、资产价格和劳动收入。[③] 以存款利息为例,由于利率市场化加剧了银行间竞争,商业银行必然会提高存款利率以吸收存款,中低收入居民作为主要的存款来源自然会获取更多的存款利息收入。与此同时,存款利率的提高会对股票及房地产价格有一定程度的负面影响,但由于股票及房地产主要为高收入者拥有,因此利率市场化对于资产价格的影响将主要由高收入者承担,这对于缩小贫富差距不无裨益。近年来,虽然我国加快了利率市场化改革步伐,但现行的金融资金价格很大程度仍带有强烈的管制色彩,资金价格管制与商品价格市场化构成了尖锐矛盾,也与利率市场化的法律意蕴背道而驰。正如有学者所言,我国现行法确定的利率管制规则对保护消费者而言上限过高,对企业而言又造成了无谓的负担。[④] 在设置利率上限的情况下,微型金融机构往往会淡出市场、减缓发展,贷款总成本透明度较低,并且减少在农村和其他高成本市场中的业务。通过排挤扶贫性质的金融机构,利率上限经常将贫困客户又赶回到了价格昂贵的非正规金融市场,其在这种市场中几乎得不到

① 袁春湘著:《民间借贷法律规制研究——以利率为中心》,法律出版社2015年版,第108页。
② 廖振中、高晋康:“我国民间借贷利率管制法治进路的检讨与选择”,载《现代法学》2012年第2期。
③ 唐杰:“利率市场化的收入分配效应”,载《21世纪经济报道》2012年2月13日版。
④ 许德风:“论利息的法律管制——兼议私法中的社会化考量”,载《北大法律评论》2010年第1辑。

保护。因此,设置利率上限最终伤害的是贫困消费者。[①] 在政府的刻意安排下,我国长期实行压低存款利率、抬高贷款利率的政策,形成了严重的"利率倒挂"即负利率问题。[②] 据统计,我国银行1年期定期存款实际利率水平于2004年第一季度开始进入负利率状态,这种情况一直延续到2005年第三季度,2005年第四季度为零利率,2006年各季度的存款利率虽然为正,但一直处于低位,2007年第一季度重新进入到负实际利率状态。[③] 持续多年的负利率和居高不下的利差使中低收入者的存款财富源源不断地补贴着商业银行,催生出"银行暴利"等敏感的社会问题,[④]其本质是将社会公众的财富集中给了少数人,变相地剥夺了低收入者的财富,加剧了社会财富的两极分化。

(二)汇率的收入分配功能及其异化

与利率的收入分配效应相比,汇率的收入分配效应涉及财富的跨国流动。尤其是在"货币战争"的时代背景下,汇率变动深刻影响着国家间的利益调整与财富分配,事关主权国家的货币权力即"货币权"配置。[⑤] 汇率对收入分配的影响途径较为多样,如通过进出口贸易影响收入分配、通过国际资本流量影响收入分配、通过财富效应影响收入分配等。在出口贸易方面,汇率上升意味着以外币表示的出口产品价格提高,弱化本国产品的国际市场竞争力,从而导致本国出口数量降低,进而影响劳动者收入。在国际资本流量方面,汇率升值意味着国际资本进入本国的门槛抬高,迫使资本流向那些经济发展水平高、外商投资存量高的国家和地区,进而拉大国家间的收入分配

---

① 焦瑾璞、陈瑾著:《建设中国普惠金融体系——提供全民享受现代金融服务的机会和途径》,中国金融出版社2009年版,第160页。

② 需要注意的是,在农村地区,贷款利率的上浮不足以抵补农村金融机构的经营风险和资金成本,也不能使它们获得足够的发展空间。正如有学者所言,不当的利率政策扭曲了农村金融市场,使农村信贷资金迅速流出农村,农村的资金供给面临严重不足,政府对利率的管制和由此导致的农村信贷市场的价格扭曲,加剧了农村信贷资金的短缺程度,给金融机构的经营带来了很大负面影响,削弱了它们服务农村市场的能力。参见徐忠等著:《中国贫困地区农村金融发展研究——构筑政府与市场之间的平衡》,中国金融出版社2009年版,第139页。

③ 王广谦等著:《金融体制改革和货币问题研究》,经济科学出版社2009年版,第348~349页。

④ 焦海涛:"银行暴利的法律控制:放松管制而非反垄断",载《华东政法大学学报》2013年第2期。

⑤ 货币权是国家管理货币事务的权力,包括货币发行权、货币调控权、利率调整权、金融审慎稳定权等十项子权力,并与货币财产(权)、货币主权等相关基础范畴形成对应关系。货币权是国家经济权力的一种,属于公共权力。参见杨松等著:《银行法律制度改革与完善研究》,北京大学出版社2011年版,第154页。

差距。在财富效应方面,汇率上升意味着进口商品价格的降低,人们持有的财富具有一种增加的效应,增加的财富将会使人们增加许多方面的支出,这种财富效应的大小主要取决于一国的外贸依存度、现有产业结构、国民收入水平,而其影响的程度则取决于现有的收入分配状况及一国的消费心理。[①]以日本为例,日元对美元从1985年12月持续快速升值,到1988年为了防止日元进一步升值对经济和就业造成负面影响,日本货币当局采取扩张性货币政策,其结果就是资产价格泡沫迅速膨胀,为了抑制资产价格泡沫,日本货币当局又急剧紧缩银根,资产价格由此破灭,导致日本经历了"失去的十年",给日本经济造成了重创。[②] 在我国,自从2005年7月21日中国人民银行开始实行以市场供求为基础、参考"一揽子"货币进行调节、有管理的浮动汇率制度以来,人民币汇率不断攀升。2006年5月15日,人民币对美元汇率中间价突破8:1的心理关口。2010年9月10日,人民币对美元汇率中间价为6.76:1,创历史新高。[③] 2013年10月24日,人民币对美元即期汇率达到6.0808,离人民币汇率的"5时代"只有一步之遥。[④] 人民币汇率持续多年升值已经对收入分配差距拉大起到了推波助澜的作用,一方面,由于我国农产品市场价格已经比较充分地和国际市场价格接轨,人民币升值将会造成我国农产品按市场价格的收入下降,从而造成我国农民的收入下降;另一方面,一旦农民的收入下降,农民进城务工的动机将变得更加强烈,数量更多的农村劳动力将涌入城市,非熟练劳动力供给的忽然上升,将导致城市非熟练劳动力工人工资的下降。[⑤] 由此可以看出,人民币汇率变动不仅是一种宏观经济政策,也是一种倾斜性的收入分配政策,如何走出"货币升值——国际游资大量涌入——资产价格上涨的泡沫经济——金融危机"的魔咒,遏制人民币汇率升值对收入分配的恶化效应,已成为摆在决策者面前的一道严峻课题。

(三)信贷的收入分配功能及其异化

信贷作为一种稀缺的金融资源,其配置状况对收入分配有着直接影响,

---

① 刘庆玉:"人民币汇率升值对我国收入分配的负面效应",载《财经科学》2006年第7期。

② 张宇润著:《货币的法本质》,中国检察出版社2010年版,第110页。

③ 吴志攀著:《金融法概论》(第5版),北京大学出版社2011年版,第254页。

④ "人民币汇率逼近'5时代'",载《经济参考报》2013年10月25日版。

⑤ 张明:"人民币汇率升值对收入分配的负面影响及其对策",载《中国经营报》2006年2月5日版。

既可能扩大财富不平等状况,也可能缩小财富不平等的差距。[①] 从理论上讲,穷人的边际资本收益高于富人的边际资本收益,富人借钱给穷人是理性的优化选择,但在现实生活中,由于信贷约束和缺乏信用担保的道德风险,穷人借到钱往往是不可能的。如果政府出面对资本进行再分配以克服市场失灵,就可以达到信贷市场没有信贷约束的相同效果,实现公平与效率的双赢。[②] 正如有学者所言,在很多发展中国家,金融部门改革的滞后使金融体系很难满足穷人的信贷需求,因此正确的金融改革策略是发展那些更接近目标市场、拥有更完善的社区知识且拥有更有效的信贷技术的微型金融机构,弥补正规金融体系的不足,从而降低贫富收入差异,帮助传统上难以获得服务的穷人摆脱贫困陷阱。[③] 实践也反复证明,信贷是帮助贫困及低收入群体走上脱贫致富之路的重要工具,信贷权的赋予可以帮助社会弱势群体实现从生存到发展"惊人的一跃"。因此,信贷资源的配置应秉持公平和人权的价值理念,对弱势群体进行信贷权利的倾斜性配置,以实现分配正义与矫正正义的统一,舒尔茨的"穷人经济学"理论、罗尔斯的正义理论以及阿玛蒂亚·森的"权利贫困"理论已经对此进行了深刻阐释。[④] 在我国,信贷资源的配置长期以来存在偏好城市忽视农村、偏好国有企业忽视民营企业、偏好大企业忽视中小企业的制度顽疾,衍生出农村资金饥渴、民营企业萎缩、中小企业融资难等社会问题,使得本已严峻的收入分配差距雪上加霜。具体而言,信贷制度对收入分配的影响主要体现在:利率的制度安排造成信贷市场"嫌贫爱富"、信用制度不健全导致小额信贷的放贷成本虚高不下、政府对小额信贷的不当干预扭曲了信贷投向、贷款数额管理降低了小额信贷的有效需求、存贷挂钩抑制了农村信贷的发展、抵押或担保的贷款制度将贫困群体排除在了放贷范围之外。[⑤] 不少研究成果表明,在贫困地区,工业发展速度与贫困人口减少速度呈负相关关系,工业发展速度与政府财政增长速度之间呈很强的正相关性,反

---

① Kiminofi Matsuyama,"Endogenous Inequality",*Review of Economic Studies*, Vol. 67, 2000, pp. 743 – 759.

② 谢杰、张厚明:"信贷约束、再分配及不平等对增长的影响",载《财经科学》2007 年第 7 期。

③ 王曙光著:《告别贫困——中国农村金融创新与反贫困》,中国发展出版社 2012 年版,第 132 页。

④ 冯果、李安安:"民生金融法的语境、范畴与制度",载《政治与法律》2012 年第 8 期。

⑤ 范化理、高建宁:"信贷约束与公平分配的实现",载《上海经济研究》2009 年第 1 期。

映出发展工业的最大受益者是地方政府，而不是贫困人口。[①] 由于我国缺乏适宜穷人生存发展的特殊信贷制度，扶贫贷款中出现的贷富不贷贫的现象也就不足为奇了。由于路径依赖的影响，信贷制度的不完善可能使低收入群体的初始禀赋得不到有效改善，进而陷入"贫困的恶性循环"，现实中的"贫者愈贫、富者愈富"现象已经对此进行了生动揭示。

（四）资本市场定价机制的收入分配功能及其异化

作为推动制度变迁的重要动力，资本市场不仅是上市公司融资的场所，还是权利交易的场所，[②]其与收入分配之间存在紧密关系，正如有学者指出的那样，良好的资本市场不仅可以促进经济增长，而且可以缩小收入分配差距，实现增长与公平的双赢。[③] 当然，这一论断成立的前提是资本市场具有公开、透明、高效和市场化的定价机制，因为只有在市场公平竞争基础上形成公正合理的证券价格，才能有效指导增量金融资源的分配和存量金融资源的调整，进而使金融资源真正流向业绩优良、成长性好的公司，也只有在公开、透明、高效和市场化的定价机制保障下，内幕交易、操纵市场、欺诈客户等市场不法行为才能得到有效遏制，投资者才能从资本市场中获得更多的财产性收入。相反，如果资本市场的定价机制不公开、缺乏透明度且没有实现市场化，则投资者的财产权利非但不能保全，还有可能诱发大面积的金融风险。如有学者认为，出现次贷危机的一个重要原因就是金融衍生品的价格难以确定，进而导致风险的扩散和蔓延。[④] 在"新兴加转轨"的我国资本市场，由于公开、透明、高效和市场化的定价机制远未形成，资本市场成为中小投资者资金流失的重要场所，资产定价泡沫成为解释我国收入分配差距扩大和贫富悬殊程度扩大的一大线索。[⑤] 以股票定价为例，现实中的股票交易价格与公司治理、经营业绩和内在价值存在较大程度的背离，推动股价上扬的不是公司实实在在的经营成果和成长性，而是庄家精心炮制的各种"概念"和"题材"。在这样的定价机制下，上市公司成了大股东的"提款机"，广大中小投资者却

---

① 黄颂文著：《普惠金融与贫困减缓》，中国经济出版社 2014 年版，第 58 页。

② 蒋大兴："谁需要证券交易所——中国证交所上市主体产品的结构性改革"，载《证券法苑》（第 3 卷），法律出版社 2010 年版，第 4 页。

③ 郑长德著：《中国转型时期的金融发展与收入分配》，中国财政经济出版社 2007 年版，第 246 页。

④ Anan J. Schwartz, "Origins of the Financial Crisis of 2008", *Cato Journal*, 2009, Vol. 29, No. 1.

⑤ 鲁桂华："资产定价泡沫与财富再分配"，载《第一财经日报》2011 年 2 月 19 日版。

难以分享到实际利益。如在2010年,A股涨幅全球倒数第三,但IPO募集资金量却创下了全球最高,创业板年产亿万富豪近500位,被称为“造福机器”。而调查显示,在股市上赚钱的投资者不足20%,近70%的投资者亏钱,七成投资者亏钱的现实背后,与IPO发行市盈率虚高不下有莫大关系。动辄上百倍的发行市盈率,使得二级市场的投资者成为风险的最终承担者。每一个新晋亿万富豪的背后,都是成千上万中小投资者的血泪。[①] 可以说,资本市场并没有成为广大人民群众财产性收入的来源渠道,而是蜕变为少部分人资本盛宴的狂欢游乐场。

综上所述,以利率、汇率、信贷和资本市场定价机制为代表的金融工具的收入分配功能在我国遭遇了严重的扭曲和异化现象,诱发了金融市场深层次的利益冲突,由此造就的金融不公成为社会不公的突出表征。如果任由其发展下去,则金融政策工具就会彻底沦为少数人剥夺多数人利益的权柄,金融发展的结果是创造一个“坏的社会”而不是“好的社会”。[②] 相反,如果该异化现象得到有效矫治并以此为突破口推动金融公平的法制建设,则非但金融法的社会性功能能够得到根本彰显,收入分配改革亦有望开启新的视窗。正如有学者所言,当收入分配改革在“资本与权力的纠结”中陷入迷惘,当财税手段在调节社会财富分配时表现得差强人意,将希望寄托于金融法制的变革与再造,是一种选择的智慧。[③] 下文以金融工具的法律配置为中心,对这种金融法制变革与再造的理论基础和制度路径进行展开。

二、金融工具的法律配置:方法与制度的二元展开

伴随着法律在社会中的作用不断显现和强化,法律作为社会利益和矛盾的调整手段,愈发得到人们和社会的关注和重视。作为社会利益的协调器,

---

① 彭国华:“2010年A股造就824位亿万富豪70%散户亏损”,载《南方日报》2010年12月27日版。

② 金融资源的不合理分配是“占领华尔街”等抗议活动的主题,但我们不能断言金融与生俱来就是一个只能容纳社会精英的行业,也不能将其视为推动经济非公平发展的引擎,正如有学者所言,产生财富分配的不公平并非金融体系的顽疾,通过执行公共政策,我们完全可以在避免不平等的前提下享受当代金融带来的好处,金融业有潜力帮我们塑造一个更和谐、更繁荣和更平等的社会。参见[美]罗伯特·席勒著:《金融与好的社会》,束宇译,中信出版社2012年版,第273~274页。

③ 冯果、李安安:“收入分配改革中的金融公平”,载张守文主编:《经济法研究》(第10卷),北京大学出版社2012年版,第108页。

法律最大的功效便在于其通过权利义务机制的运行,使不同社会利益主体的利益冲突通过法律的方式得以协调和缓解。[①] 法律对金融工具的调整过程,实质上是公共规制工具的选择过程,其务实的理性选择与科学的组合配置有助于规制制度的有效实施,但规制工具的不当或错误使用会诱发规制失灵并加剧规制困境。发挥金融政策工具在收入分配改革中的积极作用,需要选择有效的法律配置方法,确立恰当的法律配置制度。

(一)金融政策工具法律配置的方法选择

根据不同的标准,金融工具的法律配置可以进行类型化区分。如根据配置主体的不同可以分为市场配置和政府配置,根据配置依据的不同可以分为硬法配置和软法配置,根据配置强度的不同可以分为强制性配置、协商性配置、激励性配置和指导性配置等。鉴于金融工具的复杂性,任何单一的配置方法均难以满足收入分配改革的制度诉求,唯有借助于组合配置的方法才能实现各种金融政策工具的优势互补和功能协同,从而解开收入分配的"戈尔迪死结"。所谓金融工具的组合配置,就是将利率、汇率等金融政策工具有机地融入到市场无形之手与政府有形之手这两种金融资源配置的主要手段中去,通过金融法(包括金融硬法与金融软法)来克服市场失灵和规制政府失灵,并注重不同效力的法律规范在金融立法中的搭配与优化。学界对"双手并用"原理和"两个失灵"原理进行了深入研究,并将解决"两个失灵"问题的重任寄托在经济法身上。[②] 按照这种逻辑,似乎通过金融的法律调整,金融工具的异化就能够得到根本矫正,收入分配的难题便可迎刃而解。但现实中的悖论是,金融法法规范的国家性、法逻辑的对抗性和法秩序的强制性时常遭遇水土不服的困境,金融监管机构与全能政府联姻形成的以法控制社会的管理法、与夜警国家联姻形成的以法控制国家的控权法也频频遭遇治理危机。这启示我们,应打破对金融法刚性治理的盲目迷恋,注重刚性规范与柔性规范之间的优化组合,尤其是要重视金融软法的资源配置作用。

随着社会的发展,公共领域中有些问题变得极为复杂,纯粹的强制方法往往捉襟见肘或适得其反,柔性的方法或软规则能够发挥拾遗补缺的功能,

① 李昌麒主编:《中国改革发展成果分享法律机制研究》,人民出版社 2011 年版,第 109～151 页。
② 张守文著:《经济法原理》,北京大学出版社 2013 年版,第 11～13 页。

填补强制性规则的法律适用真空。在长期的使用过程中，这些柔性方法或软规则产生了一定约束力，进化成为所谓的"软法"即不能运用国家强制力保证实施的法规范。[①] 在国内学术界，以罗豪才教授为代表的公法学者最早开始关注和研究软法，其提倡的"应当寻求更多协商、可以运用更少强制、能够实现更高自由"行政法治理念已经深入人心。在金融领域，软法的存在带有普遍性，如纲要、章程、规程、守则、示范、指南、意见、建议、行业惯例、公共政策、自律规范、合作规范、专业标准等都属于软法范畴，它们对金融资源配置发挥着重要作用，进而会影响到金融政策工具的运行。如窗口指导与道义劝告是央行信用调控的重要工具，"稳健的货币政策"作为一项公共政策对货币供应影响甚巨，超高市盈率定价法作为一种行业惯例导致 IPO 成为上市公司圈钱的重要工具等。鉴于金融软法对金融资源配置的重要性，有必要将社会中的那些激励性、协商性、指导性的柔性规范和制度化、规范化、程序化的自治规则纳入体制内的监管框架中来。以激励性规范为例，政府在对民间金融监管的过程中，可以采用奖励、补贴、税收减免、资金补助等经济性诱因弹性地促进市场主体按照政府引导的方式进行活动。[②] 这种激励性规制的做法改变了民间金融监管过程中"选择性执法"与"普遍性违法"的博弈困境，有助于国家资本与社会资本的合理配置，也有望开启民间金融善治的新时代。再以协商性规范为例，可以赋予商业银行对利率的定价权和客户对利率的议价权，这种利率形成机制可以最大程度地发挥利率杠杆的资源配置作用。

（二）金融工具法律配置的制度设计

在明确了以组合配置为主线的金融政策工具法律配置方法之后，具体制度的设计问题便凸显出来。这种制度设计既不能太保守，又不能过于超前，应是在契合转型时期收入分配改革实践诉求基础上的开放、务实和理性选择。针对利率、汇率、信贷和资本市场定价机制收入分配功能的异化问题，本书在此提出四点回应性的建议。

---

① 罗豪才、宋功德著：《软法亦法——公共治理呼唤软法之治》，法律出版社 2009 年版，第 3 页。

② 蒋红珍著：《论比例原则——政府规制工具选择的司法评价》，法律出版社 2010 年版，第 264 页。关于激励性规制更深入的分析，可参见岳彩申："民间借贷的激励性法律规制"，载《中国社会科学》2013 年第 10 期。

1. 放松利率管制，渐进实现利率市场化

首先，取消存款利率管制。我国的利率市场化改革，走的是一条渐进性变革路径，如1996年放开银行间同业拆借利率、1998年扩大贷款利率浮动区间、1999年尝试大额长期存款利率市场化、2000年积极推进境内外币利率市场化、2002年实现中外银行外币利率政策公平、2003年放开多个外币小额存款利率管理、2004年再次扩大贷款利率浮动区间并允许存款利率下浮、2012年降低贷款利率浮动下限。尤其值得一提的是，中国人民银行决定自2013年7月20日起全面放开金融机构贷款利率管制，取消金融机构贷款利率0.7倍的下限，由金融机构根据商业原则自主确定贷款利率水平，取消票据贴现利率管制，对农村信用社贷款利率不再设立上限。这次改革虽然没有涉及存款利率市场化，但不失为我国利率市场化改革的里程碑事件。从国际上的成功经验来看，放开存款利率管制是利率市场化改革进程中最为关键、风险最大的阶段，需要根据各项基础条件的成熟程度分步实施、有序推进。在后续的改革中，应当为存款利率市场化创造条件和培育环境，如逐步建构中央银行与金融机构间的间接调控关系、金融机构与客户间的平等自愿交易关系和金融机构相互间的平等有序竞争关系，分步实施动态监管与效果监管相配套、包容性监管与审慎监管相融合、①自律监管与他律监管相统一的利率监管框架，适时取消存款利率的上限管制。利率管制取消以后，金融市场的资金价格、风险和其他因素才能进行匹配，进而达到整个经济体金融资源的最理想配置状态，困扰收入分配制度改革多年的“利率倒挂”和“国富民穷”现象也会自动退出历史舞台。需要指出的是，取消存款利率管制后，政府或中央银行依然享有间接影响金融资产利率的权力，即通过货币政策工具引导市场利率，如通过公开市场操作影响资金供求格局从而间接影响利率水平，通过调整基准利率影响商业银行资金成本进而改变市场利率水平，在金融调控机制局部失灵的情况下可对商业银行等金融机构的金融行为进行适当方式和程度的窗口指导。②

其次，在利率调控中进行差异化利率安排并辅之以差异化金融支持。中

① 冯果、李安安：“包容性监管理念的提出及其正当性分析——以农村金融监管为中心”，载《江淮论坛》2013年第1期。

② 朱大旗、沈小旭：“论利率市场化的法律意蕴”，载《法学家》2004年第2期。

国一直采取的是统一的利率制度，但在地区市场化程度、资本利润率差异情况下，导致落后地区与发达地区形成了实际上的利率差：东部沿海地区实际利率较低，中西部地区实际利率较高。在资本逐利规律下，大量中西部落后地区的建设资金在落后区域聚集后，由于利率的差异，很大一部分又回流到发达区域，使得金融的作用没能充分发挥。① 在渐进实现利率市场化的过程中，中央银行可以借助于间接调控的方式，实行差异化的利率制度，对处于中西部落后地区的金融机构实行较低的落后区域贷款优惠利率，以引导对落后地区的投资，增加其可资利用的金融资源。② 为保证差异化利率的推行，需要基于金融发展的区域差异性采取不同的金融支持政策。具体而言，在保持中央的金融政策制定权和控制权的前提下，在货币供应量的调控、信贷等有关金融政策的制定与执行时，正视区域间的差异，差别对待，有所侧重，如制定区域性货币政策，在存款准备金率、金融机构设置原则与条件、信贷政策等方面对落后地区实行特殊待遇，增加落后地区金融机构的布局，以各种优惠政策引导商业银行向落后地区提供金融支持，促进金融资源的合理流动。

最后，赋予民间借贷合法地位，对民间借贷利率进行分类规制。作为民间金融的主要形式之一，民间借贷一直游离于合法性边缘，成为一个纠缠不清的理论与实务难题。近年来，恶意逃债、非法集资等案件频发，以“吴英案”为代表的民间借贷纠纷更是引发了将民间借贷合法化的大讨论。主流的观点认为，产权保护与契约自由是市场经济的核心，在此基础上的民企与公民的融资的权利和自由，是公民的基本经济权利，立法者只能是规范融资，而无权禁止融资、垄断融资，不能视融资为一种特权，永远保留给特定的机构。③ 笔者建议通过制定法律、修改法律相结合的方式，明确民间借贷的合法性。当前，监管部门正在酝酿出台关于民间借贷的规范性文件，2008 年央行起草的《放贷人条例》与 2010 年的《贷款通则（征求意见稿）》当属这方面的尝试。

---

① 西部农村资金外流的主导主要有三个：一是财政渠道流出；二是金融渠道流出；三是价格渠道流出。其中，金融渠道流出又可以分为三种方式：一是制度性流出；二是经营性、逐利性流出；三是邮政储蓄与保险渠道流出。参见唐青生著：《西部农村金融资源配置研究》，经济科学出版社 2010 年版，第 140 页。

② 田卫民等著：《中国金融发展的收入分配效应》，中国金融出版社 2013 年版，第 189 页。

③ 胡戎恩、赵兴洪著：《天使抑或魔鬼——民间金融实证研究与立法》，北京大学出版社 2014 年版，第 9 页。

为破除部门立法的利益阻隔,建议出台一部专门的《民间借贷法》,对主体市场准入标准、登记规则、业务范围、利率、退出机制、监督管理、法律责任等民间借贷的基本问题进行规定。鉴于民间借贷市场存在不同种类的借贷,“一刀切”式的利率不合时宜,本书建议将民间借贷进行细分,如分为生产性借贷、消费性借贷、小额信贷,分别实行不同的利率,以发挥利率的过滤与分流功能,引导民间资本的合理配置。由于生产性借贷、消费性借贷与小额信贷截然不同,分类规制的措施应具有差异化。例如,针对消费性借贷利率,可以在现有20%利率基础上调低利率上限,以15%~20%的法定利率为上限区间;再如,针对小额信贷利率,不应高于本国商业贷款利率的10个百分点。① 为了给市场稳定的心理预期,有必要在民间借贷的基本立法中确定合法利率区间、违法利率区间与犯罪利率区间,引入分类规制的思路,让民间借贷利率成为国家宏观调控的有力杠杆,而不再是悬在民间资本头上的“达摩克利斯之剑”。

2. 推进人民币汇率市场化形成机制改革

改革开放以来,我国积累了巨大的外汇财富,外汇储备规模持续多年世界第一。但按照现行人民币汇率的管制逻辑,外汇财富并没有使国内民众受益,反而是将国内财富源源不断地输送到了国外,尤其是美国手中,这是因为:一方面,我国通过低估人民币向美国等发达国家输送廉价商品;另一方面,又把出口所得的收入以外汇储备资产的形式投到美国的金融市场,向美国提供廉价的资金,从而使美国可以将其利率保持在低水平之上。② 这意味着,美国既消费了我国的廉价产品又使用了我国的廉价资金,而我国的国民却几乎没有享受到外汇财富的福利。改变这种悖论,需要对人民币汇率政策进行重大调整,包括从贸易导向转向市场导向、从偏向对国内生产者的保护转向同时强调对消费者的保护、从注重人民币均衡汇率的计算转向着眼于创造能形成均衡汇率的市场机制、从制度变革及经济转型的角度看待中国实行浮动汇率制度的问题等。③ 遏制人民币升值对国民财富的损耗,根本解决之道在于将中国人民银行的居民储蓄管理功能与货币政策实施功能分离,具体思路有两种:一是从外汇储备中分离出“财政储备”,由财政部门作为国民储

① 袁春湘编著:《民间借贷法律规制研究——以利率为中心》,法律出版社2015年版,第245~246页。
② 王广谦著:《金融体制改革和货币问题研究》,经济科学出版社2009年版,第402页。
③ 江春:“论人民币汇率政策思路的重大转变”,载《财经科学》2008年第1期。

蓄的管理者,为国民管理海外资产;[①]二是从外汇储备中分离出“国民储备”,让国民管理自己的海外资产,实现“藏汇于民”。从现实可操作性来讲,“国民储备”更为可行,宜成为制度努力的方向。外汇储备财富转化为国民财富的途径很多,如可以考虑建立行业创业发展基金、社会事业发展基金、财政转移支付专项基金等,尤其是在“人口老龄化”和“养老金缺口”的时代背景下,应当从外汇储备中剥离出一部分资产建立主权财富养老基金,以有效规避隐性债务风险,实现财富分配的代际公平。

3. 大力发展小额信贷与微型金融

小额信贷是运用有效的抵押替代方式向微型企业主或潜在的微型企业主发放和回收短期流动资金贷款的一种信贷方法。微型金融则是为贫困人口和低收入者提供包括贷款、储蓄、保险、汇款、转账等在内的各种金融服务。从制度变迁的角度来看,小额信贷与微型金融的延伸和发展就构成了普惠金融体系(inclusive financial system)或“全民金融”(finance for all)。[②] 小额信贷与微型金融既是一种扶贫方式,又是一种金融服务创新,其在国外的成功实践证明它们在改善社会弱势群体境遇方面具有强大的功用,对于改善城乡之间、不同地区之间以及不同阶层之间的收入分配具有重要意义。在我国发展小额信贷与微型金融,需要在治理结构等方面完善政府的帮扶体系、推进现有金融机构的服务与产品下移、加大财税政策的支持力度,但当务之急是解决融资问题。当前,我国既存在福利主义的小额信贷与微型金融,也存在制度主义的小额信贷与微型金融,[③]其中,以扶贫为主要目标的微型金融组织的资金来源多数是政府专项资金和国内外非营利组织的援助,可持续性和推广价值还有待观察;以商业化为导向的新型农村金融机构和小额贷款公司普遍存在资金规模小的情况,小额贷款公司“只贷不存”的特点限制了提供全面微型金融服务的能力。因此,建立多层次的资金来源,通过财政、税收、金

---

① 卢凌波:“预算稳定调节基金:财政储备还是预算调节”,载《财贸经济》2012 年第 12 期。

② “United Nations Development Programme”, Building Inclusive Financial Sectors for Development, 2006; Brigit Helms, “Access for all—Build Inclusive Financial Systems”, Published by CGAP, The WorldBank, 2006; Aslı Demirgüç - Kunt, Thorsten Beck, Patrick Honohan, “Finance for All?: Policies and Pitfalls in Expanding Access”, World Bank Publications, 2008.

③ 杨序琴:“小额信贷发展的占优均衡:福利主义宗旨与制度主义机制的有机融合”,载《金融理论与实践》2007 年第 2 期。

融政策，建立扶持微观金融发展的长效机制势在必行，也只有在解决了融资问题之后，小额信贷与微型金融改善收入分配的功能才能有效发挥。

4. 打造公开、透明、高效和市场化的资产定价机制

不合理的定价机制加剧了社会财富分配的不公，也使得资本市场的价格发现功能严重扭曲。产生这一问题的根源在于资本市场的功能定位存在偏差，即过于倚重经济功能而忽视社会功能。重塑资本市场的功能定位，需要实现几个转变：一是由对经济功能的过分倚重转向经济功能与社会功能的有效兼顾；二是由对企业融资功能的倚重向权利交易功能的回归；三是由对行政治理的倚重转向对价格市场发现功能的发掘。① 在过去，资产定价泡沫的泛滥是导致资本市场价格发现功能形同虚设的主要诱因，新股发行环节更是重灾区。2012 年 4 月，证监会公布了《关于进一步深化新股发行体制改革的指导意见》，对新股发行定价机制进行了重大改革，主要措施包括：扩大询价对象范围；提高向网下投资者配售股份的比例，建立网下向网上回拨机制；促进询价机构审慎定价；加强对询价、定价过程的监管；引入独立第三方对拟上市公司的信息披露进行风险评析。应该说，这些改革措施已经相当完善，不存在制度性缺陷和方向性问题，如果能够在实践中得到贯彻落实，则我国资本市场的股票定价机制将呈现出全新局面。从长远来看，我国资本市场有望成为全球金融创新的最佳试验场所，因此必须未雨绸缪地构筑金融衍生品定价的规制体系。金融衍生品发展的初衷是控制和转移金融风险，但事实上演变为金融危机的导火索，这主要源于金融衍生品定价遵循无套利均衡的假设，仅把标的金融资产价格作为一个外生变量，而不考虑行为主体的偏好以及真实的交易关系。强化对金融衍生品定价的法律规制，需要从强制信息披露、信用评级监管、投资者保护、会计准则、定价法律责任等方面采取有针对性的措施。②

① 冯果："资本市场为谁而存在——关于我国资本市场功能定位的反思"，载《公民与法》2013 年第 6 期。

② 冯博：《金融衍生品定价的法律规制研究》，西南政法大学 2010 年博士学位论文。

第八章 收入分配改革与金融市场的结构优化

金融资金、金融机构和金融工具均是金融市场的要素，金融资金的公平分享、金融机构的合理布局和金融工具的组合配置，归根结底需要诉诸金融市场的功能协调与结构优化。事实证明，运作良好的金融市场是获得经济高速增长的一个关键因素，而金融市场无法有效运作则是世界上很多国家至今仍陷入贫困的原因之一。① 我国收入分配的贫富悬殊与两极分化，与金融市场的功能失调及结构失衡有着莫大关系，值得深入发掘和条分缕析。

一、金融市场的结构性失衡

金融市场是一个复杂的系统，既可以视为金融商品交易的场所，也可以视为金融资产交易和确定价格的机制，还可以视为金融资产供求关系的总和以及债权与股权关系的总称。② 一个完善的金融市场必须具备交易主体、交易对象、交易工具、交易价格四大要素，只有通过立法对各类要素加以规范，克服市场规模狭小、不对称信息、道德风险等方面的难题，建立健全各类、各层次的金融市场，并依法严格监管和适度调控，才能形成统一开放、有序竞争、充满生机的市场局面，才能加速资金流动和有效配置，提高融资的可选择性和及时性，最终提高资金的运营效益，维护市场交易主体的合法权益。③ 但

---

① ［美］弗雷德里克·S. 米什金、斯坦利·G. 埃金斯著：《金融市场与金融机构》（第 5 版），张莹等译，机械工业出版社 2008 年版，第 2 页。

② 丁瑞莲著：《现代金融的伦理维度》，人民出版社 2009 年版，第 108 ~ 109 页。

③ 朱大旗著：《金融法》（第 3 版），中国人民大学出版社 2015 年版，第 8 页。

由于观念束缚、立法滞后、监管与调控乏力等因素，我国的金融市场面临一系列结构性失衡的制度困境，金融市场亦由此成为解读收入分配鸿沟的重要逻辑线索。

（一）间接融资市场与直接融资市场之间的比例失衡

长期以来，金融市场呈现出间接融资与直接融资的二元分野。[①] 间接融资是借款方与贷款方通过金融中介机构来实现资金有偿使用的一种资金融通方式，主要指向的是银行信贷融资。直接融资则是筹资方不经过中介环节而是直接经由金融市场从投资法吸纳资金的一种资金融通方式，主要指向的是资本市场融资。在西方国家的金融发展史上，由于直接融资的发展和金融管制的放松，间接融资比重不断下降，直接融资比重直线上升，融资结构越来越多的是从商业银行的融资走向资本市场或债券市场的融资，商业银行的信用媒介作用受到了空前挑战。[②] 与西方国家不同，在中国的融资结构中，银行信贷融资一直占据着绝对主导的地位，资本市场融资却严重不足。根据央行的统计，整个社会90%以上的融资都是通过银行贷款方式完成的，银行系统不但承担了短期流动性融资功能，而且承担了长期资本性融资功能。[③] 这种畸形的融资结构，使得金融风险过分集中于银行，使得金融市场的资源配置、财富再分配、风险再分配的功能难以得到充分发挥。正如美国经济学家保罗·克鲁格曼针对亚洲金融危机所分析的那样："东南亚金融危机的根本原因不是汇率失调，而是坏的银行制度。"就是因为过度地以银行为中心的金融体系、高度依赖银行信贷导致的"期限错配、货币错配"的资本结构，最终致使了金融风险集中在银行业，未能及时得到缓解和分散，进而造成东南亚国家的金融体系的崩溃。[④] 一个国家融资结构的形成，受制于经济、政治、社会、文化等多重因素的影响，且一旦形成即会产生制度惯性。从这个意义上讲，

---

① 有学者认为，除传统的银行间接融资和资本市场直接融资外，还存在"第三金融"，即集合理财产品、私募基金等融资形态。参见杨东："市场型间接金融：集合投资计划统合规制论"，载《中国法学》2013年第2期。也有学者认为，互联网金融模式是既不同于商业银行间接融资、也不同于资本市场直接融资的第三种金融融资模式。参见谢平、邹传伟："互联网金融模式研究"，载《金融研究》2012年第12期。

② 常健、管斌、饶常林著：《金融法学专论》，对外经济贸易大学出版社2010年版，第5页。

③ 中国人民银行金融市场司、中国人民银行上海总部金融市场管理部著：《2005年中国金融市场发展报告》，中国金融出版社2005年版，第89页。

④ 董安生、何以等著：《多层次资本市场法律问题研究》，北京大学出版社2013年版，第170页。

只要能够有效满足企业的融资需求,无须强调哪种融资方式的重要性,现行"重间接融资,轻直接融资"的模式未尝不可。但问题是,间接融资主导的融资结构非但不能因应企业的正常融资需求,还诱发了金融市场的深层次矛盾。以中小企业融资为例,目前大约占企业总数不到10%的大企业占用了80%以上的银行贷款,而几乎占企业数量90%的小企业只能获得不到20%的信贷资金,资金的严重不足直接制约了中小企业的发展。[①] 由于中小企业承载着为数众多的低收入人群的现实利益,而融资又是决定企业生存和发展的关键,中小企业贷款难由此成为加剧收入分配不公的重要制度性根源。因此,改变"重间接融资,轻直接融资"的融资结构,使其平行发展,为经济发展提供双重驱动机制,已经势在必行。

(二)直接融资市场内部各市场层次之间的发展失衡

近几十年来,在"投资者革命"和"股东积极主义"的助推之下,世界范围内出现了金融市场化浪潮,直接融资日益成为公司的主导融资形式,公司的资本结构发生了显著变化。[②] 所谓金融市场化,第一层含义是指在世界各国的金融体系中,资本市场相对于商业银行体系而言,规模越来越大,活跃程度越来越高;第二层含义是指对于促进实体经济发展的作用,资本市场相对于商业银行体系而言,发挥越来越重要的金融功能,以其架构精巧的杠杆体系推动着实体经济的发展。[③] 这种现象可以用金融机构的"非中介化"与"非银行化"进行概念描述。"非中介化"又称"脱媒",主要是指资金从金融中介流向金融市场,以银行为中心的传统金融体系正在转向以资本市场为核心的服务机构,传统的商业银行扮演的角色逐步弱化,优化社会资源配置的功能更多地依靠资本市场承担;"非银行化"则是指原来采取活期存款形式的金融资产纷纷逃离商业银行这个重要的金融中介,转而流向非银行金融中介和证券市场。[④] 在中国,金融市场化正处于深刻的历史进化之中,资本市场推动制度变迁的动力正在增强,大力发展直接融资已经上升为国家战略。如党的十

---

① 李昌麒主编:《中国改革发展成果分享法律机制研究》,人民出版社2011年版,第820~821页。

② 冯果、李安安:"投资者革命、股东积极主义与公司法的结构性变革",载《法律科学》2012年第2期。

③ Laeven, L., "Does Financial Liberalization Reduce Financial Constraints", *Financial Management*, Spring 2003.

④ 文静著:《金融机构"非银行化"发展研究》,东方出版中心2009年版,第36页。

六届三中全会提出："积极推进资本市场的改革开放和稳定发展，扩大直接融资。建立多层次资本市场体系，完善资本市场结构，丰富资本市场产品。"国务院2004年的《关于推进资本市场改革开放和稳定发展的若干意见》（即"国九条"）指出："统筹考虑资本市场合理布局和功能定位的基础上，逐步建立满足不同类型企业融资需求的多层次资本市场体系。"党的十八届三中全会通过的中共中央《关于全面深化改革若干重大问题的决定》指出："健全多层次资本市场体系，推进股票发行注册制改革。多渠道推动股权融资，发展并规范债券市场，提高直接融资比重。"这些"顶层设计"为拓展直接融资指明了前进方向，为企业融资勾勒了美好图景。然而，直接融资市场内部各市场层次间的发展失衡却是一个值得关注的隐忧。

相对于国际成熟的资本市场，我国以股票融资为主的资本市场和以集中竞价交易制度为特征的单一证券交易制度已经显得相当滞后，且我国资本市场融资多向国有企业和大中型企业倾斜，大量的中小型企业、民营企业和创业企业等新兴企业很难通过资本市场融资，交易市场单一、交易品种单一、交易制度单一使得资本市场的价格发现、资本配置、风险规避等功能大打折扣。[①] 就市场层次而言，按照正常的市场发展逻辑，债券市场的重要程度不亚于甚至超过股票市场，债券市场的规模和容量远远大于股票市场在发达资本市场司空见惯，但在"重股轻债"的观念束缚下，我国的债券市场长期落后于股票市场，呈现出品种单一、规模狭小、发育迟缓、管制严苛等症像，未能发挥资本市场"稳定器"的作用，在回应企业的融资需求方面乏善可陈。即使在股票市场内部，各层次市场间的发展也存在明显的失衡问题。从形式上看，目前我国的股票交易市场包括沪深主板市场、深圳中小企业板市场、深圳创业板市场和以原代办股份转让系统（旧三板）、中关村科技园区代办股份转让系统（新三板）、天津滨海新区非上市公司股权交易市场为代表的三板市场。但如果深入分析这些板块的话，不难发现市场分层的深度与合理性均值得检讨。其中，中小企业板与创业板的发行和交易制度几乎成为主板市场的翻版，仅在上市条件上有所下降，类主板化问题导致资本市场的重复建设和资源浪费。创业板、新三板的制度建设则

---

① 董安生、何以等著：《多层次资本市场法律问题研究》，北京大学出版社2013年版，第1～13页。

沿袭了证券法修改以前以场内交易为核心的思维模式，导致股票发行价格居高不下，股票供给与需求的矛盾不断激化。① 上述这些问题导致大量具备发展潜力的中小企业难以通过资本市场获取融资，使得中小企业贷款难更加雪上加霜，进而导致资本市场的财富分配功能走向了扭曲和异化。②

（三）二元金融结构视角下的区域金融市场结构失衡

自从诺贝尔经济学奖得主刘易斯于1954年开辟二元经济发展分析方法后，经济二元结构成为一个人们耳熟能详的概念。与经济的二元结构相对应，金融中也存在明显的二元结构，包括金融市场体系的二元结构、金融监管的二元结构和货币政策调控的二元结构。③ 早在1973年，肖和麦金农两位学者就指出，发展中国家“市场不完全”的一个重要表现就是存在两个割裂且无法形成统一的金融市场：一方面拥有少数现代化的、正规的金融市场和组织，被称为“有组织的金融市场”；另一方面存在大量落后的、传统的和非正规的金融活动，被称为“无组织的金融市场”。④ 两种金融市场的划分透视出思想的张力，对于今天的中国金融市场格局依然具有很强的解释力。有学者将中国金融体系的内在结构特征概括为“双重二元金融机构”：第一重二元对立结构是城市和农村金融体系的二元对立，第二重二元对立结构是农村金融体系中正规金融体系和非正规金融体系的二元对立。⑤ 事实上，作为一个正处于经济转型和社会转轨的国家，中国的金融发展生态呈现出更加混沌的景象，传统金融与现代金融、城市金融与农村金融、官方金融和民间金融、政府导向型金融和市场导向型金融等二元金融形态错综复杂地交织在一起，且

① 董安生、何以等著：《多层次资本市场法律问题研究》，北京大学出版社2013年版，第8页。

② 资本市场的财富分配功能，是由证券发行与证券交易所带来的货币资本运动所决定的。就证券发行而言，它不只是让发行人筹集到货币资本，从而调整了社会的资源配置，与此同时，它还在发行人与投资者之间进行着货币财富的分配。就证券交易而言，无论是股票交易还是债券交易，其交易本身既不会创造货币，也不会消灭货币，但由于交易价格的不停涨跌，交易的结果会造成货币财富在投资者之间进行再分配，使得他们有的赢利、有的亏损，这成为财富分配的重要形式。参见刘道远、王艳萍著：《中国多重资本市场建设法制创新研究》，知识产权出版社2011年版，第36页。

③ 邢会强：“金融法的二元结构”，载《法商研究》2011年第3期。

④ 曾康霖主编：《二元金融与区域金融》，中国金融出版社2008年版，第25页。

⑤ 王曙光等著：《普惠金融——中国农村金融重建中的制度与法律框架》，北京大学出版社2013年版，第26页。

正面临着动员金融向配置金融的艰难转型,非"双重二元金融机构"所能全部涵盖。[①] 本书无意于对金融二元结构进行分析和评判,仅选取区域金融这一金融法学界较少关注的视角切入,试图为收入分配改革提供空间维度的价值申说与方法理路。

中国收入分配的严重失衡可以从城乡收入差距、地区收入差距与行业收入差距三个维度进行观测。其中,不同的地区蕴含着不同的自然禀赋、制度文化和社会条件等,这些差别必然导致金融发展的不同状态,正如瑞斯托·劳拉詹南所言,尽管金融服务具有很大的自由流动性,但实际上不同地区的金融景观是完全不同质的,具有极端的异质性和不规则性,即金融服务业是具有明显地理特征的经济活动。[②] 按照金融地理学的观点,决定区域金融成长的一个关键因素是空间差异、空间过程与空间的相互作用,金融发展要适度差异、协调发展、提倡共生和系统优化。在金融地理学视角下,"位置"是有特定蕴意的,不仅为人们提供生活空间,还是人们价值观念与经验的汇集点。区位是人与空间的紧密结合,区位发展的关键是看信息资产与地理资产的状况,信息资产是人的行为、思想和意识粘合在特定空间形成的有价值的信号流,地理资产则指向的是资源禀赋,包括人力资本、自然资源等。[③] 我国西部的农村地区之所以成为收入分配中的重灾区,与信息资产的匮乏、地理资产的低劣有很大的关系。以西北民族地区为例,由于教育水平、生态环境、社会发展、基础设施建设等因素的制约,这些地区的正规金融机构普遍存在服务能力不足、覆盖面低、财务可持续性差等问题,甚至存在大量金融服务空白区,导致非正规金融活动的滥觞。西北民族地区的贫困带有鲜明的"族群型贫困"特征,即由于整个族群在生产方式、文化、宗教信仰、习俗、生活方式等方面的历史原因造成的贫困。族群型贫困已成为影响和谐社会建设与民族发展繁荣的重要障碍之一,必须提高到国家战略与民族和谐的角度去认识。[④]

---

① 关于中国金融转型的深入分析,可参见丁骋骋:"百年中国金融:转型与发展——近代以来中国金融业三次转型的政治经济学分析",载《经济学家》2014 年第 1 期。

② 曾康霖主编:《二元金融与区域金融》,中国金融出版社 2008 年版,第 64 ~ 65 页。

③ 同上,第 68 ~ 69 页。

④ 王曙光著:《告别贫困——中国农村金融创新与反贫困》,中国发展出版社 2012 年版,第 5 ~ 6 页。

二、优化金融市场结构的路径选择与法律保障

鉴于金融市场结构性失衡是造成收入分配鸿沟的重要诱因，优化金融市场的结构自然成为破解收入分配难题的重要路径选择。笔者认为，多层次资本市场的构建、区域金融的合作与协调、民族金融的培育与发掘是当前优化金融市场结构的主要着力点。

（一）多层次资本市场的构建

一个成熟的资本市场，必然是多层次、多元化、功能多样化的市场，不同层次市场之间形成合理分工，能够互联互通，可以充分满足不同发展阶段企业的融资需求。多层次资本市场分工上的差异体现在：上市条件各不相同，以满足不同类型和规模的融资者的需求；投资风险多样，以满足不同风险偏好、不同信息成本的投资者的需求；交易规则灵活有变，以促进不同性质和规格的中介机构多元功能的发挥；监管要求不同，以促进监管规则的科学性，降低监管成本，提高监管的效率和质量；信息披露规则不同，以适应不同层次市场不同风险程度的要求，有效保护不同投资者的合法权益。[①] 多层次资本市场功能上的差异体现在：主板市场应定位于为市场化阶段和产业化阶段后期的成熟企业进行融资和股权交易服务；创业板市场应定位于为处于幼稚期后期和产业化阶段前期的成长性企业、高新技术企业、民营企业和中小企业提供融资和股权交易服务；三板市场应定位于为处于初创阶段和幼稚阶段前期的企业进行融资和股权交易服务；债券市场应定位于通过固定收益类产品为企业提供债权融资服务并发挥资本市场“稳定器”的作用；金融衍生品市场应定位于为资本市场提供流动性，发挥转移和规避系统性风险以及价格发现功能。只有分工差异与功能差异明确且合理，多层次资本市场的整体效应才能得到释放，推动制度变迁的角色才能归位和夯实。下面以股票市场和债券市场为切入，分析各自的功能优化对于收入分配改革的特别意义。

与西方国家股票市场的制度变迁轨迹不同，中国股票市场属于典型的政府主导下的强制性制度变迁，从一开始就被打上了政府干预的烙印。政府作为股票市场的发起者，又是国有产权的所有者，加之企业的融资需求与地方

① 董安生、何以等著：《多层次资本市场法律问题研究》，北京大学出版社 2013 年版，第 237 页。

政府利益等诸多因素的影响，便形成了以向国有企业提供融资渠道助其脱贫解困为主要目的的沪深两市并存的股票市场基础格局。从制度变迁的源头上，中国的股票市场就存在两大隐患：一方面，股票市场建立的初衷是为国有企业开辟融资渠道，忽略了企业机制转换、市场风险管理、优化资源配置、投资者合法权益保护等股票市场的根本宗旨；另一方面，深沪两市之间缺乏竞争，功能重叠，内耗严重，规则设计与人员管理等非市场成本消耗过大，阻碍了全国统一股票市场的形成。[①] 再加上其他市场萎缩或缺位，使得单一股票市场的融资功能严重不足，不能为适格的企业提供合适的融资场所，违反了为所有企业都要创造融资机会的原则，基本剥夺了中小企业和不成熟企业通过股票市场直接融资的机会。[②] 创业板本来承载着中小企业融资的新希望，但开闸之后的创业板异化为嗜赌成性的投机市，强烈的套现意愿源源不断地将市场的流动性抽干，畸高的市盈率、不合理的创富效应和离奇的超募现象，揭示出创业板制度设计中的重重问题。[③] 可以说，现行的主板市场加剧了国有企业与民营企业之间的收入分配鸿沟，创业板市场则成为投机者和权贵的乐土以及财富畸形分配的场所。在收入分配改革的语境下，有必要对股票市场的现实格局进行功能重构与业务整合，具体思路是：将上海证券交易所定位于股票市场的主板市场和蓝筹股市场，将深圳证券交易所主板上市公司移至上海证券交易所，扩大上海证券交易所作为主板市场的容量和融资能力，将其培养成具有国际竞争力的证券市场，同时，对深圳证券交易所现有的中小企业板和创业板进行整合，充分利用网络技术、风险投资等先进因素，吸取国际市场经验，将其打造成为真正意义上的创业板市场。[④] 无论是主板市场还是创业板市场，现行的法律规则均存在重大缺陷，需要检讨与重塑。以创业板为例，实践中存在的高管道德风险、超募、造富神话、PE 腐败、高市盈率、高成长神话“见光死”、高估值、利益冲突、“主板化”等问题都反映出创业板的法律制度设计不健全，需要对创业板市场的发行制度、上市审核制度、交易

---

① 董安生、何以等著：《多层次资本市场法律问题研究》，北京大学出版社 2013 年版，第 237 页。

② 刘道远、王艳萍著：《中国多层次资本市场建设法制创新研究》，知识产权出版社 2011 年版，第 12 页。

③ 同上，第 253 页。

④ 董安生、何以等著：《多层次资本市场法律问题研究》，北京大学出版社 2013 年版，第 38 ~ 39 页。

制度、监管制度进行完善,引入发行注册制度和证券商报价制度,采用新的发行定价技术,优化投资人结构,强化保荐人责任,使功能重构与业务整合后的创业板能够有效满足不同企业的融资需求。

在"重股轻债"的路径依赖下,大力发展债券市场,为企业融资开辟新的融资渠道,对于改善收入分配状况有着极为重要的意义。众所周知,我国现行的债券市场呈现出鲜明的"市场分立与监管竞争"格局,即在市场结构上,交易所市场与银行间市场分立;在监管体制上,发改委、证监会和人民银行分别主导不同的监管规则。[①] 交易所债券市场尽管属于场内交易市场,但发展远远滞后于银行间债券市场这一场外交易市场。据统计,到 2012 年年末,交易所债券托管量为 9986.8 亿元,仅占我国债券市场总托管量的 3%,债券交易量为 34.7 万亿元,仅占我国债券市场总交易量的 14%;银行间债券市场的交易量达到 212 万亿元,占全部债券交易量的比重达到 86%。[②] 交易所债券市场发展滞后,源于过度的政府管制。以公司债券为例,公司债券市场的发展未如预期地实现资源的有效配置和风险的适当分担,反而随着市场规模的扩大,其投融资功能渐渐失调,投资者保护有所变味,风险隐患日显。具体体现在:公司债券发行门槛过高过严,剥夺中小企业的融资权,限制了发行人的负债自主权;公司债券公开发行采用核准制,增加公司融资成本和不确定性,扭曲了市场中介的作用;公司债券缺乏契合债券属性的信息披露规则,不利于投资判断,也不利于违约违规行为问责;公司债券缺乏投资者融资准入安排,市场发展侧重防范风险,投资者保护机制未能发挥作用;债券规则止步不前,固守计划经济下管制思维,遏制债券市场创新,也难以一统债券市场秩序。[③] 银行间债券市场迅速发展的背后,该市场特殊的投资者结构事实上削弱了其对于发展直接融资的积极作用。由于中期票据和短期融资券目前仅在银行间债券市场发行,绝大部分只能由银行购买且长期持有,这只是将银

---

① 监管竞争包括三个要素:法律制度的差异性、对不同法律制度的选择权、政府部门的回应,前两项要素界定了投资者对法律制度的选择空间,第三项要素反映了政府行为的选择,即监管竞争所引致的制度变迁。参见时晋、吴锦宇、曾斌:"市场分立与监管竞争——中国公司债券市场发展的法经济学研究",载王卫国主编:《金融法学家》(第 4 辑),中国政法大学出版社 2013 年版,第 354 页。

② 沈炳熙、曹媛媛著:《中国债券市场 30 年改革与发展》(第 2 版),北京大学出版社 2014 年版,第 24、34 页。

③ 洪艳蓉:"《证券法》债券规则的批判与重构",载《中国政法大学学报》2015 年第 3 期。

行资金在形式上从间接融资转变为直接融资,并没有改变融资结构失衡的现状。改变债券市场的结构性失衡困境,需要理顺场内市场与场外市场的关系:对于以个人投资者为主的交易所债券市场,应当进一步放松行政管制,降低市场准入门槛,完善信息披露制度,落实投资者保护机制,实现风险可控的有序发展;对于以机构投资者为主的银行间债券市场,应当放宽准入限制,突出监管规则适用的可选择性,满足投资者多样化的投资需求,由投资者根据收益与风险的权衡对债券产品进行定价。同时,通过债券的统一托管,让投资者可以通过一个债券托管账户实现所持各种债券在不同市场的交易,实现两个债券市场的互通互联。

需要强调的是,多层次资本市场的构建须臾离不开法律的保障。市场经济是法治经济,法律是市场经济发展的支持性资源,法律制度建设构成了多层次资本市场建设的核心。当前的中国资本市场,正处于由"新兴加转轨"市场到成熟市场的转变过程中,面临着深刻的利益调整与制度变革。如果没有金融法治的保障,则资本市场极易陷入结构混乱、秩序扭曲、利益失衡的困境。检视现行的资本市场法律供给,不难发现尚存在诸多局限和缺漏,如交易市场、交易品种、交易制度的单一,转板机制的缺失与退市机制的不畅等,限制了资本市场融资功能和资源优化配置功能的发挥。建构与多层次资本市场相契合的资本市场法制,需要妥善处理好市场自治与国家干预的关系,既在形式上体现健全严整的要求,又在实质上体现转型中国社会的资本市场发展需要和法秩序建构原理,以法律制度体系的科学性与合理性回应市场诉求。

(二)区域金融的合作与协调

由于中国经济社会发展的不平衡,金融资源配置必然体现出区域差别,尤其在东部地区和西部地区之间,金融市场的发展不可同日而语。金融资源空间差异的本质是金融功能在空间的延展或转化,区域的金融功能变化必然会影响服务和效率的差异,从而产生金融排斥问题,部分区域和人群无法获取便捷的金融服务,进一步引发社会排斥问题,弱势群体与强势群体日益被区隔,潜藏社会危机。[①] 为了弥合不同区域金融断裂的空隙,必须引入"区域金融合作"与"区域金融协调"的理念与制度,从金融分割走向金融一体化。

---

① 曾康霖主编:《二元金融与区域金融》,中国金融出版社 2008 年版,第 91 页。

所谓区域金融合作,是指政府、金融机构等不同区域的金融主体为了追求各自利益而在金融领域的合作,旨在促进区域之间的金融资源、金融信息和金融技术的流动,优化金融资源的空间配置。所谓区域金融协调,是指国家通过专门立法的形式确定具有强制约束力的运作规则,使得区域各方在质上相互适应,量上比例合理,功能上相互配合和补充,职能上相互协作和促进,从而形成一种良性有序、正向互动的循环态势,最终实现二者的合作均衡与可持续发展。[①] 在国际范围内,区域金融合作与协调是一种常见现象,欧洲金融一体化无疑属于区域金融合作与协调的典范。以金融监管为例,欧盟在2008年的金融危机过程中进行了卓有成效的区域型的金融统合监管改革,措施涵盖金融监管主体的集中、金融监管范围的扩大、监管重点的明确、监管形式的创新等方面,这些改革措施都是围绕着"构建统一的欧能金融监管体系"这一主旨展开的,突破了欧盟成员国的国家界限,很多制度设计带有明显的超国家性质,为区域金融合作与协调积累了宝贵经验。[②]

我国的区域金融合作与协调近年来呈现出蓬勃发展趋势,以长三角、珠三角、环渤海等区域为典型。这些区域金融合作与协调普遍涉及区域金融合作协调机制的建立、金融机构间的信息共享与利益协调机制的建立、区域金融市场联动机制的建立等方面,对于克服金融割据、促进金融一体化具有重要意义。然而,综观目前的区域金融合作与协调,问题重重,难以在实质上起到优化金融资源区域间优化配置的作用,对于改善地区之间的收入分配状况收效甚微。就区域金融合作而言,存在的问题主要包括合作层次较浅、合作形式单一、缺乏科学规划与制度保障等。就区域金融协调而言,存在的问题主要包括金融机构恶性竞争、金融监管法律冲突、监管真空与监管套利等。在收入分配改革语境下,推进区域金融合作与协调,需要在下列几个方面进行制度突破:首先,出台区域金融合作与协调的专门立法,为金融资源的区域流动与优化配置提供"金融法律基础设施"。现行的区域金融合作与协调体现出强烈的政策主导色彩,往往借助于地方政府的推动,缺乏稳定性。以专门立法形式推动区域金融合作与协调,有助于形成金融资源跨区域的合理配

---

① 曾康霖主编:《二元金融与区域金融》,中国金融出版社2008年版,第207页。

② 杨东著:《金融服务统合法论》,法律出版社2013年版,第531~532页。

置机制,能够有效调整区域金融的边际均衡。其次,明确地方政府与监管部门的角色定位,为区域金融合作扫除障碍。地方政府与监管部门作为政策的制定者,在区域金融合作中,应着力增强调控与协调作用,加强区域内信贷政策与产业政策的协调,在政策和体制上确立金融合作框架,搭建金融联动平台,协调区域金融合作中的矛盾冲突,解决金融基础设施建设上的问题,为市场机制发挥作用扫清障碍。① 再次,区域金融合作应兼顾各方的利益平衡,强调合作方的协调沟通,适当考虑违约惩罚机制,确保区域金融合作的可持续性。尤其是在设计利益均衡机制时,务必要合理定位各地区的角色,提倡错位竞争,平衡好发达地区与落后地区的利益分配,使各区域能够实际分享到区域金融合作的成果。最后,建立区域金融协调发展机制,填补监管真空,规制监管套利,实现金融机构、金融业务与金融市场的协同发展。区域金融协调发展机制既涉及银行、证券、保险、信托两两之间的协调,又涉及银行、证券、保险、信托的综合协调,还涉及区域金融监管机构之间的协调,是一个复杂的系统工程。面对已成定局的混业经营实践却恪守分业监管的金融立法,构建区域金融协调发展机制的当务之急是建立金融稳定联席会议制度、金融风险预警和监测制度和信息共享制度,控制地方金融风险,维护区域金融稳定。

(三)民族金融的培育与发掘:以伊斯兰金融为例

在 2010 年 7 月 5 日举行的西部大开发工作会议上,时任中共中央总书记的胡锦涛同志指出:"没有西部地区的稳定就没有全国的稳定,没有西部地区的小康就没有全国的小康,没有西部地区的现代化就不能说实现了全国的现代化。逐步缩小地区发展差距,实现全国经济社会协调发展,最终实现全体人民共同富裕,是社会主义的本质要求,也是关系我国发展全局的重大问题。"西部地区作为民族、宗教状况错综复杂、少数民族人口集中和经济社会发展落后的地区,其金融发展难以完全照搬传统的金融模式,必须在尊重不同地区、民族的自然、原始、人文及历史差别,采取差异化的制度安排。本书以伊斯兰金融为例,求证民族金融的培育和发掘对于弥合地区收入分配鸿沟的制度意义。

---

① 曾康霖主编:《二元金融与区域金融》,中国金融出版社 2008 年版,第 201 页。

伊斯兰世界的金融体系最早可追溯到伊斯兰教创立初期，但是直到20世纪60年代才逐渐发育成熟并重新进入发展轨道，至70年代随着伊斯兰复兴浪潮和中东产油国大量石油美元盈余的增加，伊斯兰金融和银行体系进入了快速发展时期，伊斯兰金融服务业持续保持两位数的增长。据英国伊斯兰金融秘书处2013年上半年不完全统计，相比金融危机前2006年的约0.5万亿美元，世界范围内伊斯兰金融资产增长了近3倍达到了约1.9万亿美元。在数十年的伊斯兰金融业发展历程中，针对以银行业为主体的伊斯兰金融监管，历经了从无到有、逐步完善，迈向国际化的发展趋向。伊斯兰金融服务委员会（Islamic Financial Services Board，IFSB）是重要的伊斯兰国际组织，该委员会致力于伊斯兰金融尤其是银行业统一监管体系的构建。2009年，我国批准了宁夏银行试点伊斯兰金融业务。

相较普通银行，伊斯兰银行有其独特的经营特点：(1)伊斯兰教禁止接受和支付利息，伊斯兰银行所有业务操作必须在不含有任何与利息相关的要素下进行。绝大多数的沙利亚学者认为不仅涉及利息的实施操作是不道德的，而且成为社会道德败坏的源头。[①] 他们认为任何事先确定的、固定的利息都应被禁止。伊斯兰金融思想否认利息是货币资本的价格及以利率为基础的货币资本定价机制。同时，认为货币是具有潜质的资本，即只有当货币参与实在的经济生产活动时，才能成为真实的资本。(2)伊斯兰金融主张借贷双方风险共担和利润共享。传统以利息为基础的借贷关系，不论经营效果如何、生产活动是否顺利完成，借方都必须按期偿还本息。伊斯兰金融则认为，公平的借贷关系应当使借贷双方成为合作伙伴，双方合资经营，共担风险，共享利润。投资活动产生的利润属于劳动所得，是正当收益。(3)金融活动以实物资产为基础。伊斯兰银行的所有交易都必须以实物资产为基础，银行产品和服务应当对应实物资产，利润一般设计成收益分成、租赁收入等形式，按照教法精神，伊斯兰银行禁止从事高风险的金融衍生品交易。(4)禁止涉足违反教规的产业和领域。伊斯兰金融业只能从事符合教法的商业活动，不得涉足猪肉、烟酒等产业，特别是向军火和人类基因工程领域投资、提供金融服

---

① 沙利亚学者指精通伊斯兰教法和伊斯兰商法等方面专业知识的学者。根据伊斯兰金融机构会计和审计组织的建议，能够进入沙利亚董事会的学者应当在伊斯兰经济裁判和普通金融领域里都拥有必要专业知识。

务,严禁从事如赌博等纯粹投机性交易活动。(5)利润和道德并重。伊斯兰教法鼓励债权人对困难、弱势群体,因各种客观原因不能偿还的债务予以减免、宽限债务偿还期限,或者以物抵债的方式偿还债务。倡导具有宗教信仰约束力的社会义务存款,向贫困阶层提供无息贷款。(6)设立沙利亚董事会(Shariah Board)。沙利亚董事会也被称为伊斯兰教法委员会(Shariah Advisory Council),是具有宗教性质的监督机构,它的主要职责是确保金融产品与伊斯兰教法相一致,并对金融机构持续经营过程中遵守教法的情况进行监督。

与普通金融机构相同,伊斯兰银行的主要功能是将存款引导至需要资金的主体手中,资产用于有利可图的用途。提供任何金融服务和产品之前,伊斯兰金融机构应当检验是否符合伊斯兰教法的基本法源——《古兰经》(Quran)和《圣训》(Sunnah)的精神。尽管《古兰经》和《圣训》中许多章节都有关于商业基础和经济交往的规定,但是这些规则基本上与现代金融领域没有太多关联,因此,沙利亚学者通过类比和集体协商决议等方式,推导出符合伊斯兰教义并且适应现代金融体系规则的商业原理。伊斯兰银行体系所使用的金融商品和服务,从原理上可以分为盈亏共担原理、买卖原理、租赁原理和免费服务原理。

伊斯兰银行金融服务原理主要表现为以下特征:(1)盈亏共担主要包括股份参与(Musharaka,穆沙拉卡)和利润分享(Mudatabah,穆达拉巴)两种形式。股份参与是银行以参与股份的方式与企业合作,共同实施发展项目,双方都缴纳合作项目所需的资本,根据事先议定的比例共享利润,共担风险。股份参与在运营中分为永久参与、临时参与和递减参与三种方式。利润分享是一方向另一方提供资金,由后者向特定企业投资,并在协议中约定盈亏分配比例的合作关系。(2)买卖原理的典型形式是成本加利润销售(Murabaha,穆拉巴哈)的融资方式,该方式是指在商品的销售价格是购买时的价格再加上双方同意的边际利润。伊斯兰银行基于成本加成的穆拉巴哈合约形式,通过即期交割和延期付款或者分期付款的方式达成货物买卖的融资方式。不少沙利亚学者认为,成本加利润融资方式不是伊斯兰金融的理想模式,本质是规避利息的工具,只能在股份参与和利润分享难以操作的情况下使用。(3)租赁(Ijarah,依吉拉)原理是指涉及一项财产的使用者和所有者不同的合约或者销售业务。伊斯兰金融机构根据客户的需要购买某项商品或资产，在特定的时间内租赁给客户并收取租赁费，且拥有该资产的所有权，并承担相应风险和责任。该方式主要运用于飞机、船舶和机器设备的融资。(4)免费服务主要是指伊斯兰银行的无息借贷(Qard Hassan，卡德-哈桑)伊斯兰银行广泛运用无息贷款来履行他们的社会责任。例如，巴基斯坦伊斯兰银行根据这一原则，帮助它的那些面临财务困难的中低收入阶层客户。这种融资方式通常也在很多国家用于发展和援助小微企业。[①]

检视伊斯兰金融的上述特性与服务原理，可以发现伊斯兰金融亲润着金融公平的伦理价值，饱含公平信贷和服务于实体经济的朴素精神，契合了金融包容的人文情怀。在2008年席卷全球的金融海啸中，伊斯兰金融凭借禁止收取和支付利息这一核心规则避开了很多危险的金融衍生品，教法委员会的特有治理机制防止或减少了管理层损害股东、投资账户持有者及存款人利益的可能性，进而使得伊斯兰金融成为金融危机的幸存者。[②] 这充分说明，即使在金融全球化的时代背景下，伊斯兰金融依然彰显出其现代价值。在通过"金融扶贫"来改善民族地区落后经济社会发展状况的背景下，我们应当大力扶持包括伊斯兰金融在内的符合各民族特点的金融服务形式，促进民族地区的金融发展，为缩小地区之间的收入分配水平寻求突破口。

---

① 杨为程："关于对伊斯兰银行监管问题的分析——基于伊斯兰金融服务委员会监管框架的视角"，载《西安财经学院学报》2014年第6期。

② 孙健芳："伊斯兰金融：幸存者的生存法则"，载《经济观察报》2009年6月29日版；田中禾："伊斯兰银行业公司治理：理论与实践"，载《国际金融研究》2011年第1期。

第九章　收入分配改革与金融法知识谱系的转型

党的十七大报告指出，必须在经济发展的基础上，更加注重社会建设，着力改善和保障民生，推进社会体制改革，扩大公共服务，完善社会管理，促进社会公平正义，努力使全体人民学有所教、劳有所得、病有所医、老有所养、住有所居，推动建设和谐社会。党的十七届五中全会在中共中央《关于制定十二五规划的建议》中也明确提出了把坚持和改善民生作为加快转变经济发展方式的根本出发点和落脚点。可以说，我国已跨入全面改善民生的新时代，民生呼唤成为突出的时代特征，民生诉求成为收入分配改革的强大动力。关注民生、重视民生和保障民生离不开强有力的金融支持，金融也应当积极回应民生诉求以强化其时代适应性品格。面对民生金融这一厚重的时代命题，法学界不应"集体失语"，而应有所作为和建树。

一、背景与问题：金融法知识谱系转型的语境

伴随金融在社会经济中所起的主导作用日愈凸显，人类已经别无选择地走进了一个问题丛生和风险重重的"金融社会"，即几乎所有的社会资源都要通过金融的作用在社会各部门、各群体、各组织之间进行转移，甚至人的生命（如人寿保险）、住房、医疗等也要纳入金融活动中。[①]"金融社会"的运作逻辑可以概括为"金融社会化"和"社会金融化"两个过程，其中"社会金融化"是指社会行为遵循金融方式和规则的过程，"金融社会化"则是指金融机

① 丁瑞莲著：《现代金融的伦理维度》，人民出版社2009年版，第12页。

构和社会成员共同形成有助于经济社会发展的金融环境和金融行为的过程。尽管这是一个相反的过程,但二者在反映金融与社会之间的共生关系上却存在异曲同工之妙。“金乃货币,融即通达。金融形成于货币成员间的货币流通、信用交易等经济活动,其发展必须立足国情、世情,在促进社会发展中实现自身的长足发展。”[①]一旦脱离社会化轨道,金融将沦为“恃强凌弱”的工具和“劫贫济富”的帮凶,为权贵资本主义所利用。2008 年的全球金融海啸,某种意义上就是金融过于追求“富贵化”而偏离社会化的后果,是华尔街的社会精英贪婪无度而忽视民生所酿成的金融伦理悲剧,需要人们认真检讨和深刻反思。

进入 21 世纪之后,金融社会化与社会金融化已经演变成为社会发展的重要趋势。社会金融化凸显的是社会运作逻辑背后的金融因素,尤其强调金融对社会行为方式的决定性作用。众所周知,金融是现代社会最基本、最活跃的经济要素,是一种稀缺性的战略资源,它既是资源配置的对象,也是配置其他资源的方式或手段,对金融资源的占有在很大程度上就意味着叩开了财富和机会的大门,正如有学者所言:“当融资变得更加容易后,创造财富主要依靠技能、创新思想和努力工作,而不是已有的财富。”[②]其实,金融的功能还具有超越经济之上的政治与社会含义。考察金融发展史,不难发现金融发展与工商文明改变了个人权利、个人自由在西方文化中的地位,改变了市场与政府间的边界,对一国的现代法治与民主宪政有着深远的促进作用。[③] 正是基于金融有如此重要的功用,才需要强化金融的社会属性,防止金融机构的经营变异,矫正失衡的金融资源配置机制,使金融成为推进社会经济健康发展的重要动力。金融社会化则强调的是金融发展的社会价值旨向,即将社会责任视为金融发展的重要组成部分,实现金融与社会经济的良性互动与融合发展。金融从来不是脱离社会价值的孤立存在,金融也只有回归到社会化轨道才能彰显其制度正义价值。这是因为,金融关系所反映的是人与人之间信

---

① 邹力行:“金融社会化和社会金融化”,载《科学决策》2011 年第 3 期。

② [美]拉古拉迈·拉詹、路易吉·津加莱斯著:《从资本家手中拯救资本主义》,余江译,中信出版社 2004 年版,第Ⅶ页。

③ James Macdonald,“A Free Nation Deep in Debt: The Financial Roots of Democracy”,*Princeton University Press*,2006,p. 87.

用活动的相互关系,而“在多数社会,信贷关系的兑现不是通过黄金转让执行的,而是凭借土地法与习俗和社会压力”。① 金融制度的具体安排包含了在一个特定的社会阶段里所通行的思维习惯,而社会道德价值则是支配这种思维习惯的根源,因为“在我们把自己托付给某种世界观时,我们使自己和他人的生活承担了风险。我们所投身的世界观将帮助我们决定要成为什么样的人以及我们利用生命的方式”。② 金融的这种伦理精神契合了金融的民生诉求,使得民生金融具有了天然的正当性。

回到中国的现实语境,尽管我们依然面临着金融深化的繁难任务,但随着经济金融化的不断深入和公众金融资产的不断增加,社会金融化正在成为一个不争的事实。与此相反,金融社会化的发展程度不容乐观,民生金融的进展状况令人堪忧。例如,在农村地区,由于小额信贷和微型金融的发展滞后,贫困农户的借贷受到明显的金融排斥,作为基本人权的信贷权没有得到践行和落实。再如,现行的证券发行市场成为资金流失的重要场所,上市公司成为了大股东的“提款机”,广大中小投资者却难以分享到实际利益。金融资源配置的严重失衡践踏了社会的公平正义,背离了金融法制的人文精神,也与民生金融的价值追求格格不入。我国正处于矛盾频发的社会转型期,如果任凭金融资源配置扭曲和异化,则势必会动摇金融发展的社会与经济基础,诱发潜在的利益冲突,正如韦伯所言,“由于社会转型期为权力、财富和声望等社会稀缺资源的重新分配提供了较大的机会和可能性,刺激和鼓噪起了社会成员对权力、财富和声望的强烈欲求,加上权力、财富和声望的高度相关性及其垄断性与变动性的矛盾,常会引致社会冲突”。③ 在构建和谐社会的背景下,更应该树立民生金融的理念,强化金融的社会性,彰显金融的平民化和大众化,通过有效的金融制度安排,加强弱势领域的金融法律支持,扶持弱势产业、弱势群体和弱势地区的发展,调整金融资源的布局和分配,寻求和构建普惠型的金融资源配置模式。

---

① [美]马丁·舒贝克著:《货币和金融机构理论》,王永钦译,上海三联书店、上海人民出版社2006年版,第375页。

② [美]查尔斯·L.坎默著:《基督教伦理学》,中国社会科学出版社1994年版,第24页。

③ [美]乔纳森·H.纳特著:《社会学理论的结构》,吴曲辉等译,浙江人民出版社1987年版,第171~172页。

二、民生金融法：金融法知识谱系转型的方向

面对实践中风生水起的民生金融，法学界却表现出惊人的迟钝和冷漠，以至于这方面的学术研究成果寥寥，甚至沦为学术丛林中的荒芜之地。在“民生支持是金融的新担当”的价值预设下，有必要“重拾一种被放逐的知识传统”，深入研究民生金融的制度要素与运作机制，以拓补金融法的研究空间。

（一）融资权是一项基本人权：民生金融的制度驱动机制

尽管人权概念的内涵与外延素有争议，但将生存权与发展权视为人权最主要的内容却是共识，而融资权具有明显的发展权性质。在20世纪30年代经济大萧条时期，美国总统富兰克林·罗斯福在就职演说中把旧“四大自由”改成了新“四大自由”——言论自由、信仰自由、免于匮乏的自由和免于恐惧的自由。“免于匮乏”的观念是对自由放任的思想基础——社会达尔文主义的一次重大修正，公民享有“免于匮乏的自由”意味着摆脱贫穷不再是个人的行为，政府应该承担起保障人们免于贫困的责任。[①] 赋予贫困人群融资权正是对“免于匮乏的自由”的积极回应，也是社会弱势群体得以改善生存与发展际遇并获取人格尊严的重要手段。这一权利概念的提出，也是对一些国家金融实践并经联合国倡导的普惠性金融体系的实质性呼应。早在20世纪70年代，孟加拉的默罕默德·尤努斯教授创立的格莱珉银行贷款项目就开始了面向贫困农民的小额贷款实践，如今该国农村小额信贷的贷款对象中95%以上是贫困妇女，甚至有超过17,647个乞丐获得了贷款。对此，尤努斯教授认为，每个人甚至乞丐都应该有获得金融服务的权利，只有每个人拥有获得金融服务的机会，才能让每个人有机会参与经济的发展。[②] 除了具备发展权的属性，融资权还具有平等权与社会权的人权属性。在亚里士多德看来，“平等的含义就是相类似的事物受到相类似的对待；与此相反，不相同的事物应根据它们的不同而予以不相同的对待”。[③] 法律面前人人平等几乎是

---

① 资中筠：“也谈罗斯福‘新政’”，载《国际经济评论》1998年第7期。

② ［孟］默罕默德·尤努斯著：《穷人的银行家》，吴士宏译，生活·读书·新知三联书店2006年版，第218页。

③ 周勇著：《少数人权利的法理》，社会科学文献出版社2002年版，第19页。

任何一部现代宪法所确立的基本原则,人不应因禀赋的差异而受到不平等的对待。但"人生而自由,却无往不在枷锁之中",人总会在"弱肉强食,适者生存"的法则中出现分化并诱发实质上的不平等现象,金融资源占有的严重不均即为明证。这就需要政府充分利用金融法的利益再分配功能,矫正金融"嫌贫爱富"的不平等倾向,确保人人享有平等的融资权,[①]实现金融资源分配的相对合理性。社会权是指"基于福利国家或社会国家的理念,为使任何人都可以获得合乎人性尊严的生存,而予以保障的所有权利的总称。"[②]弱势群体的融资权是一种社会权性质的新型人权:它以社会弱势群体为权利主体,与社会权所追求的谋求全体国民幸福的福利国家观一致;它在权利内容上强调国家对社会经济弱者进行保护和帮助,体现了社会权维护社会整体的安全与和谐的价值目标。[③] 虽然我国还不具备推行"福利国家"的条件,但融资权的价值旨趣无疑与"福利国家"的理念相契合。将融资权置于人权的高度加以认识和推进,使得民生金融获得了强大的正当性与合法性支持。我国已经加入了《公民权利和政治权利国际公约》和《经济、社会和文化权利公约》,保障和尊重人权不仅事关人民福祉,而且也涉及国际社会的评判。推行民主、保障民权和改善民生已经成为世界性的主题,我国应当充分利用这一驱动机制推动民生金融的深入开展,走出金融发展"富贵化"的悖论,以建设普惠金融体系为目标提供全民享受现代金融服务的机会和途径。

(二)民生的疆域厘定:民生金融的制度调适机制

迄今为止,"民生金融"尚无权威官方解释,但在大力加强民生金融支持的背景下,这是一个绕不开的话题。任何定义都是危险的,概念的内涵与外延总会随着时间的流逝而呈现出不周延性。在对"民生金融"进行定义显得困难重重时,通过"民生"范围的限定来厘清民生金融的疆域,是一种可行的逻辑认知理路。

从语源上看,"民生"一词最早见于《左传·宣公十二年》,所谓"民生在勤,勤则不匮。"《辞海》对"民生"的解释是"人民的生计",是一个带有人本思想和大众情怀的一个词语。由此可以看出,"民生"并不是一个专门的学术

---

① 陈元:"要使广大农民拥有平等融资权",载《金融时报》2006 年 2 月 27 日版。

② 谢瑞智著:《宪法新论》,台北文笙书局 1999 年版,第 271 页。

③ 杨婷婷:《论弱势群体的间接融资权》,湖南大学 2008 年硕士学位论文。

概念,在很大程度上它是一种植根于历史传统与国人信仰之中的善良情节与人文情怀。作为一种中国式的感性表达,人们似乎都习惯于在“心照不宣”、“众所周知”的预设前提之下将它与其他概念拼接,由此形成了“民生财政”、“民生金融”等难以辨识其确切内涵的似是而非的概念。问题的关键并不在于概念本身,而在于民生与其他概念相拼接之后往往意味着从一种模糊的社会常识演变成带有权威性的公共决策从而影响到社会公众的利益。因此,追问这一预设前提实属必要。① 站在经济法的立场来解释民生,则民生的个人性、主观性色彩有所减弱,而其客观性与整体性有所增强,这是因为经济法是社会本位法,以维护社会整体利益为基本原则。在经济法视阈下,民生金融可以被解读为一种“公共物品”,这种物品由于市场失灵的存在而难以从市场中获得,只能由政府来提供。公共物品是一个很宽泛的概念,既包括有形物品,如城市道路、排污工程、公共绿地,也包括无形物品,如国防、安全、秩序、社会稳定及宏观经济协调等。② 有学者认为,这些公共物品与民生的直接关联度是不同的,而是呈现出“阶梯性”,诸如就业、收入分配、社保、医疗卫生等公共服务是第一阶梯民生需求,教育则为第二民生需求,文化、环保、生态建设等则依次类推。③ 为了防止民生范围过于泛化而导致道德风险的发生,有必要只将那些直接关于人的生活质量、具有共性、能诉求于公共途径加以解决的“共同需要”纳入民生金融的范围,并通过制度化的形式加以确保。

什么是“共同需要”?官方文件给出的解释并不一致。如在党的十七大报告中,民生内容包括教育、就业、收入分配、社会保障、基本医疗卫生、社会管理等;2008 年的政府工作报告中,民生内容包括教育、卫生、就业、社会保障、居民收入和消费、社会管理、住房保障以及人口和计划生育等;在 2008 年的政府预算报告中,民生支出包括教育、医疗卫生、社会保障、就业、廉租住房、文化、环境保护、生态建设、公共服务以及公共安全等。金融资源是一种稀缺性的战略资源,为了使金融资源能够真正用在急需的民生领域,必须对上述的这些“共同需要”按照“最密切联系原则”排出先后顺序,否则就会使民生金融的效果大打折扣。我们认为,在上述这些民生领域中,金融资源应

---

① 陈治:“构建民生财政的法律思考”,载《上海财经大学学报》2001 年第 2 期。

② 吕忠梅、陈虹著:《经济法原论》,法律出版社 2007 年版,第 7 页。

③ 张馨:“论民生财政”,载《财政研究》2009 年第 1 期。

当优先配置于就业、教育、分配、社保和稳定五个领域,因为相对于其他民生领域而言,这五个方面可以说是与社会弱势群体的利益关联度最大的民生问题。就业是民生之本、教育是民生之基、分配是民生之源、社保是民生之依、稳定是民生之盾,优先满足了这五个领域的金融支持,民生金融的实现也就有了坚实基础。[①] 需要指出的是,民生的疆域并非一成不变,民生金融的边界也不是绝对的。由于社会经济生活的变动不居,民生范围总会出现变化,民生金融具体领域的确定也表现出一种阶段性选择。例如,在我国改革开放初期,环保是一个奢侈的话题,但随着经济发展水平的提高,环保已成为重要的民生领域。再如,在福利分房的低房价时代,住房并不是一个突出的社会问题,但在商品化的高房价时代,住房不仅是极为重要的不动产,还是生存财产和人格财产,住房已成为厚重的民生问题。[②] 民生疆域的相对不确定性恰好为民生金融提供了一种动态的制度调适机制,政府可以根据社会的发展状况适时调整民生领域的金融支持力度。

(三)弱势领域金融服务的可获得性:民生金融的制度评判机制

基于金融资源的稀缺性和垄断性,弱势群体在金融服务的获取上总会面临金融排斥的困惑。金融排斥的存在具有一定的普遍性,但相比发达国家,发展中国家的金融排斥状况更为严重,甚至成为加剧社会分配不公的罪魁祸首。例如,在我国广大农村地区,至今仍有2000多个乡镇是“零金融服务”,即没有任何农村金融机构提供哪怕是最基本的存款服务。[③] 由于金融排斥与民生金融的理念背道而驰,也与联合国所倡导的普惠金融理念格格不入,目前国际上正在兴起一股金融包容的浪潮。例如,印度从2005年开始实施金融包容计划,低收入与贫困人口将获得一个“一般信用卡”以使他们能够便利地使用信用服务。印度储备银行还采取了诸如开设地区乡村银行、自助小组,允许银行在农村地区自由开设分支机构,允许储蓄账户透支等

① 潘允康主编:《中国民生问题中的结构性矛盾研究》,北京大学出版社2015年版,第2~5页。

② 生存财产是指为维持所有人最低限度的生存所必须的财产,人格财产是指与人格紧密相连、其灭失造成的痛苦无法通过替代物补偿的财产。参见徐国栋著:《民法典与民法哲学》,中国人民大学出版社2007年版,第130页。

③ 王曙光:“阻断二元金融机构　建立普惠金融体系”,载《中国社会科学报》2010年2月4日版。

措施以确保适当的银行设施提供给所有的人。[①] 此外，巴西、哥伦比亚、赞比亚、坦桑尼亚等国家也普遍制定了实施金融包容的各项措施。[②]

将弱势领域金融服务的可获得性作为民生金融的制度评判机制，还必须回答理论的自足性问题，即这一评判机制是否公允且合乎逻辑。从法理上讲，评判机制本身应当具备合法性、合理性、人本性等要素。从我国现行的法律中不难找寻确保弱势领域金融服务可获得性的依据，如《就业促进法》第15条第3款规定："就业专项资金用于职业介绍、职业培训、公益性岗位、职业技能鉴定、特定就业政策和社会保险等的补贴，小额贷款担保基金和微利项目的小额担保贷款贴息，以及扶持公共就业服务等。"从合理性来看，根据木桶理论，一个国家社会弱势群体金融服务的可获得性可以作为评判这个国家金融发展水平的重要尺度，确保弱势领域金融服务的可获得性在某种程度上就意味着实现了民生金融的底线公平。从人本性上看，确保弱势领域金融服务的可获得性是对"穷人经济学"原理的运用和实践，[③]是对弱势群体平等权、发展权和社会权的维护与尊重，体现出鲜明的人文关怀。综上所述，完全可以将弱势领域金融服务的可获得性作为民生金融的制度评判机制。

（四）权利倾斜性配置：民生金融的制度实现机制

在市场经济条件下，资本的趋利性与市场机制的唯利性天然地耦合在了一起，使得民生金融领域的资源配置出现了扭曲与异化的市场失灵现象。作为社会整体利益的代表者——政府非但没有矫正这种市场失灵，反而通过利率管制等手段加剧了金融资源配置的不公平程度。在此背景下，唯有通过权利倾斜性配置的方式加强弱势领域的支持与保护，才能实现民生金融的制度构想。

在民生金融的制度构造中，至少存在三方主体：政府、金融机构和社会弱势群体。所谓"权利倾斜性配置"，是指在民生金融运作过程中，强化政府和金融机构的职责和凸显社会弱势群体的权利。具体而言：首先，作为公权力

---

① 邢会强："金融法的二元结构"，载《法商研究》2011年第3期。

② Anjali Kumar, *Access to Financial Services in Brazil*, *Work Bank Publications*, 2004, p. 72.

③ "穷人经济学"理论是由美国经济学家西奥多·舒尔茨提出，主要研究一个国家经济社会发展中的穷人问题，主张发展经济的最终目的应当是惠及全体人民的幸福。参见姚从军："社会公平是解决穷人经济学的钥匙"，载《生产力研究》2009年第8期。

的金融资源配置权应当接受实体限制和程序制约。从实体限制上看,政府应当秉持金融公平的原则,改革和完善金融机构的资源配置模式,打造公平合理的金融工具体系;从程序制约上看,金融资源配置权的行使应当遵循权限法定和透明度原则,采行民主决策程序。其次,金融机构作为一种特殊的公用企业,必须严格履行强制缔约义务、价格非自主义务以及持续信息披露义务。例如,银行不能对客户的存款数额设置底线,银行未经正当程序不能随意提高跨行取款费,银行践行社会责任的状况应向社会公开等。最后,法律应当对社会弱势群体的融资权作出规定,并采取强有力的配套措施确保这一权利的实现。社会弱势群体的融资权有直接融资权和间接融资权之分,前者如中小企业发行债券的权利,后者如贫困农户的信贷权。法律可以通过降低企业发行债券门槛、推行小额信贷与微型金融等途径落实社会弱势群体的融资权。在民生金融的权义结构中,政府的金融资源配置权是主导性的权力形态,金融机构的职责是对政府公权力的拾遗补缺,弱势群体的融资权则是民生金融的制度落脚点与价值归宿地。当然,民生金融实现机制中的权利倾斜性配置是有限度的。政府对社会弱势群体的帮扶应当尊重市场规律,实现从“输血”到“造血”的转变,而不能盲目采取“法律父爱主义”的做法。同样,政府也不宜采用行政命令式的做法,要求金融机构承担对弱势群体的金融支持义务,而应多采取诱导性的方式。正如有学者所说,“公权机构只有在考虑到交易双方特定情形下的利益关联度、利益受损者的对策行为、受益人及潜在受益人的道德风险、对特定行业的影响、干预者的能力限度与干预困境等因素时,才能作出正确的权利倾斜性配置决策”。① 因此,政府应当对自身能力、金融机构以及社会弱势群体的行为复杂性保持清醒认知的基础上再作出金融资源配置的理性行为,进而摆脱“资本与权力的纠结”之困境。

三、观念变革与本土融合:民生金融法的未来

民生时代的到来,为我们勾勒了一幅民生金融的理想图景,也给金融制度的转型与变革提供了契机。但基于路径依赖的体制背景,民生金融的实现还面临不少观念误区与制度樊篱,亟须进行观念更新与制度变革。

---

① 应飞虎:“权利倾斜性配置研究”,载《中国社会科学》2006 年第 3 期。

（一）问题的提出：我们需要什么样的民生金融观

民生金融观是一种以金融公平为导向的金融观、是一种以“穷人经济学”为依托的金融观、是一种以经世济民为价值追求的金融观，带有普适性的制度价值。民生金融观的实现，需要一场深刻的金融观念革命。

首先，金融社会属性的强调。金融的社会属性可以从两个方面来理解：一方面，金融负有促进社会公平的积极责任；另一方面，金融负有避免社会动荡的消极责任。[①] 金融发展的历史一再表明，金融机构能够创造出迅速转化为社会能量的经济能量。如尤努斯教授创办的格莱珉银行贷款实践显示，当贷款惠及某些特定的社会群体后，这个群体的经济和社会状况就会得到明显的改善，如果银行只贷款给有钱人，结果是富人掌握了更多的金融资源去剥削穷人，最终造成富人更加富有、穷人更加贫穷的社会“马太效应”。[②] 正是因为金融有如此大的“魔力”，才需要强调金融资源配置的公平，将社会属性嵌入金融法的内核。金融业是高风险行业，金融危机的救助不仅需要支付巨额的社会成本，[③]而且会诱发社会灾难，因此，金融实践不仅要追求一种最高的善，对社会正义和人类幸福负责，还要阻止一种最大的恶，对避免社会动荡和不幸的威胁负责。[④]

其次，金融法底线公平理念的提倡。所谓底线公平，是指确保社会成员能够得到基本金融服务，将融资权视为一项基本人权，让公民拥有“免于匮乏的自由”。底线公平并不等同于最低标准的公平，它包含具体的制度性内容，如保障社会成员的收入能够维持基本生活，不得对低收入人群进行信贷歧视，消除金融服务的真空地带等。将底线公平纳入金融法的视野，旨在确立金融公平的基点，明确政府的责任边界，寻找全社会可以共同接受和维护的价值基础。金融法的底线公平理念与民生金融的价值旨趣一脉相承，是对确保弱势领域金融服务可获得性的理论提炼。它强化了社会公众监督与问责政府提供金融服务行为的心理预期，有利于增加民生金融制度评判机制的可

---

① 丁瑞莲著：《金融发展的伦理规制》，中国金融出版社2010年版，第13～14页。

② Bernasek A., “Banking on Social Change: Grameen Bank Lending to Women”, *International Journal of Politics*, Culture and Socity 116 (3), 2003, pp. 369－385.

③ Hoggarth G., Reis R. Saporta V., “Costs of Banking System Instability: Some Empirical Evidence”, *Journal of Banking and Finance*, 2002, pp. 825－855.

④ 丁瑞莲著：《金融发展的伦理规制》，中国金融出版社2010年版，第15页。

操作性,因而具有重要的实践价值。

最后,法律赋权与法律赋能理念的引入。民生金融的本质是用金融来解决贫困问题,只有认清贫困的根源才能对症下药。在1979年,舒尔茨在他获得诺贝尔经济学奖授奖仪式上的讲话中首次阐释了"穷人经济学",即"世界上大多数人是贫穷的,所以如果我们懂得穷人的经济学,也就懂得许多真正的经济学原理。"①舒尔茨以"穷人经济学"为基础,提出了著名的人力资本观,为人类治理贫困作出了贡献。尤努斯教授在其自传《穷人的银行家》也指出:"如果我们把与给别人的相同或相似的机会给予穷人的话,他们是能够使自己摆脱贫困的。穷人本身能够创造一个没有贫困的世界,我们必须去做的只是解开我们加在他们身上的枷锁。"②鉴于贫穷的根源在于"权利的贫困"与"能力的贫困",这就需要引入法律赋能与法律赋权的理念,打破施加在穷人身上的权利枷锁,以能力来看待个人利益和衡量平等,实现人的自由和发展。

(二)本土化的反思:民生金融与民族文化的冲突与整合

置身于金融全球化的时代,我们面临着技术变革与规则趋同的双重压力。作为一个新兴加转轨的经济体,我国在国际金融市场上并没有太多的话语权,国际金融规则主要是反映发达国家利益诉求的"地方性知识",并不具有普适性的制度价值。"文化是一个民族的身份证",金融规则的移植若不考虑民族文化的特性,则或者水土不服,或者适得其反,只能以失败而告终。推行民生金融同样需要注意本土化的问题。

"民生"虽然是一个颇具有中华民族文化气息的概念,但实质上的民生金融在国际上是普遍存在的,这也说明了民生金融制度规则移植发生的可能性。如美国1964年通过了《机会均等法》,规定向中小企业以及寻求创建这种中小企业的个人提供资金援助,以确保中小企业和个人创业者享有公平的贷款权利。1974年通过的《平等信用机会法》确定了平等授信的原则,即银行、零售商等债权人在向消费者提供信贷或者租赁时,不得歧视消费者,禁止债权人因性别、种族、肤色、来源国、年龄、婚姻状况、宗教或者消费者的收入来源于公共资助而歧视信用申请人;债权人也不得因消费者的收入来源于退休金、兼职工作、

---

① 张燕:"西奥多·舒尔茨1979年荣获诺贝尔经济学奖获奖演说摘译",载《国际金融报》2005年3月18日版。

② 王曙光著:《乡土重建——农村金融与农民合作》,中国发展出版社2009年版,第4页。

离婚抚养费或子女赡养费而予以折扣或者拒绝消费者的申请。1977年《社区再投资法》的制定和实施，在解决"信贷歧视"问题的同时，还有助于缓解经济欠发达地区的资金需求，对扶持弱势群体创业起到了积极作用。[①] 我国在借鉴或移植这些国外的民生金融制度规则时，就需要进行文化土壤可行性的求证。以农村金融为例，民生金融主要关心的是弱势领域，农村和农民无疑是最需要金融支持的民生领域。在正规金融无法企及的农村地区，放松民间资本的管制，让民间资本进入农村金融服务市场是推进民生金融的必然选择。但对民间资本的监管，不能简单套用正规金融的监管规则，而应结合农村金融的实际，运用差异化监管、适度监管和柔性监管等包容性的监管理念或手段。这是因为，我国农村地区虽然历经多次规制变革，但以"熟人社会"为特色的稳定组织架构并未发生实质性的改变。在农村金融的运作逻辑中，法律、行政法规等强制性规范虽然发挥着重要作用，但道德伦理、宗法习惯、乡规民约等非强制性规范的约束与激励功能同样不容小觑，以祖缘、地缘、血缘、情缘为基础形成的关系契约更是成为调整人们金融交易行为的基本准则。[②] 基于农村金融特有的社会传统与文化背景，必须打破对纯粹的国家主义治理观的盲目崇拜，认真对待乡土社会中那些鼓励性、协商性、指导性的软法规范，将农村社会共同体的制度化、规范化、程序化的自治规则纳入体制内的监管框架中来。

许多金融理论家都认为，金融学是一门仅依赖于可视事实的客观科学，它不作任何关于伦理价值的判断。在这种逻辑假设下，金融理论的数理模型遮蔽了金融的价值取向，金融机构与现代科技的全面融合遮蔽了技术主体的德性，金融工具的工程化遮蔽了金融的道德风险。于是，金钱主宰了一切，良心发生了霉变，公平遭遇了亵渎。痛定思痛后，人们才深刻地认识到，对财富的追逐并不是金融的全部，承担社会责任和回应民生诉求也是金融的正当价值追求。民生金融已经成为我国的一项战略性选择，这为金融法的结构性制度变革提供了难得的历史契机。与民生金融相对应的金融法将是一部以金融公平为价值基础、以民生诉求为制度导向、以普惠金融为目标定位的良法。我们期待着民生金融法律时代的早日到来！

---

① Marjorie A. Corwin, "A Road Map Through Mary-land Consumer Credit Laws", *Maryland Law Journal*, 2002 (3-4), p. 59.

② 费孝通著：《乡土中国·生育制度》，北京大学出版社1998年版，第10~27页。

参考文献

一、中文专著

冯果、袁康著:《社会变迁视野下的金融法理论与实践》,北京大学出版社 2013 年版。

漆多俊、冯果主编:《经济法学》,武汉大学出版社 2011 年版。

张守文著:《分配危机与经济法规制》,北京大学出版社 2015 年版。

王丰著:《分割与分层——改革时期中国城市的不平等》,浙江人民出版社 2013 年版。

潘允康主编:《中国民生问题中的结构性矛盾研究》,北京大学出版社 2015 年版。

李昌麒主编:《经济法理念研究》,法律出版社 2009 年版。

刘翠霄著:《中国农民社会保障制度研究》,法律出版社 2006 年版。

胡晶晶著:《改革开放以来中国城乡居民收入差距研究》,人民出版社 2013 年版。

杨灿明主编:《规范收入分配秩序研究》,经济科学出版社 2014 年版。

黄颂文著:《普惠金融与贫困减缓》,中国经济出版社 2014 年版。

贾可卿著:《分配正义论纲》,人民出版社 2010 年版。

孙立平著:《断裂——20 世纪 90 年代以来的中国社会》,社会科学文献出版社 2003 年版。

孙立平著:《重建社会——转型社会的秩序再造》,社会科学文献出版社 2009 年版。

孙立平著:《失衡——断裂社会的运作逻辑》,社会科学文献出版社 2004 年版。

薛江武著:《收入分配之经济法调节》,江西人民出版社 2011 年版。

孟庆瑜著:《分配关系的法律调整——基于经济法的研究视野》,法律出版社 2005 年版。

李永成著:《社会分配法研究》,法律出版社 2014 年版。

漆多俊主编:《经济法论丛》(第 13 卷),中国方正出版社 2006 年版。

韩龙主编:《国际金融法》,法律出版社 2007 年版。

江春著:《金融改革和金融发展:理论及实践的回顾及反思》,人民出版社 2012 年版。

熊进光著:《现代金融服务法制研究》,法律出版社 2012 年版。

林毅夫著:《解读中国经济》(增订版),北京大学出版社 2014 年版。

张亦春、郑振龙主编:《金融市场学》,高等教育出版社 2003 年版。

丁瑞莲著:《现代金融的伦理维度》,人民出版社 2009 年版。

王卫国主编:《金融法学家》(第 1 辑),法律出版社 2010 年版。

罗豪才、宋功德著:《软法亦法——公共治理呼唤软法之治》,法律出版社 2009 年版。

黄韬著:《"金融抑制"与中国金融法治的逻辑》,法律出版社 2012 年版。

武志著:《中国经济转轨中的金融发展》,科学出版社 2014 年版。

杨旭著:《中国渐进改革中的金融控制——基于金融史视角》,经济科学出版社 2012 年版。

何风隽著:《中国经济转型中的金融资源配置研究》,社会科学文献出版社 2010 年版。

张千帆著:《宪政、法治与经济发展》,北京大学出版社 2004 年版。

皮天雷著:《法与金融:理论研究及中国的证据》,中国经济出版社 2010 年版。

黄韬著:《公共政策法院——中国金融法制变迁的司法维度》,法律出版社 2013 年版。

刘翔峰著:《中国的金融深化及风险防范》,经济管理出版社 2013 年版。

周振华、杨宇立等著:《收入分配与权力、权利》,上海社会科学院出版社 2005 年版。

王延科著:《现代金融制度与中国金融制度转轨》,中国经济出版社 1999

年版。

梁治平编:《转型期的社会公正:问题与前景》,三联书店出版社2010年版。

杨静编:《分配收入之争》,中国社会科学出版社2013年版。

王绍光、胡鞍钢著:《中国国家能力报告》,辽宁人民出版社1993年版。

张杰著:《中国金融制度的结构与变迁》,中国人民大学出版社2011年版。

杨涤著:《金融资源配置论》,中国金融出版社2011年版。

李杨著:《新中国金融60年》,中国财政经济出版社2009年版。

黄嵩著:《金融与经济增长——来自中国的解释》,中国发展出版社2007年版。

冯兴元著:《地方政府竞争:理论范式、分析框架与实证研究》,译林出版社2010年版。

常健、管斌、饶常林著:《金融法学专论》,对外经济贸易大学出版社2010年版。

高玉泽著:《转型时期的金融控制——基于中央银行信贷政策视角的分析》,中国言实出版社2013年版。

周黎安著:《转型中的地方政府:官员激励与合作》,格致出版社、上海人民出版社2008年版。

叶托著:《中国地方政府行为选择研究——基于制度逻辑的分析框架》,广东人民出版社2014年版。

张丙宣著:《科层制、利益博弈与政府行为》,浙江大学出版社2011年版。

周飞舟著:《以利为利——财政关系与地方政府行为》,上海三联书店2012年版。

韦森著:《大转型——中国改革下一步》,中信出版社2012年版。

郑鹏程著:《对政府规制的规制——市场统一法律制度研究》,法律出版社2012年版。

王焕祥著:《中国地方政府创新与竞争的行为、制度及其演化研究》,光明日报出版社2009年版。

彭彦强著:《中国地方政府合作研究——基于行政权力分析的视角》,中央编译出版社2013年版。

漆多俊主编:《经济法论丛》(第11卷),中国方正出版社2005年版。

程燎原、王人博著:《权利论》,广西师范大学出版社2014年版。

刘云生等著:《农村金融与反贫困——理论、实证与政策》,经济科学出版社2010年版。

王曙光著:《告别贫困——中国农村金融创新与反贫困》,中国发展出版社2012年版。

陈少峰著:《正义的公平》,人民出版社2009年版。

王曙光等著:《普惠金融——中国农村金融重建中的制度创新与法律框架》,北京大学出版社2013年版。

焦瑾璞、陈瑾著:《建设中国普惠金融体系——提供全民享受现代金融服务的机会和途径》,中国金融出版社2009年版。

夏勇主编:《走向权利的时代——中国公民权利发展研究》,社会科学文献出版社2007年版。

李昌麒主编:《经济法理念研究》,法律出版社2009年版。

陈晓枫著:《中国居民财产性收入理论与实践研究》,经济科学出版社2014年版。

吴群芳著:《利益表达与分配——转型期中国的收入差距与政府控制》,中国社会出版社2011年版。

白钦先著:《金融可持续发展研究导论》,中国金融出版社2001年版。

张荔等著:《金融资源理论与经验研究》,中国金融出版社2011年版。

崔满红著:《金融资源理论研究》,中国财政经济出版社2002年版。

唐青生著:《西部农村金融资源配置研究》,经济科学出版社2010年版。

漆多俊著:《经济法基础理论》(修订版),武汉大学出版社1998年版。

陈雨露、郭庆旺主编:《新中国财政金融制度变迁事件解读》,中国人民大学出版社2013年版。

王绍光著:《分权的底线》,中国计划出版社1997年版。

刘剑文著:《中央与地方财政分权法律问题研究》,人民出版社2009年版。

刘剑文著:《财政税收法》,法律出版社2004年版。

张馨著:《公共财政论纲》,经济科学出版社1999年版。

熊伟著:《财政法基本问题》,北京大学出版社 2012 年版。

时红秀著:《财政分权、政府竞争与中国地方政府的债务》,中国财政经济出版社 2007 年版。

李龙著:《宪法基础理论》,武汉大学出版社 1999 年版。

刘剑文著:《重塑半壁财产法——财税法的新思维》,法律出版社 2009 年版。

孙放著:《中国政府投资法律制度研究——回归权利的视野》,立信会计出版社 2012 年版。

世界银行专家组著:《公共部门的社会问责:理念探讨及模式分析》,宋涛译,中国人民大学出版社 2007 年版。

李俊元著:《投融资体制比较》,机械工业出版社 2003 年版。

毛寿龙、李梅、陈幽泓著:《西方政府的治道变革》,中国人民大学出版社 1998 年版。

杜帮云著:《分配公平论》,人民出版社 2013 年版。

刘水林著:《经济法基本范畴的整体主义解释》,厦门大学出版社 2006 年版。

管斌著:《混沌与秩序——市场化政府经济行为的中国式建构》,北京大学出版社 2010 年版。

邹薇等著:《中国经济增长与收入差距:理论与实证研究》,武汉大学出版社 2011 年版。

田卫民等著:《中国金融发展的收入分配效应》,中国金融出版社 2013 年版。

喻平著:《金融发展与居民收入差距的理论与实证研究》,中国经济出版社 2012 年版。

张维迎、盛斌著:《企业家:经济增长的国王》,上海人民出版社 2014 年版。

王曙光著:《金融伦理学》,北京大学出版社 2011 年版。

郑长德著:《中国转型时期的金融发展与收入分配》,中国财政经济出版社 2007 年版。

陈雨露、马勇著:《中国农村金融论纲》,中国金融出版社 2010 年版。

牛凯龙、张薄洋著:《金融抑制、金融改革与三农发展》,中国财政经济出版社 2011 年版。

王怀勇著:《中国农村金融监管法律问题研究》,法律出版社 2012 年版。

盛学军等著:《全球化背景下的金融监管法律问题研究》,法律出版社 2008 年版。

胡志强著:《金融系统的福利经济分析》,武汉大学出版社 2005 年版。

强力主编:《金融法》,法律出版社 2004 年版。

岳彩申、盛学军主编:《金融法学》,中国人民大学出版社 2010 年版。

李有星主编:《金融法教程》,浙江大学出版社 2006 年版。

吴弘编著:《金融法》,格致出版社 2011 年版。

徐孟洲著:《金融法》,高等教育出版社 2007 年版。

吴志攀著:《金融法概论》(第 5 版),北京大学出版社 2011 年版。

林毅夫著:《新结构经济学——反思经济发展与政策的理论框架》,苏剑译,北京大学出版社 2012 年版。

周友苏主编:《新证券法论》,法律出版社 2007 年版。

朱家贤著:《环境金融法研究》,法律出版社 2009 年版。

中国银行业监督管理委员会办公厅编:《中国银行业监督管理委员会 2012 年报》,中信出版社 2013 年版。

王绍光著:《民主四讲》,生活 · 读书 · 新知三联书店 2008 年版。

张晓燕等著:《普惠金融的理论和实践》,经济科学出版社 2014 年版。

王曙光著:《普惠金融:中国农村金融重建中的制度创新与法律框架》,北京大学出版社 2013 年版。

李建军等著:《中国普惠金融体系:理论、发展与创新》,知识产权出版社 2014 年版。

阙方平、陶雄华著:《中国金融生态制度变迁研究——金融运行中的矛盾与调和》,中国金融出版社 2014 年版。

邓峰著:《普通公司法》,中国人民大学出版社 2009 年版。

杨松等著:《银行法律制度改革与完善研究》,北京大学出版社 2011 年版。

陈志武著:《金融的逻辑》,五洲传媒出版社 2011 年版。

张宇润著:《货币的法本质》,中国检察出版社 2010 年版。

刘云龙、肖志光著:《养老金通论——关于人口结构、养老金制度、金融结构变迁的一般理论》,中国财政经济出版社 2012 年版。

伊志宏、张慧莲著:《养老金投资与资本市场——国际经验及中国的选择》,中国人民大学出版社 2009 年版。

耿志民著:《养老保险基金与资本市场》,经济管理出版社 2000 年版。

姚明龙著:《民营资本的金融突围——浙商投资村镇银行与小额贷款公司研究》,浙江大学出版社 2011 年版。

卢春阳、吴凡著:《转型期中国民间资本进入银行业的制度变迁研究》,西南财经大学出版社 2006 年版。

陈蓉著:《"三农"可持续发展的融资拓展:民间金融的法制化与监管框架的构建》,法律出版社 2010 年版。

诸葛隽著:《民间金融——基于温州的探索》,中国经济出版社 2007 年版。

丁学良著:《辩论"中国模式"》,社会科学文献出版社 2011 年版。

徐忠等著:《中国贫困地区农村金融发展研究——构造政府与市场之间的平衡》,中国金融出版社 2009 年版。

岳彩申、张晓东主编:《新农村建设中的金融法律制度改革与创新研究》,法律出版社 2012 年版。

王曙光著:《告别贫困——中国农村金融创新与反贫困》,中国发展出版社 2012 年版。

王曙光著:《金融自由化与金融发展》(第 2 版),北京大学出版社 2004 年版。

王曙光等著:《农村金融学》,北京大学出版社 2008 年版。

贾康等著:《中国政策性金融向何处去》,中国经济出版社 2010 年版。

国家开发银行、中国人民大学联合课题组著:《开发性金融论纲》,中国人民大学出版社 2006 年版。

岳彩申、张晓东主编:《新农村建设中的金融法律制度改革与创新研究》,法律出版社 2012 年版。

庹国柱、王国军著:《中国农业保险与农村社会保障制度研究》,首都经济贸易大学出版社 2002 年版。

胡延玲著:《中小微企业政策性金融法制问题研究》,法律出版社 2015 年版。

王红一著:《银行公司治理研究——中国国有银行改革的法律路径》,法律出版社 2008 年版。

袁春湘编著:《民间借贷法律规制研究——以利率为中心》,法律出版社 2015 年版。

王广谦著:《金融体制改革和货币问题研究》,经济科学出版社 2009 年版。

郑长德著:《中国转型时期的金融发展与收入分配》,中国财政经济出版社 2007 年版。

张守文著:《经济法原理》,北京大学出版社 2013 年版。

蒋红珍著:《论比例原则——政府规制工具选择的司法评价》,法律出版社 2010 年版。

胡戎恩、赵兴洪著:《天使抑或魔鬼——民间金融实证研究与立法》,北京大学出版社 2014 年版。

董安生、何以等著:《多层次资本市场法律问题研究》,北京大学出版社 2013 年版。

文静著:《金融机构"非银行化"发展研究》,东方出版中心 2009 年版。

曾康霖主编:《二元金融与区域金融》,中国金融出版社 2008 年版。

二、中文译著

野村综合研究所咨询事业本部/NRI 美国:《服务,决胜金融大未来:野村金融产业大趋势》,乐伊珍译,日月文化出版社股份有限公司 2009 年版。

[美]克拉克著:《财富的分配》,陈福生、陈振骅译,商务印书馆 1997 年版。

[美]P. 诺内特、P. 塞尔兹尼克著:《转变中的法律与社会:迈向回应型法》,张志铭译,中国政法大学出版社 2004 年版。

[法]皮埃尔·布迪厄、[美]华康德著:《实践与反思——反思社会学导论》,李猛、李康译,中央编译出版社 1998 年版。

[英]S. B. 雷丁著:《海外华人企业家的管理思想——文化背景与风格》,张遵敬等译,上海三联书店1993年版。

[美]富兰克林·艾伦、道格拉斯·盖尔著:《比较金融系统》,王晋斌等译,中国人民大学出版社2002年版。

[美]道格拉斯·C. 诺斯著:《制度、制度变迁与经济绩效》,刘守英译,三联书店1994年版。

[美]罗伯特·J. 席勒著:《金融与好的社会》,束宇译,中信出版社2012年版。

[印]阿玛蒂亚·森著:《贫困与饥荒——论权利与剥夺》,王宇、王文玉译,商务印书馆2001年版。

[印]阿玛蒂亚·森著:《以自由看待发展》,任赜、于真译,中国人民大学出版社2002年版。

[美]帕特里克·博尔顿、霍华德·罗斯塔尔主编:《穷人的信贷市场》,徐晓萍等审译,上海财经大学出版社2011年版。

[美]戴维·奥斯本著:《改革政府:企业家精神如何改革着公营部门》,周敦仁等译,上海译文出版社1998年版。

[美]查尔斯·金德尔伯格著:《西欧金融史》,徐子健等译,中国金融出版社2010年版。

[美]理查德·A. 马斯格雷夫、佩吉·B. 马斯格雷夫著:《财政理论与实践》,邓子基、邓力平译校,中国财政经济出版社2003年版。

[美]埃莉诺·奥斯特罗姆著:《公共事物的治理之道》,余逊达、陈旭东译,上海三联书店2000年版。

[美]华莱士·E. 奥茨著:《财政联邦主义》,陆符嘉译,译林出版社2012年版。

[美]彼德·斯坦著:《西方社会的法律价值》,王献平等译,中国人民大学出版社1990年版。

[美]罗纳德·I. 麦金龙著:《经济发展中的货币与资本》,卢骢译,上海三联书店1991年版。

[美]爱德华·肖著:《经济发展中的金融深化》,邵伏军等译,上海三联书店1992年版。

[美]博特赖特著:《金融伦理学》,静也译,北京大学出版社 2002 年版。

[英]亚当·斯密著:《道德情操论》,谢宗林译,中央编译出版社 2008 年版。

[英]庇古著:《福利经济学》,金镝译,华夏出版社 2007 年版。

[美]路易斯·卡普洛、斯蒂文·沙维尔著:《公平与福利》,冯玉军、涂永前译,法律出版社 2007 年版。

[美]拉古拉迈·拉詹、路易吉·津加莱斯著:《从资本家手中拯救资本主义》,余江译,中信出版社 2004 年版。

[美]约翰·C. 科菲著:《看门人机制:市场中介与公司治理》,黄辉等译,北京大学出版社 2011 年版。

[孟]穆罕默德·尤努斯著:《穷人的银行家》,吴士宏译,生活·读书·新知三联书店 2006 年版。

[美]弗雷德里克·S. 米什金、斯坦利·G. 埃金斯著:《金融市场与金融机构》(第 5 版),张莹等译,机械工业出版社 2008 年版。

三、中文论文

国家发改委宏观经济研究院:"促进形成合理的居民收入分配机制",载《宏观经济研究》2009 年第 5 期。

张守文:"分配结构的财税法调整",载《中国法学》2011 年第 5 期。

刘剑文:"收入分配改革与财税法制创新",载《中国法学》2011 年第 5 期。

李安安:"收入分配改革中的金融政策工具及其法律配置",载《现代法学》2015 年第 1 期。

冯果、李安安:"地方政府融资平台的财政法救赎",载《法学》2012 年第 10 期。

冯果、李安安:"包容性监管理念的提出及其正当性分析——以农村金融监管为中心",载《江淮论坛》2013 年第 1 期。

冯果、李安安:"投资者革命、股东积极主义与公司法的结构性变革",载《法律科学》2012 年第 2 期。

冯果、袁康:"从法律赋能到金融公平——收入分配调整与市场深化下金融法的新进路”，载《法学评论》2012 年第 4 期。

冯果、李安安：“收入分配改革中的金融公平”，载张守文主编：《经济法研究》（第 10 卷），北京大学出版社 2012 年版。

李安安、冯果：“公司治理的金融解释——以金融法和金融学的科际整合为视角”，载《法制与社会发展》2015 年第 4 期。

李琦：“审思中国法学：从知识生产到知识生产者”，载《北方法学》2010 年第 5 期。

邹立行：“金融社会化和社会金融化”，载《科学决策》2011 年第 3 期。

白钦先、白炜：“金融功能研究的回顾与总结”，载《财经理论与实践》2009 年第 5 期。

白钦先、谭庆华：“论金融功能演进与金融发展”，载《金融研究》2006 年第 7 期。

张忠军：“论金融法的安全观”，载《中国法学》2003 年第 4 期。

邢会强：“金融危机治乱循环与金融法的改进路径——金融法中‘三足定理’的提出”，载《法学评论》2010 年第 5 期。

黎四奇：“后危机时代‘太大而不能倒’金融机构监管法律问题研究”，载《中国法学》2012 年第 5 期。

黄震：“金融监管的思维变革与制度创新——如何构建有效的互联网金融法律框架”，载《人民论坛》2014 年第 12 期。

马俊：“金融服务法的兴起及对我国传统金融法的影响”，载《海南金融》2011 年第 8 期。

邢会强：“金融法理论的变革与‘金融服务法’理论的初步构建”，载《金融服务法评论》（第 1 卷），法律出版社 2010 年版。

杜晶：“论金融统合规制改革与金融服务法体系的建立”，载《金融服务法评论》（第 1 卷），法律出版社 2010 年版。

卢峰、姚洋：“金融压抑下的法治、金融发展与经济增长”，载《中国社会科学》2004 年第 1 期。

黄韬：“‘金融抑制’的法律镜像及其变革——中国金融市场现实问题的制度思考”，载《财经科学》2013 年第 8 期。

皮天雷、汪燕：“转型经济中法律与金融的发展”，载《财经科学》2007 年第7期。

刘兴诚:"金融法治难忍潜规则",载《法人》2014年第10期。

戴治勇:"选择性执法",载《法学研究》2008年第4期。

许成钢:"法律、执法与金融监管——介绍'法律的不完备性'理论",载《经济社会体制比较》2011年第5期。

洪艳蓉:"美国证券交易委员会行政执法机制研究:'独立'、'高效'与'负责'",载《比较法研究》2009年第1期。

杨晓维、赵娟:"国有上市公司违规行为监管的执法选择性研究",载《制度经济学》2009年第2期。

毛玲玲:"证券刑法的矛盾样态及反思",载《中外法学》2014年第3期。

沈联涛、肖耿、王沅:"'原罪'的新制度经济学分析与产权基础设施建设",载梁治平编:《转型期的社会公正:问题与前景》,三联书店2010年版。

侯猛:"美国最高法院对经济的影响力:一个述评",载《法律适用》2006年第8期。

侯猛:"最高人民法院的功能定位——以其规制经济的司法过程切入",载《清华法学》2006年第1期。

陈刚、李树:"司法独立与市场分割——以法官异地交流为实验的研究",载《经济研究》2013年第9期。

潘林:"'对赌协议第一案'的法律经济学分析",载《法制与社会发展》2014年第4期。

刘作翔:"中国司法地方保护主义之批判——兼论'司法权国家化'的司法改革思路",载《法学研究》2003年第1期。

张维迎、柯荣柱:"诉讼过程中的逆向选择及其解释——以契约纠纷的基层法院判决书为例的经验研究",载《中国社会科学》2002年第2期。

王迪明:"中国金融市场分割问题探源",载《中央财经大学学报》2006年第3期。

周瑞金:"再谈与'特殊利益集团'切割",载《同舟共进》2010年第10期。

王绍光:"国家治理与基础性国家能力",载《华中科技大学学报》(社科版)2014年第3期。

夏永祥:"'苏南模式'中地方政府公司主义的功过得失",载《苏州大学学报》(哲学社会科学版)2012 年第 4 期。

周黎安:"晋升博弈中政府官员的激励与合作——兼论我国地方保护主义和重复建设问题长期存在的原因",载《经济研究》2004 年第 6 期。

周黎安:"中国地方官员晋升锦标赛模式研究",载《经济研究》2007 年第 7 期。

程金华:"分权、政府间竞争与经济发展——概念、逻辑及其批评",载《法学论坛》2012 年第 4 期。

张杰:"地方政府的介入与金融体制变异",载《经济研究》1996 年第 3 期。

程金华:"中国公司上市的地理与治理——对证券市场行政治理的再阐释",载《证券法苑》2010 年第 2 期。

蒋大兴:"论场外交易市场的场内化——非理性地方竞争对证券交易场所的负影响",载《法学》2013 年第 6 期。

周业安、冯兴元、赵坚毅:"地方政府竞争与市场秩序的重构",载《中国社会科学》2004 年第 1 期。

彭冰:"中央和地方关系中的上市公司治理",载《北京大学学报》(哲学社会科学版)2008 年第 6 期。

巴曙松、刘孝红、牛播坤:"转型时期中国金融体系中的地方治理与银行改革的互动研究",载《金融研究》2005 年第 5 期。

程金华:"地方政府、国家法院与市场建设——美国经验与中国改革",载《北京大学学报》(哲学社会科学版)2008 年第 6 期。

郑智航:"论免于贫困的权利在中国的实现——以中国的反贫困政策为中心的分析",载《法商研究》2013 年第 2 期。

汪习根:"免于贫困的权利及其法律保障机制",载《法学研究》2012 年第 1 期。

王建芹:"从弱势群体结社权看我国结社自由宪法权利的实现",载《社会科学论坛》2006 年第 6 期。

白钦先:"建立面向 21 世纪的金融可持续发展观",载《城市金融论坛》1998 年第 8 期。

付一书:“金融资源的流动与行政壁垒的约束”,载《金融理论与实践》2005 年第 7 期。

白钦先:“论以金融资源学说为基础的金融可持续发展理论与战略——兼论传统金融观到现代金融观的变迁”,载《广东商学院学报》2003 年第 5 期。

刘剑文:“财税法功能的定位及其当代变迁”,载《中国法学》2015 年第 4 期。

陈国权、王勤:“论政府公平悖论与社会责任”,载《政治学研究》2008 年第 1 期。

财政部财政科学研究所课题组:“城镇化进程中的地方政府融资研究”,载《经济研究参考》2013 年第 13 期。

张建辉:“转型期地方政府投资行为与经济增长”,载《经济体制改革》2008 年第 1 期。

唐洋军:“财政分权与地方政府融资平台的发展:国外模式与中国之道”,载《上海金融》2011 年第 3 期。

胡改蓉:“回归地方政府融资平台公司的公益性定位”,载《法学》2012 年第 10 期。

刘尚希:“财政风险:一个分析框架”,载《经济研究》2003 年第 5 期。

肖俊涛:“关于我国财政风险的金融化与金融风险的财政化”,载《经济研究参考》2006 年第 93 期。

杨海坤:“在实现宪政目标的背景下建设法治政府”,载《华东政法大学学报》2008 年第 5 期。

杨利华、朱键:“地方政府融资平台权利质押的法律风险防范”,载《甘肃金融》2010 年第 1 期。

宏观经济研究院《政府投资的管理体制研究》课题组:“完善政府投资管理体制的总体构想”,载《宏观经济研究》2005 年第 2 期。

熊伟:“预算法应成为管理政府的工具”,载《社会观察》2012 年第 9 期。

贾康、孙洁:“城镇化进程中的投融资与公私合作”,载《中国金融》2011 年第 19 期。

吕世伦、贺小荣:“国家主义的衰微与中国法制现代化”,载《法律科学》

1999年第3期。

刘红臻："经济法基石范畴论纲"，载《法制与社会发展》1999年第4期。

冯果、戚莹："社会整体利益实现机制研究"，载《武汉理工大学学报》(社会科学版)2012年第4期。

蒋立山："中国法制现代化特征分析"，载《中外法学》1995年第4期。

刘家伟："我国农村基础设施投融资模式研究"，载《中央财经大学学报》2006年第5期。

陈宗胜、周云波："体制改革对城镇居民收入差别的影响"，载《中国社会科学》2011年第6期。

袁康："金融公平视角下农村系统性负投资的法律矫正"，载《湖北社会科学》2013年第5期。

冯果、袁康："反垄断视域下的金融资源配置与社会公平"，载《法学杂志》2011年第8期。

冯果："金融法的'三足定理'及中国金融法制的变革"，载《法学》2011年第9期。

戚莹："金融公平：金融法新理念——以金融包容为实现路径"，载《海峡法学》2012年第1期。

王保树："金融法二元规范的协调与发展趋势——完善金融法体系的一个视点"，载《广东社会科学》2009年第1期。

张宇润："金融法的定位及内在冲突的衡平"，载《当代法学》2004年第1期。

卢代富："经济法对社会整体利益的维护"，载《现代法学》2013年第4期。

田春雷："金融资源公平配置的法学分析——兼论中国金融法的新价值"，载《法学评论》2013年第3期。

周仲飞："提高金融包容：一个银行法的视角"，载《法律科学》2013年第1期。

冯果、袁康："浅谈企业社会责任法律化"，载《湖北社会科学》2009年第8期。

朱慈蕴："论金融中介机构的社会责任——从应对和防范危机的长效机

制出发”,载《清华法学》2010 年第 1 期。

周立、胡鞍钢:“中国金融发展的地区差距状况分析(1978—1999)”,载《清华大学学报》(哲学社会科学版)2002 年第 2 期。

王全兴、管斌:“经济法与经济民主”,载《中外法学》2002 年第 6 期。

罗培新:“美国金融监管的法律与政策困局之反思——兼对我国金融监管之启示”,载《中国法学》2009 年第 3 期。

马勇、陈雨露:“农村金融中的政府角色:理论诠释与中国的选择”,载《经济体制改革》2009 年第 4 期。

汪鑫:“论基本银行服务排斥及其治理”,载《法学评论》2009 年第 4 期。

冯果、李安安:“民生金融法的语境、范畴与制度”,载《政治与法律》2012 年第 8 期。

邢会强:“金融法的二元结构”,载《法商研究》2011 年第 3 期。

阿尔弗列德·翰尼葛:“金融包容和金融稳定:当前的政策问题”,载《新金融》2011 年第 3 期。

何锦前:“让流浪的权利回家——经济法学‘权利缺失’现象反思”,载《现代法学》2015 年第 2 期。

冯辉:“普惠金融视野下企业公平融资权的法律构造研究”,载《现代法学》2015 年第 1 期。

蒋大兴:“公司组织形态与证券(融资)权利——摒弃有限公司‘改制上市’的法律习规”,载《现代法学》2013 年第 1 期。

林发新:“论法学的财产性收入与法律保护”,载《东南学术》2008 年第 2 期。

左平良:“贫困农户信贷权及其实现的经济法分析”,载《政治与法律》2010 年第 11 期。

张东:“分配正义与收益分配公正”,载《法学论坛》2012 年第 1 期。

王辉霞:“组织的社会责任研究”,载《当代法学》2012 年第 4 期。

王曙光、王东宾:“双重二元金融结构、农户信贷需求与农村金融改革”,载《财贸经济》2011 年第 5 期。

柴瑞娟:“村镇银行支农性制度构建研究”,载《经济法论丛》2009 年第 2 期。

蔡万科、唐丁祥:“中小企业债券市场发展:国际经验与创新借鉴”,载《证券市场导报》2011 年第 12 期。

冯果:“资本市场为谁而存在——关于我国资本市场功能定位的反思”,载《公民与法》2013 年第 6 期。

焦海涛:“银行暴利的法律控制:放松管制而非反垄断”,载《华东政法大学学报》2013 年第 2 期。

赵奉军、高波:“全球金融危机:收入分配视角的解读”,载《世界经济研究》2010 年第 1 期。

谢健、杨福明:“突破垄断:温州金改重任在肩”,载《浙江经济》2012 年第 10 期。

周业安:“金融市场参与和我国股票市场的可持续发展”,载《理论前沿》2008 年第 1 期。

洪艳蓉:“《证券法》债券规则的批判与重构”,载《中国政法大学学报》2015 年第 3 期。

王春丽、王森坚:“互联网金融理财的法律规制——以阿里余额宝为视角”,载《上海政法学院学报》2013 年第 5 期。

高圣平:“农地金融化的法律困境及出路”,载《中国社会科学》2014 年第 8 期。

余文贵:“民间资本进入金融服务领域的法律制度设计——基于贵州省农村合作金融机构的实证研究”,载《区域金融研究》2012 年第 9 期。

汪鑫:“论基本银行服务排斥及其治理”,载《法学评论》2009 年第 4 期。

王修华、黄明:“金融资源空间分布规律:一个金融地理学的分析框架”,载《经济地理》2009 年第 11 期。

曾刚:“美国社区银行业的变迁与启示”,载《银行家》2014 年第 3 期。

晏露蓉、林晓甫:“中国社区银行的市场需求和发展可能分析”,载《金融研究》2003 年第 10 期。

李成强:“林权改革破解‘三农’融资担保难题——以宁国市为例”,载《中国金融》2008 年第 14 期。

薛夷风:“社会企业对我国传统公司观念的挑战——再论公司的营利性”,载《当代法学》2011 年第 3 期。

刘水林、王波:“社会企业法的性质社会法私法化的新路径——以英国社区利益公司条例为样本的分析”,载《上海财经大学学报》2012 年第 1 期。

刘志云："商业银行社会责任的兴起及其督促机制的完善"，载《法律科学》2010年第1期。

刘明："美国众筹法案集资门户法律制度的构建及其启示"，载《现代法学》2015年第1期。

刘铁："金融监管模式的新发展及其启示——从规则到原则"，载《法商研究》2009年第2期。

黄韬："我国金融市场从'机构监管'到'功能监管'的法律路径——以金融理财产品监管规则的改进为中心"，载《法学》2011年第7期。

漆多俊："经济法再分配功能与我国收入分配制度改革"，载《中共中央党校学报》2008年第4期。

朱大旗、沈小旭："论利率市场化的法律意蕴"，载《法学家》2004年第2期。

廖振中、高晋康："我国民间借贷利率管制法治进路的检讨与选择"，载《现代法学》2012年第2期。

谢杰、张厚明："信贷约束、再分配及不平等对增长的影响"，载《财经科学》2007年第7期。

范化理、高建宁："信贷约束与公平分配的实现"，载《上海经济研究》2009年第1期。

岳彩申："民间借贷的激励性法律规制"，载《中国社会科学》2013年第10期。

江春："论人民币汇率政策思路的重大转变"，载《财经科学》2008年第1期。

卢凌波："预算稳定调节基金：财政储备还是预算调节"，载《财贸经济》2012年第12期。

杨序琴："小额信贷发展的占优均衡：福利主义宗旨与制度主义机制的有机融合"，载《金融理论与实践》2007年第2期。

杨东："市场型间接金融：集合投资计划统合规制论"，载《中国法学》2013年第2期。

谢平、邹传伟："互联网金融模式研究"，载《金融研究》2012年第12期。

丁骋骋："百年中国金融：转型与发展——近代以来中国金融业三次转型

的政治经济学分析”,载《经济学家》2014 年第 1 期。

[美]罗伯特·希勒:“美国次贷危机的解决之道”,王燕燕译,载《经济社会体制比较》2008 年第 6 期。

[美]劳伦斯·E. 米切尔:“反思金融主义:一个历史的视角”,施天涛、袁田译,载《清华法学》2012 年第 4 期。

四、英文文献

Jeremy Greenwood, Boyan Javanovic, “Financial Development, Growth and the Distribution of Income”, *Journal of Political Economy*, 1990, Vol. 98.

Oded Galor, Joseph Zeira, “Income Distribution and Macroeconomics”, *Review of Economic Studies*, 1993, Vol. 60.

Philippe Aghion, Patrick Bolton, “A Theory of Trickle-Down Growth and Development”, *The Review of Economic Studies*, 1997, Vol. 64.

LLSV, “Law and Finance”, *Journal of Political Economy*, 1998, Vol. 106.

R. Levine, “Financial Development and Economic Growth: Views and Agenda”, *Journal of Economic Literature*, Vol. 35, 1997.

George Clarke, Lixin Colin Xu, Hengfu Zou, “Finance and Income Inequality: Test of Alternative Theories”, *World Bank Policy Research Working Paper*, No. 2984, March, 2003.

K. Beck, R. Levine, “Finance, Inequality and Poverty: Cross-country Evidence”, *World Bank Policy Research Working Paper*, No. 3338, February, 2004.

Ronald I. McKinnon, “The Order of Economic Liberalization: Financial Control in the Transaction to a Market Economy”, The John Hopkins University Press, 1993.

Katharina Pistor, “The Standardization of Law and Its Effect on Developing Economies”, *G – 24 Discussion Paper Series*, 2000, No. 4, June.

K. C. Davis, “Discretionary Justice: A Preliminary Inquiry”, Louisiana State University Press, 1971.

Pistor Katharina and Xu Chenggang, “Incomplete Law—A conceptual and

Analytical Framework and its Application to the Evolution of Financial Market Regulation", *Journal of International Law and Politics*, Vol. 35, No. 4, 2003.

H. Silver, "Social exclusion and social solidarity: three paradigms", *International Labor Review*, 1994 (5 - 6).

G. G. Panigyrakis, "All customers are not treated equally: financial exclusion in isolated Greek islands", *Journal of Financial Services Marketing*, 2002, No. 7.

Elaine Kempson, "Policy level response to financial exclusion in developed economies—lessons for developing countries", *Paper for Access to Finance*: Building Inclusive Financial Systems, May 30, 2006 Word Bank.

Joseph J. Doyle, "How effective is lifeline banking in assisting the 'unbanked'"? *Current Issues in Economic and Finance* (*Federal Reserve Bank of New York*), Vol 4, No. 6, June 1998.

F. Allen, J. Qian, J. M. Qian, Law, "Finance, and Economic Growth in China", *Journal of Financial Economics* 77, 2005.

D. Dollar, S. J. Wei, "Das (Wasted) Kapital: Firm Ownership and Investment Efficiency in China", *IMF Working Paper*, 2007, WP/07/9.

A. Guariglia, S. Poncet, "Could Financial Distortions Be No Impediment to Economic Growth after All? Evidence from China", *Journal of Comparative Economics* (36), 2008.

S. Claessens and K. Tzioumis, "Measuring Firms' Access to Finance", *World Bank Working Paper*, 2006.

F. Mishkin, "The Nest Great Globalization: How Disadvantaged Nations Can Harness Their Financial Systems to Get Rich", Princeton University Press, 2006.

Jean Oi, "The Role of the Local State in China's Transitional Economy", *The China Quarterly*, 144, 1995.

Zhu Jieming, "Local Development State and Order in China's Urban Development during Transition", *International Journal of Urban and Regional Research*, Vol. 28, Issue 2, 2004.

Jane Duckett, "The Emergence of the Entrepreneurial State in Contemporary China", *Pacific Affairs*, Vol. 9, No. 2, 1996.

Jieh-min Wu, "State Policy and Guanxi Network Adaptation: A Case Study of Local Bureaucratic Rent-Seeking in China", *Issues and Studies*, Vol. 37, No. 1, 2001.

A. Breton, "Competitive Governments: An Economic Theory of Politics and Public Finance", Cambridge University Press, 1998.

Jean Oi, "Fiscal Reform and the Economic Foundations of Local State Corporatism in China", *Word Politics* 45, Oct., 1992.

Timothy Frye and Andrei Shleifer, "The Invisible Hand and the Grabbling Hand", *American Economic Review*, Vol. 87, 1997.

Weitseng Chen, "Institutional Arbitrage: China's Economic Power Projection and International Capital Markets", *Columbia Journal of Asian Law*, Vol. 26, No. 2, 2013.

Philip C. C. Huang, "Profit-Making State Firms and China's Development Experience: 'State Capitalism' or 'Socialist Market Economy'"? *Modern China*, Vol. 38, No. 6, 2012.

Jenny Ingelin Nordgard, "Poverty, Human Rights and Implementation of MDGs in Cambodia", *University of Olso*, April 2006.

W. Edward, Mediation Schwerin, "Citizen Empowerment and Transformational Politics", *Westport*, 1995.

Bong-Ho Mok, Yuet W. Cheung, Tak-sing Cheung, "Empowerment Effect of Self-help Group Participation in a Chinese Context", *Journal of Social Service Research*, Volume 32, Issue 3, 2006.

"Making the Law Work for Everyone", *Report of the Commission on Legal Empowerment of the Poor*, Volume 1.

Stephen Golub, "Beyond Rule of Law Orthodoxy: The Legal Empowerment Alternative", *Carnegie Endowment for International Peace Working Paper*, No. 41, October 2003.

Paul A. Samuelson, "The Pure Theory of Public Expenditure", *The Review of Economics and Statistics*, 1954, 36, (4).

James M. Buchanan, "An Economic Theory of Clubs", *Economica*, 1965.

Charles M, Tiebout, "The Pure Theory of Local Expenditures", *The Journal of Political Economy*, 1956, 64, (5).

Hana Polackova, "Contingent Government Liabilities: A Hidden Risk for Fiscal Stability", *The Word Policy Research Working Paper*, 1989.

R. A. W. Rhodes, "The New Governance: Governing without Government", *Political Studies*, 1996, 44.

Marek Hudon, "Should Access to Credit be a Right?" *Journal of Business Ethics*, 2009, No. 84.

JuanPiñeiro Chousa, Haider A. Khan, Davit N. Melikyan, Artur Tamazian, "Democracy, Finance and Development", *CIRJE Discussion Paper*, CIRJE-F – 458, December 2006..

Amartya Sen, "On Economic Inequality", *Oxford University Press*, 1973.

P. Aghion, P. Bolton, "A Theory of Trickle-down Growth and Development", *Review of Economic Studies*, Vol. 64, 1997.

Rafael La Porta, Florencio Lopez-de-Silances, Andrei Shleifer, Robert Vishny, "Investor Protection and Corporate Governance", *Journal of Financial Economics*, Vol. 58, 2000.

Francesc Prior, AntonioArgandoña, "Best Practices in Credit Accessibility and Corporate Social Responsibility in Financial Institutions", *Journal of Business Ethics*, Vol. 87, 2009.

Z. Jill Barclift, "Too Big To Fail, Too Big Not To Know: Financial Firms and Corporate Social Responsibility", *Journal of Civil Rights and Economic Development*, Vol. 25, 2011.

L. E. Loiselet, "Investissement Socialement Responsible: Genèse, Méthodes, Enjeux", *L'économie politique*, Vol. 7, 2000.

Andrew William Mullineux, "Financial Innovation and Social Welfare", *Journal of Financial Regulation and Compliance*, Vol. 18, 2010.

A. W. Mullineux, "Financial Innovation", *Banking and Monetary Aggregates*,

Edward Elgar,1996.

Raghuram G. Rajan, Luigi Zingales, "The Great Reversals: the Politics of Financial Development in the Twentieth Century", *Journal of Financial Economics*, Vol. 69,2003.

Ismail Erturk, Julie Froud, Sukhdev Johal, Adam Leaver and Karel Williams, "The Democratization of Finance? Promises, Outcomes and Conditions", *Review of International Political Economy*, Vol. 14, No. 4, 2007.

Robert C. Merton, "A Functional Perspective of Financial Intermediation", *Financial Management*, Vol. 24, No. 2, 1995.

Desmond Rutledge, "Social fund-right to reside-whether claimant could retain the status of a worker as a self-employed person", *Journal of Social Security Law*, 2011, 18 (2).

Nick Wikeley, "Child trust funds - asset based welfare or a recipe for increased inequality"? *Journal of Social Security Law*, 2004, 11 (4).

Francesc Prior, AntonioArgandoña, "Best Practices in Credit Accessibility and Corporate Social Responsibility in Financial Institutions", *Journal of Business Ethics*, Vol. 87, 2009.

Nick Donovan, Guy Palmer, "Meaningful Choices: The Policy Options for Financial Exclusion", *The New Policy Institute*, 1999.

S. Navajas, M. Schreiner, R. Meyer, J. Gonzalea-Vega Rodirguez-Meza, "Microfinance and the Poorest of the Poor: Theory and Evidence From Bolivia", *World Development*, 28(2), 2000.

Elwin J. Griffith, "Credit Reporting, Prescreened Lists, and Adverse Action: The Impact of the Fair Credit Reporting Act and the Equal Credit Opportunity Act", *California Western Law Review*, Vol. 46, 2009.

Jing Cai, Alain de Janvry, Elisabeth Sadoulet, "Social Networks and Insurance Take-up: Evidence From A Randomized Experiment In China", *International Labour Office Research Paper*, No. 8, Oct. 2011.

Steven Bradford, "Crowd funding and the Federal Securities Laws", *Columbia Business Law Review*, 2012, (1).

Douglas S. Ellenoff, " Roundtable: Making Crowd-funding Credible ", *Vnderbilt Law Review*,2013,(66).

Eric C. Chaffee,Geoffrey C. Rapp,"Regulating online peer-to-peer lending in the aftermath of Dodd-Frank:In search of an evoling regulatory regime for an evolving industry" ,*Washington and Lee Law Review Spring*,2012.

L. Laeven," Does Financial Liberalization Reduce Financial Constraints", *Financial Management*,Spring 2003.

图书在版编目(CIP)数据

收入分配改革的金融法进路:以金融资源的公平配置为中心 / 冯果,李安安著. —北京:法律出版社,2016.3

ISBN 978-7-5118-9150-1

Ⅰ.①收… Ⅱ.①冯… ②李… Ⅲ.①金融法—研究—中国 Ⅳ.①D922.280.4

中国版本图书馆 CIP 数据核字(2016)第 029659 号

© 法律出版社·中国

责任编辑/刘文科　　**装帧设计**/李　瞻

出版/法律出版社　　**编辑统筹**/财经出版分社
总发行/中国法律图书有限公司　　**经销**/新华书店
印刷/北京京华虎彩印刷有限公司　　**责任印制**/吕亚莉

开本/720 毫米×960 毫米　1/16　　**印张**/18.75　　**字数**/283 千
版本/2016 年 3 月第 1 版　　**印次**/2016 年 3 月第 1 次印刷

法律出版社/北京市丰台区莲花池西里 7 号(100073)
电子邮件/info@lawpress.com.cn　　**销售热线**/010-63939792/9779
网址/www.lawpress.com.cn　　**咨询电话**/010-63939796

中国法律图书有限公司/北京市丰台区莲花池西里 7 号(100073)
全国各地中法图分、子公司电话:
第一法律书店/010-63939781/9782　**西安分公司**/029-85388843　**重庆公司**/023-65382816/2908
上海公司/021-62071010/1636　**北京分公司**/010-62534456　**深圳公司**/0755-83072995

书号:ISBN 978-7-5118-9150-1　　**定价**:50.00 元

(如有缺页或倒装,中国法律图书有限公司负责退换)

